HISTORIAS DEL
CONTINENTE OSCURO

AF084865

02 BIBLIOTECA ANA TERESA TORRES

© **Ana Teresa Torres, 2007**
© **Editorial Alfa, 2007**
© **Alfa Digital, 2018**

Reservados todos los derechos. Queda rigurosamente prohibida, sin autorización escrita de los titulares del Copyright, bajo las sanciones establecidas en las leyes, la reproducción parcial o total de esta obra por cualquier medio o procedimiento, incluidos la reprografía y el tratamiento informático.

Editorial Alfa
Apartado postal 50304. Caracas 1050, Venezuela
e-mail: contacto@editorial-alfa.com
www.editorial-alfa.com

Alfa Digital
C. Centre, 5. Gavà 08850. Barcelona, España
e-mail: contacto@alfadigital.es
www.alfadigital.es

ISBN: 978-84-17014-72-8

Diseño de colección
Ulises Milla Lacurcia
Maquetación
Yessica Soto
Corrección de estilo
Henry Arrayago
Retrato de la autora
© Efrén Hernández
Imagen de portada
iStockphoto.com

Printed by CreateSpace, An Amazon.com Company

ANA TERESA TORRES

HISTORIAS DEL CONTINENTE OSCURO

Ensayos sobre la condición femenina

60 aniversario
Editorial Alfa
1958 - 2018

Sabemos menos acerca de la vida sexual de las niñas que de los niños. Pero no debemos avergonzarnos por esta diferencia; después de todo la vida sexual de las mujeres es un continente oscuro de la psicología.

FREUD, *La cuestión del análisis profano*, 1925

El "continente oscuro" no es ni oscuro ni inexplorable: No se ha explorado únicamente porque nos han hecho creer que era demasiado oscuro para ser explorado.

HÉLÈNE CIXOUS, *La Jeune Née*, 1975

ÍNDICE

EN EL NOMBRE DEL PADRE

CUANDO ERA ESTUDIANTE DE PSICOANÁLISIS a fines de los años 70 y principios de los 80, experimentaba un frecuente malestar en el vaivén de acuerdos y desacuerdos que me suscitaban las ideas psicoanalíticas acerca de la condición femenina. En aquellos tiempos en Venezuela la discusión del tema no era demasiado bienvenida, y conducía casi siempre a una cierta destitución del problema. Las mujeres habían cambiado —era la más común respuesta en la que me parecía advertir una recóndita nostalgia—, pero las teorías no tanto. Esa manera displicente de deshacerse del asunto no lograba poner fin a mi incomodidad. Yo quería estar completamente de acuerdo con Sigmund Freud, si era su fiel discípula, o completamente en desacuerdo, si era su apóstata. En pocas palabras, continuaba viviendo la polarización Freud/ Beauvoir, propia de la primera ola de los estudios feministas.

Decía Simone de Beauvoir que quien quisiera pensar acerca de la mujer debía por completo apartarse de Freud. En los años 60 Freud fue considerado como un legitimador del lugar de la mujer en el hogar, y de su sumisión pasiva al deseo social y sexual del hombre, de modo que no era posible entonces un diálogo entre el psicoanálisis y el feminismo. Dos décadas después, ambas teorías comenzaron a coincidir a propósito de la libertad sexual y la diferencia de género para comprender la subordinación femenina en la sociedad patriarcal (Appignanesi y Forrester, 2002: 456, ss.), de modo que las posteriores revisiones feministas de Freud no siguieron el radical consejo beauvoriano en cuanto al descarte sino, por el contrario, se concentraron en su deconstrucción y reteorización.

Roy Schafer (2001: 325) considera que «ahora podemos hacer preguntas y proponer respuestas basadas en la práctica contemporánea, nuestras relaciones con la realidad, la autoridad y el conocimiento —preguntas y respuestas que eran inconcebibles cien años atrás». Toril Moi (1985: 184) señala que «las feministas no pueden ni rechazar la discusión teórica como 'más allá de la polémica feminista' ni olvidar el contexto ideológico de la teoría».

También Shoshana Felman sugiere que:

> [...] el verdadero reto que mantendrá en confrontación a las feministas que desean estar informadas —o inspiradas— por el psicoanálisis es cómo trabajar *con* el genio masculino de Freud, y no simplemente *contra* él, como la tradición feminista se sintió obligada a hacer en un principio (1993: 83) [énfasis del texto].

Me informo, pues, y me inspiro en la búsqueda de leer no en *contra*, desde una polarización irreconciliable, sino *con* la mirada de quien incluye otras proposiciones que llegan a distintas conclusiones. No me propongo de ningún modo una revisión exhaustiva de la extensa bibliografía producida por la academia feminista sobre el particular, ni tampoco una precisa elaboración de los campos semánticos en los que pueden localizarse los conceptos freudianos; mi interés es volver a Freud desde la perspectiva de enunciados alternos. Cumplo así una vieja intención que me estaba esperando desde entonces: acercarme a las ideas freudianas sobre la condición femenina con una apreciación más comprensiva del contexto en el que fueron producidas. En la sección «Las construcciones del género» me ocuparé de las teorías de Freud, Melanie Klein y Jacques Lacan acerca de la condición femenina, a través de la revisión y fusión de trabajos que pertenecen a diferentes momentos; entre los cuales se incluyen conferencias e intervenciones en distintos ámbitos[1], así como la recopilación de artículos publicados en libros agotados (Torres, 1992; 1993b). Inevitablemente algunas repeticiones se solapan en los diferentes capítulos. En la sección «Galería freudiana» se incluyen cuatro casos clínicos escritos entre 1892 y 1919; veremos así cómo hablaban Freud y sus pacientes mujeres. Son historiales utilizados para la formación de psicoanalistas y psicoterapeutas, así como objeto de estudio para la crítica académica por su alto valor polisémico. Steven Marcus (1985: 56, 76) considera que la razón por la cual el tiempo no los ha desgastado y continúan siendo fuente de innumerables relecturas es porque contienen una «cierta cualidad transhistórica», propia de la literatura, que los mantiene a salvo del paso del tiempo. Particularmente el caso Dora lo aprecia como una extraordinaria pieza narrativa y un modo notable de construir la experiencia humana en la escritura, cuyo estilo compara con el de Proust y los escritores modernistas. Ciertamente, rompiendo con el esquema científico de los historiales médicos, Freud inauguró la modalidad de convertir los casos clínicos en historias de vida, que adquieren a veces características de «novelas de no ficción». En tanto las estrategias narrativas utilizadas en cada uno de ellos difieren entre sí, su diversidad forma también parte del análisis y de la comprensión que podemos hacer del autor, no sólo en términos del momento de la teoría psicoanalítica en que fueron escritos sino de él mismo. Freud como escritor participa también como protagonista, y sus historiales son su propia historia.

---

1 «La construcción del sujeto femenino» en la Maestría de Estudios Literarios de la Escuela de Letras (1998) y Escuela de Psicología (1999), Universidad Central de Venezuela. Curso «La teoría psicoanalítica de la mujer. Poniéndonos al día» con Doris Berlin, Sociedad Psicoanalítica de Caracas, 2001-2002. «El imaginario femenino en cuatro enigmas», VI Encuentro Anual de la Sociedad Psicoanalítica de Caracas, 2001.

Las estrategias narrativas con que enfrenta la escritura de sus casos no son producto del azar o una simple variación estilista, sino modalidades de su contratransferencia (término que no existía entonces para designar el conjunto de reacciones conscientes e inconscientes del analista frente al analizado), y en ese sentido dicen mucho de lo que acontecía en el tratamiento y en él mismo. Al revisitar los casos de Frau Cäcilie M, Elisabeth von R, Dora y la joven homosexual apreciamos la posición que ocupaba su contratransferencia en el complejo mundo de ideas, prejuicios y sentimientos que conformaban su aproximación a la feminidad, y destacaremos la modalidad discursiva con que fueron escritos como parte importante de su relación con ellas.

Por último, un apéndice dedicado a dos decimonónicas famosas, la una como personaje literario, Emma Bovary[2]; la otra como personaje histórico latinoamericano, Manuela Sáenz[3]. Sus vidas nada tuvieron que ver con Freud, pero ofrecen un amplio caudal de sugerencias para el análisis de la construcción del género femenino.

Después de más de cien años el psicoanálisis se ha transformado, no cabe duda, y se ha convertido en un pensamiento heterogéneo. La razón de esto se asienta no sólo en la diversidad de los planteamientos freudianos sino en el hecho de que Freud es un autor capaz de presentar ideas que en ocasiones son contradictorias, y que, por lo mismo, han permitido el florecimiento de distintas corrientes. Es bien sabido, sin embargo, que todas ellas reivindican un origen freudiano. Ningún analista es capaz de proponer un argumento sin afirmar, explícita o implícitamente, que se asienta en la obra de Freud; en verdad, si no fuera así, dejaría de ser psicoanalista. Un psiquiatra es un psiquiatra aunque no reivindique a Kraepelin. Un psicólogo es un

2 En Ana Teresa Torres, *El amor como síntoma* (agotado), 1993b.

3 Conferencia dictada en la Sociedad Psicoanalítica de Caracas, 1998.

psicólogo aunque no reconozca a Wundt. Pero el psicoanálisis, si bien está mayoritariamente poblado por psiquiatras y psicólogos, es diferente. No es una ciencia susceptible de abandonar hipótesis por nuevas comprobaciones científicas sino un discurso de la subjetividad fundamentado en las ideas de Freud; por eso un psicoanalista no puede serlo si no es freudiano, no serlo es situarse fuera de discurso. Aquellos que partiendo del psicoanálisis tomaron distintas interpretaciones del ser humano se convirtieron en fundadores o seguidores de otras escuelas, como fue el caso de Jung. Y cuando han ocurrido esos juicios históricos en los cuales un psicoanalista arriesga perder su condición de tal por la naturaleza de sus teorías, la defensa se sostiene siempre en el mismo argumento: su proposición es psicoanalítica porque está fundada en Freud. Lacan no pudo convencer a sus jueces, y a lo largo de su «excomunicación» repitió incansablemente hasta su muerte que él no era otra cosa que freudiano (así lo hizo, quizá por última vez, en Caracas, en 1981, poco antes de su fallecimiento)[4]. Gracias a haberlo podido demostrar, como veremos más adelante, Melanie Klein permaneció en la comunidad psicoanalítica cuando enfrentó la amenaza de expulsión de la Sociedad Británica. Para bien o para mal Freud inscribió su pensamiento en el nombre del Padre.

El psicoanálisis es una construcción que no se deslastra; avanza y se modifica, pero rara vez abandona sus postulados, se desprende solamente de aquellos de los que Freud mismo se separó explícitamente. Los postulados que el curso del tiempo ha ido haciendo inútiles van quedando dentro de una suerte de *recycle bin*, ni se usan ni se borran. Sin embargo, desde allí laten, no quedan definitivamente cancelados, y, por lo tanto, se infiltran

4 Lacan tuvo que salir de la Asociación Psicoanalítica Internacional en 1963 debido a que sus enseñanzas técnicas no fueron aceptadas dentro de la organización ya que se apartaban del método psicoanalítico freudiano. Llamó a esto «excomunicación».

en aquellos más novedosos y contemporáneos, revistiéndose de un lenguaje que les permita parecer más al día. Esta consideración es también parte del sustento de esta relectura de la mujer: la sospecha de que es un tema nunca del todo liquidado. Los psicoanalistas han cambiado considerablemente sus posiciones (en esto como en otros asuntos), pero el cambio es más un efecto de la práctica y de las mudanzas sociales que una declaración asumida que afecte los principios teóricos, clínicos y técnicos. Dicho de otro modo, probablemente muchos analistas hombres y mujeres analizan a sus pacientes hombres y mujeres sin aplicar la lógica fálica, al mismo tiempo que implícitamente la siguen sustentando. Jane Gallop la define así:

> El dominio del Falo es el reino del Uno, de la Unicidad. En la «fase fálica», de acuerdo con Freud, «sólo una clase de órgano genital tiene importancia: el masculino» (19: 142). Freud, como hombre, se detiene en la fase fálica, capturado en el reino del Uno, tratando obsesivamente de dominar la otredad en una imagen especular de la igualdad (1989: 99).

En la introducción a *La sexualidad femenina*, Janine Chasseguet-Smirgel (1977) se refiere a las polémicas que suscitaron las teorías freudianas acerca de la mujer entre sus primeros discípulos, y señala que las discusiones fueron haciéndose más esporádicas en los siguientes treinta años. Divide las opiniones entre aquellas «entroncadas a las de Freud» (J. Lampl de Groot, Helene Deutsch, Ruth McBrunswick y Marie Bonaparte) y las «opuestas a Freud» (Josine Müller[5], Karen Horney, Melanie Klein y

---

5 No conocemos textos de esta autora, a excepción del resumen que de ella hace Chasseguet en el cual se destaca la postura de que la vagina es el primer órgano sexual investido libidinalmente, y que la envidia del pene es secundaria a las heridas narcisísticas por insatisfacción de las pulsiones genitales.

Ernest Jones). Si bien la división no resulta demasiado convincente, permite localizar cuáles fueron las propuestas más significativas sobre el tema en los primeros tiempos del psicoanálisis. Transcurridas varias décadas, las mujeres son mayoría en muchas sociedades psicoanalíticas, así como en las profesiones de ayuda psicológica, y han, desde luego, intervenido en la teoría y en la práctica analítica con diferentes y significativas contribuciones, pero sin remover la piedra de tranca, esto es, que la concepción freudiana del sujeto sexual se desprende de la lógica fálica (llevada por Lacan a su radicalidad extrema al colocar el significante fálico en un lugar teóricamente esencial para la comprensión del inconsciente); es decir, a partir del sujeto masculino y de una cierta visión del mismo, que requiere, a su vez, de una problematización. La impugnación de esta lógica proviene del campo académico, y de analistas independientes, pero raramente de quienes pertenecen a la Asociación Psicoanalítica Internacional o a las distintas organizaciones derivadas de la escuela fundada por Lacan. Un caso sonado fue el de Luce Irigaray, seguidora de Lacan en su «excomunicación», que discutió la lógica fálica en *Speculum de l'autre femme* (1974) y en consecuencia fue expulsada del departamento de psicoanálisis lacaniano de la Universidad de Vincennes en París (Gallop, 1989: 97).

Los aportes autorizados tocan más bien los temas de la psicología femenina, tales como la menarquia, la menopausia, la maternidad, las relaciones sexuales, las identificaciones, las relaciones madre-hija, la transferencia y contratransferencia de analistas mujeres y temas similares, tal como ha realizado, entre otras, la psicoanalista norteamericana Nancy Chodorow. Entre nosotros Doris Berlin (1998, 2006) ha venido estudiando las identificaciones de género y las dificultades que se derivan para las mujeres con relación a su rol profesional y familiar.

Todos estos aportes representan, sin duda alguna, una propuesta importante ya que incorporan a la mujer como sujeto dentro del psicoanálisis, pero no tocan la cuestión de fondo, no responden a la teoría freudiana de la mujer. No remueven el escollo principal. Las psicoanalistas, cuando entran en el tema de la condición femenina —que, por cierto, evaden constantemente— no se dirigen a problematizarlo. Quizá sea ése el precio de la institucionalidad fundada en el nombre del Padre. Probablemente ésta ha sido la tradición en la materia y da pie a esta irónica afirmación de Lacan:

> *Acerca de la sexualidad femenina, nuestras colegas, las señoras analistas, no nos dicen... todo.* Es verdaderamente sorprendente. Ellas no han hecho avanzar ni un ápice la cuestión de la sexualidad femenina. Debe haber en ello una razón interna, ligada a la estructura del aparato del goce (1975: 54) [énfasis del texto].

Es notable cómo las primeras analistas (Helene Deutsch, Melanie Klein, Anna Freud, por citar a las más estudiadas) desarrollaron un psicoanálisis más matriarcal que patriarcal; sin embargo, en tanto se produjo como un desarrollo paralelo, no constituyó una discrepancia oficial contra la lógica fálica. La única que lo hizo radicalmente fue Karen Horney, y le costó el exilio, más o menos voluntario, de la Asociación Psicoanalítica Internacional.

Karen Danielson nació en Hamburgo en 1885, en una familia protestante de la alta burguesía, su padre era noruego, muy religioso, capitán de marina y presidente de la compañía marítima Lloyd; Karen viajó mucho con él en su juventud. Su madre era holandesa y librepensadora; con su apoyo se trasladó a Berlín para estudiar medicina y fue primera de su promoción. Completó su formación psiquiátrica y psicoanalítica analizándose con Karl Abraham y Hans Sachs, fieles discípulos de Freud. Casada a los veinticuatro años con un abogado berlinés, Oscar Horney, tuvo tres hijas y se divorció en 1937, «en razón de sus intereses divergentes y de la importancia creciente de su papel en el movimiento psicoanalítico» (Kelman, 1969: 10). En 1920 era muy apreciada como profesora y supervisora del Instituto de Berlín. En 1922 presentó el trabajo «De la génesis del complejo de castración en la mujer» en el VII Congreso Internacional de Psicoanálisis de Berlín, presidido por Freud, en el cual argumentó que la identidad femenina es innata por la inmediata identificación con la madre y relativizó la teoría de la envidia del pene como factor esencial en el desarrollo psíquico de la niña. Posteriormente continuó con sus críticas a Helene Deutsch, y al mismo Freud, no sólo en el tema de la psicología femenina sino también en la teoría de las pulsiones. Su posición en la Sociedad Alemana de Psicoanálisis y el Instituto de Berlín se fue haciendo incómoda, a la vez que las dificultades económicas de la preguerra y el surgimiento del nazismo afectaban la vida social y cultural que había llevado hasta entonces. Se identificaba con las ideas liberales y era antifascista. Aceptó la oferta de un ex estudiante, el analista húngaro Franz Alexander, para trabajar en el Instituto Psicoanalítico de Chicago y emigró a Estados Unidos en 1932 con la menor de sus hijas. Allí produjo la mayor parte de su obra, alejándose progresivamente de los principios psicoanalíticos, tal como el concepto de represión, para basarse más en las fuerzas constructivas del Yo. Horney desarrolló sus propias teorías psicológicas orientadas hacia una filosofía de afirmación de la vida y búsqueda de la libertad.

Por esta constante disidencia y la tendencia sociológica de su pensamiento, más cercano a Fromm y a Sullivan, fue marginada de la docencia en los institutos de psicoanálisis de la Asociación Psicoanalítica Internacional y fundó el movimiento Association for the Advancement of Psychoanalysis. Murió en Nueva York en 1952. Actualmente el Karen Horney Psychoanalytic Center es un centro de tratamiento y entrenamiento psicoterapéutico que continúa su pensamiento. De ella comenta Janine Chasseguet:

> De los analistas que habían manifestado su oposición a las opiniones freudianas sobre la sexualidad femenina, sólo Karen Horney se separó del freudismo. Aún es difícil apreciar con exactitud la importancia de su desacuerdo sobre este problema en la posición que tomó al final (1977: 8).

En las obras completas de Freud[6] encontramos dos menciones de Karen Horney. La primera en «Algunas consecuencias de la diferencia anatómica de los sexos» (1925), en donde se refiere al mencionado trabajo «De la génesis del complejo de castración en la mujer».

> No debemos apartarnos de estas conclusiones por las negativas de las feministas, que están ansiosas por hacernos considerar a los dos sexos como completamente iguales en posición y valor; pero, por supuesto, aceptamos que la mayoría de los hombres también está muy lejos del ideal masculino y que todos los seres humanos, como resultado de su disposición bisexual y de la herencia cruzada, combinan en ellos características masculinas y femeninas, de modo que la masculinidad y feminidad puras son construcciones teóricas de contenido incierto [...] En los valiosos y comprensivos estudios acerca de la masculinidad y complejo de castración en las mujeres de Abraham (1921), Horney (1923) y Helene Deutsch (1925)[7] hay mucho que se aproxima a lo que he escrito pero nada que coincida completamente, de modo que una vez más me siento justificado de publicar este trabajo (19: 258).

La segunda mención aparece en «Sexualidad femenina» (1931) y se refiere al trabajo de Horney, «La huida de la femini-

6 Todas las citas de Freud (en traducción nuestra) pertenecen a *The Standard Edition of the Complete Psychological Works of Sigmund Freud (SE)* y se identifican con el número del volumen. Agradezco a Verónica Jaffé algunas precisiones de los términos en alemán.

7 Helene Deutsch, *Psicoanálisis de las funciones sexuales de las mujeres*, Viena, *IP*, 1923.

dad: El complejo de masculinidad de la mujer visto por el hombre y por la mujer».

> Así, por ejemplo, Karen Horney (1926) es de la opinión de que sobreestimamos la envidia del pene primaria en la niña y que la fuerza de la tendencia masculina que desarrolla posteriormente debe ser atribuida a una envidia del pene *secundaria* que es utilizada para repeler sus impulsos femeninos y, en particular, su vínculo femenino con el padre. Esto no se adapta a mis impresiones [...] Y si la defensa contra la feminidad es tan enérgica, ¿de qué otra fuente puede sacar su energía que no sea la tendencia masculina que encontró su expresión en la envidia infantil del pene y por lo tanto merece llevar su nombre?
> Una objeción similar se aplica al punto de vista de Ernest Jones (1927)[8] acerca de que la fase fálica en las niñas es secundaria, y acción defensiva más que un estadio evolutivo genuino. Esto no corresponde ni a la posición dinámica ni cronológica de las cosas (21: 243) [énfasis del texto].

Más adelante, en *Esquema del psicoanálisis* (1938) comenta:

> No nos sorprendería demasiado si una mujer analista que no esté suficientemente convencida de la intensidad de su propia envidia del pene, fallara también en acordar la importancia adecuada a este factor en sus pacientes. Pero estas fuentes de error, que surgen de la ecuación personal, a la larga no tienen importancia (23: 197).

Según Harold Kelman (1969: 23), discípulo y analizado de Horney, ésta pudiera ser una referencia indirecta a propósito

8 Ernest Jones, *El desarrollo temprano de la sexualidad*, *IJP*, 1927.

de las sensaciones vaginales precoces que Horney afirma en su artículo «La negación de la vagina. Una contribución al problema de las angustias genitales específicas de la mujer»[9].

Peter Gay (1989: 463) la cita en la lista de los analizados de Abraham («la nómina de la eminencia psicoanalítica»), y más adelante en el debate acerca de las ideas de Freud sobre la feminidad.

> Además de Karl Abraham, las principales luchas con sus ideas incluían a Ernest Jones, que buscaba su propia posición; la joven analista alemana Karen Horney, lo suficientemente directa y de mente independiente para retar al maestro públicamente en su propia cancha; y algunas oficialistas como Jeanne Lampl de Groot y Helene Deutsch, quienes adoptaron ambas la posición final de Freud con pocas salvedades y sólo pequeños cambios (502).

El punto sobre el que Horney no estuvo dispuesta a ceder fue en la idea freudiana según la cual la feminidad es el resultado de la renuncia a la masculinidad, tanto en el órgano de placer (clítoris por vagina) como en la envidia del pene y la renuncia al mismo. Citamos en extenso a Gay:

> En 1922 Horney valientemente se mantuvo firme en el congreso internacional de Berlín, con Freud en la presidencia, y sugirió una versión revisada de la envidia del pene. No negaba su existencia pero colocada dentro del contexto del desarrollo femenino normal. La envidia del pene no crea la feminidad, dijo Horney, más bien la expresa. Por lo tanto rechazó la idea de que esta envidia conduce necesariamente a las mujeres al «repudio de su feminidad». Por el contrario, «podemos ver que la envidia del pene de ninguna manera

9 Esta percepción temprana de la vagina coincide con hallazgos de Melanie Klein y fue desarrollada posteriormente por Arminda Aberastury en Argentina.

> excluye un completo y profundo vínculo con el padre». Horney, desde la perspectiva freudiana que dominaba a estos congresos, se estaba comportando de la manera más correcta posible; respetuosamente citó al fundador; aceptó la propia idea de la envidia del pene. Únicamente especuló un poco secamente; quizás era «el narcisismo masculino» lo que había llevado a los psicoanalistas a aceptar la opinión de que la mujer, después de todo, la mitad del género humano, está inconforme con el sexo que la naturaleza le ha asignado. Parecía como si los analistas hombres encontraran esto «demasiado evidente para necesitar una explicación». Cualquiera que fuesen las razones, la conclusión a la que los psicoanalistas habían llegado con respecto a la mujer es «decididamente insatisfactoria, no sólo para el narcisismo femenino sino para la biología».
> [...] Cuatro años más tarde [...] Horney se lanzó impávida: «La razón de esto es obvia. El psicoanálisis es la creación de un genio masculino, y casi todos los que han desarrollado sus ideas son hombres» (519-520).

Helene (Rosenbach) Deutsch (1884-1982) ha sido considerada la más importante y fiel entre las discípulas de Freud. Hija de un juez a quien admiraba mucho, tuvo graves problemas en su infancia y adolescencia con su madre, por la que dijo sentir odio y horror a identificarse con ella. Después de militar en el partido socialista junto a su amante Herman Lieberman, se separó de él por considerar que tenía a su lado un rol de sumisión. En Munich, a donde se trasladó para estudiar medicina, conoció al que sería su esposo, Felix Deutsch, también psicoanalista. En 1916, ya en Viena, formó parte del círculo íntimo de Freud, fue su analizada y supervisada, y la primera mujer en pertenecer a la Sociedad Psicoanalítica de Viena. En su análisis se quejaba de que Freud enfatizaba su identificación con el padre y el *affaire* con Lieberman, descuidando las dificultades que enfrentaba en la crianza de Martin, su único hijo. En su primer libro, *The*

Psychology of Women's Sexual Functions (1925) inicia una línea que ha sido muy fructífera en la investigación de la psicología de la mujer. Considera que los problemas suscitados en las funciones reproductoras no remiten a la castración sino a conflictos derivados de la oposición entre el narcisismo y el amor materno. Si bien acepta la tesis freudiana del estadio fálico-clitoridiano, comprende la relación sexual como una recapitulación de la maternidad (la vagina chupando el pene como equivalente de la lactancia, y la maternidad como identificación con la madre). Sayers dice (1992: 39) que su propuesta del embarazo y la lactancia es diferente a la freudiana, pero «tan metida en sus términos que las diferencias han sido con frecuencia ignoradas». Un caso de desarrollo paralelo, podríamos añadir.

En todo caso Deutsch enfatiza que las raíces de la feminidad residen en la identificación con la madre, como víctima masoquista de la penetración. También considera que el desarrollo de algunos síntomas como las fobias, obsesiones y la depresión tiene su origen en la relación con la madre, e interpreta el lesbianismo no como decepción del deseo edípico, de acuerdo con Freud, sino como parte de la relación preedípica con la madre. Alrededor de este tema encontramos en «Sexualidad femenina» (1931) la única mención de Freud sobre ella (y Jeanne Lampl de Groot):

> Todo lo que en la esfera del primer vínculo con la madre me parecía tan difícil de captar en el análisis —tan apagado por el tiempo y oscuro y casi imposible de revivir— que era como si hubiese sucumbido a una represión especialmente inexorable. Pero quizás obtuve esa impresión porque las mujeres que analicé *fueron capaces de agarrarse al fuerte vínculo con el padre en el que se refugiaron de aquella fase temprana.* Parece ocurrir que las mujeres analistas —como, por ejemplo, Jeanne Lampl de Groot y Helene Deutsch— han sido capaces de percibir estos hechos más fácil y claramente porque fueron

auxiliadas en el manejo de los tratamientos por la transferencia de una adecuada madre sustituta (21: 226-227) [énfasis nuestro][10].

Helene había sido muy celebrada por sus conferencias en Estados Unidos, y Felix, comprendiendo la catástrofe que se avecinaba en Europa, comienza en los años 30 a buscar condiciones para emigrar, estableciéndose en Boston en 1935. Freud no veía entonces ninguna razón por la cual dejar Viena, y Helene sufrió mucho con la desaprobación del maestro, quien le dijo que «la quería pero no la perdonaba». En Estados Unidos continuó sus investigaciones sobre los temas de la maternidad, y posteriormente el rol de las abuelas. Avanzó la idea de que el miedo a la retaliación de la madre pudiera estar vinculado a los conflictos psicológicos de la infertilidad, noción bastante afín a Klein. En suma, Helene Deutsch funda la psicología femenina psicoanalítica.

Entre las discípulas fieles y analizadas por Freud se encuentra también la princesa Marie Bonaparte. Las menciones de Freud sobre su obra son irrelevantes a los fines de este tema ya que no cita ninguno de sus numerosos trabajos. Tuvo, sin embargo, un rol histórico fundamental en tanto participó activamente con Ernest Jones en la emigración de la familia Freud, costeando las sumas exigidas por las autoridades nazis, y fue también ella quien adquirió la correspondencia Freud-Fliess, que la viuda de Fliess había vendido, además de ser fundadora de la primera sociedad psicoanalítica francesa.

10 Obsérvese en el párrafo enfatizado que la relación con el padre aparece como una salida salvadora frente a la madre. Esta noción de la madre como peligro del que los hijos quedan rescatados por el padre es moneda común en el diálogo analítico, y revela un contenido misógino porque identifica el peligro como materno. Ciertamente, en la infancia las personas pueden protegerse de una figura parental dañina gracias al apoyo de la otra, pero no siempre la salvación ocurre en el sentido que define Freud. Con frecuencia, y muy al contrario, han sido las madres quienes han tenido que enfrentar la violencia o el abandono paterno.

Melanie (Reizes) Klein, al igual que Karen Horney, no se formó directamente con Freud. Nació en Viena en 1882. Su padre, destinado a ser rabino, se casó con una mujer que no conocía, pero rebelándose ante esto estudió medicina, se divorció y se casó con una mujer mucho menor que él, Libusa Deutsch, proveniente de una familia de rabinos liberales ilustrados. Melanie fue una de sus cuatro hijos y recibió una educación liberal, antirreligiosa, aun cuando la madre conservaba algunas costumbres religiosas. Era atea aunque se sentía orgullosa de su ascendencia judía (caso muy similar a Freud). Estudió dos años de medicina, pero el trabajo de su esposo, Arthur Klein, ingeniero, con quien se casó a los veintiún años, no le permitió continuar. Lamentó esto siempre, «convencida de que un título de médico habría deparado a sus ideas una acogida más respetuosa...» (Segal, 1985: 33). Recién casada vivió en Eslovaquia y Silesia, y echaba de menos el estímulo intelectual de Viena. Cuando vivía en esa ciudad, Melanie Klein no había escuchado hablar de Freud; fue al mudarse a Budapest cuando leyó *La interpretación de los sueños* (1900) y comenzó su análisis con Sandor Ferenczi. En 1919 expuso su primer trabajo en la Sociedad Húngara en la que fue aceptada. El matrimonio Klein tuvo tres hijos: Hans, Melitta y Eric; poco después se separaron, Arthur se fue a trabajar a Suecia, y finalmente se divorciaron en 1922.

En 1920 conoció a Karl Abraham, y sus palabras de estímulo la impulsaron a mudarse a Berlín; a partir de 1922 perteneció a la Sociedad de Berlín y Abraham la aceptó como analizada en 1924, falleciendo él al año siguiente. Dice su biógrafa, la analista Hanna Segal (1985: 36), que «a la pérdida de su maestro y a la interrupción de su análisis se sumaron los constantes ataques a su tarea [...] La Sociedad de Berlín seguía mayoritariamente a Anna Freud y consideraba que la obra de Melanie Klein no era ortodoxa». Alix Strachey, admiradora y amiga, le describe a su esposo James Strachey (ambos editores y traductores de la obra de Freud al inglés) una polémica que presenció en la Sociedad de Berlín, en la que Melanie fue muy atacada por Alexander y Rado, y defendida por el resto. Alix Strachey preveía en esta carta la oposición de Anna Freud (Gay, 1989: 466-468).

En 1925 conoció a Ernest Jones, quien quedó muy impresionado y la invitó a Londres. En casa de Adrian Stephen, psicoanalista y hermano de Virginia Woolf, dio su primera conferencia. Fue bienvenida por Alix Strachey y Joan Riviere, también traductora de Freud y Klein al inglés, así como por Winnicott y Susan Isaacs. Después de la presentación de un trabajo en el Congreso de Innsbruck en 1927, fue aceptada en la Sociedad Británica. Sus teorías comenzaron a ser muy bien recibidas por los ingleses y su primer libro fue celebrado por importantes miembros de la Sociedad Británica; Edward Glover expresó que podía situarse a la altura de algunas contribuciones clásicas de Freud. En pocos meses esto cambió radicalmente. La controversia que había comenzado en 1927, en el simposio sobre psicoanálisis infantil, fue haciéndose más áspera. En 1932 aumentaron los ataques, liderados por Glover, quien consideraba que el concepto de posición depresiva, que dio comienzo a la escuela kleiniana, era antianalítico, además de acusarla de no tener experiencia profesional para hablar con propiedad de la psicosis. Su propia hija Melitta, analizada por Glover, y su esposo Walter Schmideberg, ambos psicoanalistas, se sumaron en su contra (Sayers, 1992: 205-244).

Inicialmente, Freud en su autobiografía (1924a) se mostró proclive a apoyarla, al mencionar que el análisis de niños había ganado importancia debido al trabajo de Melanie Klein y de su propia hija (20: 70, n. 1). También en *El malestar en la cultura* (1930) comentó positivamente que la severidad del Superyo con la cual se desarrollan los niños puede no corresponder en nada a la severidad que hayan recibido, «como ha sido correctamente enfatizado por Melanie Klein y otros autores ingleses» (21: 130, n. 1). Se refería a Jones y a Susan Isaacs; sin embargo, en una carta a Jones de 1925 muestra sus reservas en forma explícita (Gay, 1989: 468-469):

> La obra de Melanie Klein ha encontrado muchas dudas y contradicciones. En cuanto a mí, no soy muy competente para juzgar en asuntos pedagógicos.

Y dos años después en otra carta, insistiendo en que ha tratado de ser imparcial entre Melanie Klein y su hija, añade:

> Lo que sin duda puedo decirle, las opiniones de la Sra. Klein acerca de la conducta del Ideal del Yo en los niños me parecen completamente imposibles y están en contradicción con todos mis presupuestos.

En «Sexualidad femenina» (1931), refiriéndose a Otto Fenichel, comenta que éste...

> No acepta la afirmación de Jeanne Lampl de Groot acerca de la actitud activa de la niña pequeña en la fase fálica. También rechaza el «desplazamiento hacia atrás» del complejo de Edipo propuesto por Melanie Klein (1928), quien sitúa su comienzo tan temprano como al principio del segundo año. Esta ubicación cronológica, que necesariamente implica una modificación de nuestra visión de todo el resto del desarrollo del niño, no corresponde de hecho a lo que encontramos en los análisis de adultos, y es especialmente incompatible con mis hallazgos acerca de la larga duración del vínculo preedípico de la niña con la madre (21: 242).

Finalmente, en la última visita de Jones a Viena en 1935 le comenta que la Sociedad de Londres «ha seguido a la Sra. Klein por un falso camino» (Gay, 1989: 609).

Cuando en 1938 la familia Freud llegó exiliada a Londres, la disputa entre Melanie y Anna se convirtió en el foco de la actividad científica de la Sociedad Británica. Jones y otros defendieron el derecho de Klein a exponer sus ideas, que juzgaban auténticamente analíticas. Anna Freud consideraba que la técnica de Klein era un sustituto del psicoanálisis, y Glover que era demasiado controversial para ser enseñada. La guerra enfrió un poco el conflicto ya que Melanie Klein estuvo ausente de Londres hasta 1942. En 1943, siendo Jones presidente de la Sociedad Británica, inauguró una serie de debates con el nombre de *Controversial Discussions*, y se produjeron once reuniones de enero 1943 a mayo 1944 basadas en cuatro artículos pertenecientes a Isaacs, Heimann, Isaacs y Heimann, y Melanie Klein. Al respecto dice Hanna Segal:

> Las autoras de los artículos mencionados querían refutar la acusación de que Melanie Klein se apartaba de las posiciones psicoanalíticas básicas [...], pero también pretendían demostrar que Klein, aunque se fundaba en la teoría de Freud, llegaba a conclusiones divergentes [...] Las dos partes enfrentadas en la polémica citaban a Freud a menudo, pero las citas eran distintas. Podría decirse: ¿qué Freud?, ¿el Freud de quién? (1985: 104-105).

El debate no condujo a una mejor comprensión mutua como pensó Jones, sino a una polarización más radical y a la aspereza del trato. Surgieron con claridad tres escuelas: la de Melanie Klein (Grupo A), la de Anna Freud (Grupo B), y el grupo medio (*middle group*), el más amplio. Glover se apartó de la Sociedad Británica y Melitta se fue a Estados Unidos. La lucha no terminó en este caso con una expulsión sino con un «pacto de damas», propuesto por Anna Freud, quien solicitó que los alumnos asistieran a seminarios clínicos por separado y que los distintos grupos quedaran representados administrativamente dentro de la Sociedad Británica. En 1955 Jones (cit. en Segal, 1985: 153) escribió el prólogo para *New Directions in*

Psychoanalysis y de nuevo mostró su permanente apoyo a Klein: «Es motivo de gran satisfacción y de congratulación personal que Melanie Klein haya llegado a ver firmemente establecida su labor». A su muerte en 1960, su obra quedó establecida no solamente en Londres sino muy particularmente en América Latina, donde tuvo una gran difusión.

Las percepciones más generalizadas acerca de esta polémica Klein-Anna Freud se orientaron hacia el prejuicio de que se trataba de un ejercicio de rivalidad entre las hijas (simbólica y real), o bien el juego de poder de la familia Freud contra una víctima más débil. Al producirse la diáspora de los analistas centroeuropeos —la mayoría judíos— y la imposibilidad de sostener sus actividades en el continente a causa de la guerra, Londres fue en ese momento histórico el centro de refugio para el psicoanálisis. Dominar Londres era entonces dominar el psicoanálisis, y ambas fueron analistas convencidas de sus teorías, dispuestas a sostenerlas contra viento y marea, y ejercieron su derecho al lugar que se habían ganado. Considerar esta importante polémica —por cierto, mejor resuelta que otras luchas psicoanalíticas— como la riña de dos mujeres testarudas es una destitución de su valor.

Si bien Melanie Klein no es una autora feminista, sus divergencias con Freud tuvieron lugar sobre temas relacionados con la mujer. En primer lugar, sus desarrollos acerca del psiquismo infantil, y su interés por el psicoanálisis de niños se originó en la observación y análisis de sus propios hijos. La técnica empleada en su tratamiento y la aceptación de que los niños, aun muy pequeños, desarrollan una intensa transferencia desde el inicio del análisis, eran proposiciones muy combatidas por Anna Freud. Curiosamente, más allá de las diferencias teóricas y técnicas, ambas desarrollaron una visión matricéntrica del desarrollo infantil. Como veremos más adelante, las teorías de Melanie Klein acerca del complejo de Edipo temprano, el peso de la figura materna en los primeros años y las vinculaciones entre culpa y reparación de la madre, hacen de su teoría un psicoanálisis «materno» en contraposición al patriarcalismo freudiano. De modo que no es difícil suponer que en la oposición de Freud se encontraran la fidelidad con su hija y la incompatibilidad con sus propias teorías.

De Anna Freud (1895-1982) siempre se ha dicho que consagró su vida al padre, lo que sin duda es cierto, pero no fue únicamente la asistente, colaboradora, enfermera, y preservadora de la memoria del genio que le tocó como progenitor (Sayers, 1992: 145-200). Desde los diecinueve años se entregó a la causa de la infancia, y su obra teórica y práctica fue trascendente no solamente en el tratamiento psicoanalítico de niños sino en el cuidado, atención médica y políticas legales de la infancia. En 1914 comenzó a trabajar en una guardería para niños de clase obrera, y durante la Primera Guerra Mundial con niños judíos que habían quedado huérfanos o sin hogar. Su primer trabajo psicoanalítico, presentado para ingresar en la Sociedad de Viena, en 1922, era una repetición de las ideas paternas, pero ya en su primer libro, *The Introduction to Child Psychoanalysis* (1927), comenzó a desarrollar ideas diferentes a las del padre en cuanto al manejo de la transferencia. Su segunda obra, *The Ego and the Mechanisms of Defence* (1938), introduce una expansión del complejo de Edipo y de la segunda tópica. Enfatiza las adaptaciones y desadaptaciones de las defensas del Yo, en contraste con las implicaciones patológicas que su padre concedió siempre a las defensas. Estableció que las defensas del niño no son solamente contra los conflictos internos sino contra los padres reales y amplió las observaciones acerca de la adolescencia. En el psicoanálisis annafreudiano los niños y adolescentes aparecen como sujetos propios y no como «hombrecitos» o «mujercitas», tal como Freud los había situado.

En marzo de 1938 Anna fue detenida por la Gestapo para rendir declaraciones, cita a la que acudió con una dosis de veronal en caso de tortura o reclusión, y de la que logró a duras penas escapar. Fue entonces cuando su padre aceptó la ayuda que antes había rechazado, y la familia Freud emigra a Londres. Una vez allí fue directora de tres guarderías para niños en áreas bombardeadas y empobrecidas durante la Segunda Guerra Mundial, y recibió fondos de una fundación norteamericana. En esas circunstancias, junto a su compañera desde los tiempos de Viena, Dorothy Burlingham[11], comienza una observación sistemática de la relación materno-filial, los efectos de la separación y la importancia de los objetos transicionales, adelantándose a las conocidas teorías de Winnicott. En 1941 dictó una conferencia en la que planteó que la primera relación con la madre modela todas las subsiguientes. Se alejaba aquí de la tesis de su padre, que ella misma antes había sostenido, según la cual la relación paterna era la más importante en el desarrollo psíquico; igualmente en su concepción de que el desarrollo infantil no dependía tanto de los impulsos reprimidos como de los vínculos infantiles con las figuras parentales. El trabajo en las guarderías de guerra y en los hospitales le permitió diagnosticar las consecuencias de la institucionalización, todo lo cual impulsó las célebres investigaciones de John Bowlby y James Robertson sobre el hospitalismo.

Finalizada la guerra funda con Dorothy la Hampstead Clinic para el tratamiento de niños y establece unas líneas diagnósticas que incluyen aspectos evaluativos del crecimiento y desarrollo infantil no basados en el psicoanálisis; confirma, además, que el desarrollo psicosexual no sigue una secuencia lineal oral-anal-fálica. Si esta propuesta hubiera sido hecha por Melanie Klein, se hubiera considerado antifreudiana. Pero Anna —como Helene Deutsch— avanza en paralelo; nunca contradice abiertamente al

11 Dorothy Tiffany Burlingham nació en Nueva York en 1891, hija del millonario, mecenas y maestro vitralista Louis Tiffany. Viajó a Viena en 1925 para analizarse con Freud, y que se analizaran sus hijos, que fueron pacientes de Anna, y a partir de entonces desarrollaron en común una vida de trabajo e investigación hasta la muerte de Dorothy en 1979. Ver la detallada biografía de su nieto Michael John Burlingham (2002), *Behind Glass*. New York: Other Press.

padre, simplemente propone otros temas. Durante los años 50 y 60 fue invitada repetidamente a Estados Unidos, inicialmente por la analista vienesa Marianne Kris, quien también había emigrado y era entonces directora del Yale Child Study Center[12]. La opinión de Anna fue solicitada para el establecimiento de políticas de familia, y estableció así los conceptos de «el mejor interés» para los niños, y la «alternativa menos dañina», en contraposición a los criterios que amparaban siempre los vínculos biológicos en casos de adopción o separación de los hijos por incapacidades psíquicas de los padres. Estos conceptos fueron adoptados en el Children Act de 1975 en Inglaterra, y tuvieron una notable influencia en la atención infantil y las políticas legales en Estados Unidos. Igualmente ocurrió con sus teorías acerca del Yo y los mecanismos de defensa que dieron lugar a la psicología del Yo y a los conceptos de Hartman acerca de la «zona libre de conflictos» del Yo. Como ya se dijo, en América Latina la influencia en el análisis de niños fue de orientación kleiniana, aunque en la práctica es muy posible que los terapeutas analíticos infantiles se manejen mucho más con las técnicas annafreudianas, dirigidas a la comprensión del contexto de vida y a la resolución de los problemas con los padres. Después de su exilio, Anna Freud regresó una sola vez a Viena, con motivo del Congreso Psicoanalítico Internacional de 1971, para intentar que se reconociera internacionalmente el programa de entrenamiento analítico infantil de la Anna Freud Clinic. No lo logró.

En las historias de Horney y Klein es necesario destacar el activo papel que cumplió Ernest Jones (1879-1958) como defensor de ambas. Era un joven psiquiatra inglés cuando leyó el caso

---

12 Marianne Kris, era hija de Oscar Rie, pediatra de la familia Freud, e íntima amiga de Anna. Fue analista de Marilyn Monroe. La actriz había sufrido los efectos traumáticos de diversos adopciones durante su infancia, y le dejó a su analista un legado equivalente a 25 por ciento de su herencia, unos cuatrocientos mil dólares, para que lo utilizara en instituciones psiquiátricas. Kris, a su vez, se lo dejó en herencia a la Anna Freud Clinic.

Dora. Decidido a conocer a Freud asistió al Congreso de Salzburgo en 1908, donde Freud expuso el caso del Hombre de las Ratas, y a partir de allí se convirtió en el más importante divulgador de la causa psicoanalítica. Fundó la Asociación Americana de Psicoanálisis y la Sociedad Británica, y fue el único miembro no judío del círculo íntimo de Freud. De hecho, después de la separación de Jung y Adler, creó el «Comité», una pequeña organización de fieles que tendría a su cargo la preservación del psicoanálisis. Jones, además, fue el primer biógrafo de Freud, y estimuló la traducción de sus obras al inglés. Quizás el único punto en el que se produjeron importantes fricciones entre él y Freud fue, precisamente, en torno de las ideas relacionadas con la sexualidad femenina. Freud no logró que Jones cambiara sus posiciones al respecto, y en su trabajo «Sexualidad femenina primitiva», leído en la Sociedad Psicoanalítica de Viena, en 1935, mantuvo la defensa de Horney y Klein, y subrayó las diferencias entre Londres y Viena con respecto a la cuestión. Al igual que ellas Jones dudaba de la fase fálica y la consideraba defensiva. Discrepaba de la ansiedad de castración como miedo básico, postulaba el miedo a la afánisis (pérdida de toda gratificación libidinal), y le parecía que en Viena le daban poca importancia a la agresión en comparación con la libido. Relata Gay que:

> Freud no pudo mantenerse tan neutral como manifestaba serlo. Pero ventiló su más apasionada irritación en la privacidad de su correspondencia con Jones, en la que se permitía un lenguaje bastante cruel. Acusó a Jones de arreglar una campaña contra el modelo de análisis de niños de su hija, defendió sus críticas contra las estrategias clínicas de Melanie Klein, y se resintió por la acusación de que [Anna] estaba insuficientemente analizada [...] «¿Quién, después de todo, está suficientemente analizado? Le aseguro [...] que Anna ha sido analizada más tiempo y más completamente que usted mismo, por ejemplo». Negaba que estaba tratando las opiniones de su hija

como sagradas e inmunes a la crítica [...] Comenzaba a preguntarse si estos ataques contra su hija no eran en realidad ataques contra él (1989: 469).

Freud tuvo que aceptar esta disidencia de Jones con respecto al desarrollo psicosexual femenino. Cixous y Clement (2001: 81) cuestionan la naturaleza opositora de la posición de Jones alegando que la «esencia» autónoma de la feminidad que propone es igualmente falocéntrica ya que considera al pene como objeto sustituto del pecho para afirmar un deseo primario de la niña por el padre. En todo caso, según Gay (1989, 433-434), Ernest deseaba casarse con Anna, y Freud desarrolló una campaña para evitarlo. Estando su hija en Londres en 1914, le escribió advirtiéndole que no era el hombre adecuado, y que no tendría la consideración que ella requería; a él le escribió también diciéndole que «Anna no buscaba ser tratada como una mujer porque estaba muy lejos de sentir deseos sexuales y más bien rechazaba a los hombres». Más allá de las especulaciones, resulta indiscutible la clara injerencia del padre en la elección matrimonial de la hija, asunto que no era de ninguna manera una circunstancia inusitada en las costumbres de su época y de su entorno. Pudiera ser que actuara bajo la influencia de la fama de mujeriego de Jones, pero, sin duda, que Freud negara deseos sexuales en una joven, que para el momento tenía diecinueve años, resulta abrumadoramente contradictorio con el investigador de la vida sexual infantil.

Además de su constante diálogo con Anna, fue de gran importancia para él la presencia de Lou Andreas-Salomé. Louise von Salomé, nacida en 1861 en San Petersburgo, en una familia noble e intelectual, era hija de un oficial del ejército ruso de descendencia hugonote. A los veinte años huyó a Zurich con el filósofo Paul Ree y comenzó a estudiar filosofía. Se casó en 1887 con el profesor de lenguas orientales, Friedrich Carl Andreas, manteniendo ambos una vida de completa independencia. Fue amiga de Nietzsche, quien aparentemente le propuso matrimonio, y viajó extensamente con Rainer Maria Rilke, quien le dedicó poemas y fue su amante.

Curiosamente Chasseguet (1977) no la incluye entre las fieles discípulas, quizá porque sus trabajos no estuvieron tan dirigidos hacia el tema de la mujer, pero, sin duda, es interesante observar las diferencias de tratamiento de Freud con respecto a ella en comparación con otras analistas que fueron sus contemporáneas; siempre subrayaba con aceptación y admiración sus comentarios y la mencionaba con relativa frecuencia, o al menos más que a sus otras discípulas. En 1919 añade en *Psicopatología de la vida cotidiana* (1901) un ejemplo de autoobservación de Lou que considera una «demostración convincente» acerca de cómo una torpeza sirve a otros propósitos (6: 168). En *Tres ensayos acerca de la teoría sexual* (1905a) añade una nota en 1920 para citar su trabajo *Anal und sexual* (1916) diciendo que le ha proporcionado «una comprensión mucho más profunda del significado del erotismo anal» (7: 187, n. 1). Particularmente subraya su observación de que el aparato genital es vecino de la cloaca y «en el caso de las mujeres es alquilado». Cita este comentario dos veces más. En «Transformaciones de la pulsión ejemplificadas en el erotismo anal» (1917a):

> Las heces, el pene y el bebé son tres cuerpos sólidos; los tres, por una entrada o expulsión forzada, estimulan un pasaje membranoso, como el recto y la vagina, esta última como si «estuviese tomada en alquiler» del recto, así como lo observó acertadamente Lou Andreas-Salomé (17: 133).

Y de nuevo en la conferencia «La angustia y la vida instintiva» (1932) recuerda «la acertada frase de Lou Andreas-Salomé acerca de la vagina 'alquilada del recto'» (22: 101). No comenta, sin embargo, estas proposiciones de Lou:

> La angustia de castración (por ejemplo, después de las amenazas contra la masturbación) en las niñas se relaciona más frecuentemente con el temor de una incapacidad de maternidad [...] Ligado a esto, encuentro un cierto placer a enmascararse, a travestirse: como si quisiéramos protegernos ocultando algo que es sin embargo uno mismo y que quisiéramos por otra parte dejar que se manifieste (1978: 88-89).

En la primera podríamos encontrar una prefiguración de Klein —así como de Deutsch— en cuanto a las ansiedades propias de la mujer y su percepción diferente de la castración, vinculada a los temores por retaliación de la madre y no por la ausencia de pene. En la segunda, un anuncio de la mujer como mascarada propuesta en 1929 por Joan Riviere (1979). Lamentablemente, en su siguiente carta, Freud no retoma el tema.

En la conferencia «La vida sexual de los seres humanos» (1917b), afirma:

> Es entonces por primera vez (como Lou Andreas-Salomé [1916] lo ha percibido sutilmente), que [los bebés] encuentran el mundo externo como un poder inhibidor, hostil al deseo de placer y tienen un atisbo de los conflictos ulteriores externos e internos (16: 315).

Y también en una nota añadida en 1923 al «Análisis de la fobia de un niño de cinco años» (1909b) menciona que «desde que esto fue escrito, el estudio del complejo de castración ha sido desarrollado por las contribuciones de Lou Andreas-Salomé (1916), A. Stärcke (1910), F. Alexander (1922) y otros» (10: 8, n. 2).

Lo que resulta más interesante en el caso de Frau Lou (como le gustaba ser llamada) es su estrategia femenina, incluyendo la retórica excusatoria, que empleaba con el maestro; además de una permanente alabanza, de cuya sinceridad no tenemos por qué dudar, pero que sin duda contribuía a marcar un vínculo muy especial entre ambos. Véanse algunos ejemplos de los muchos de su correspondencia que muestran un intercambio cortés, y a veces de coquetería mutua (Lou Andreas-Salomé, 1978):

> [...] y [los libros] que publico sin entusiasmo a consecuencia de una ausencia completa de ambición (una gran carencia, pero justificada en una mujer, porque, ¿qué haríamos nosotras de una ambición?) (1978: 121-122).

De la misma manera responde Freud cuando Lou le hace críticas o expresa diferencias de opinión:

> No considero sus comentarios sobre el narcisismo como objeciones, sino como indicaciones para intentar encontrar nuevas iluminaciones conceptuales y objetivas (1978: 36).

No cabe duda de que su relación fue completamente distinta a las ásperas contradicciones sostenidas con Karen Horney, poco dispuesta a las concesiones, y con Melanie Klein, una mujer convencida de su trascendencia en la historia del psicoanálisis. Para Lou Andreas-Salomé, a quien Freud llamaba «la musa», y «una mujer de peligrosa inteligencia», no hay carta en la que no ensalce sus cualidades intelectuales.

> Nada más evidente que la manera en la cual, cada vez, usted me precede y termina mis pensamientos, los cuales, con un don de segunda mirada, se esfuerza en completar y ajustar las cuerdas hasta hacer un edificio (1978: 81).

A pesar de ellas, y sin que pretendamos opacarlas, es obvia la relación de deseo de Freud que subrayamos más abajo, aun cuando se exprese en la manera más sublimada posible y con el lenguaje más elevado:

> *Usted llega y añade lo que falta*, construye allí arriba, redispone lo que había permanecido aislado en su contexto. No puedo siempre seguirla porque mis ojos acostumbrados a la oscuridad soportan sin duda mal la viva luz y los vastos círculos de ideas (1978: 59) [énfasis nuestro].

Lou representa, además, el contrarretrato de su esposa Martha Bernays. Una gran dama, una mujer de enorme atractivo y seducción, que se mueve en el mundo de la aristocracia y alta burguesía. Una mujer escritora, moralmente independiente, y también económicamente hasta que pierde su fortuna en la Revolución Soviética (cuando los problemas económicos le impedían a ella viajar a verlo, Freud le ofrecía préstamos y ayudas para que no tuviera que trabajar tanto). Fue quizás el Fliess perdido con quien mantuvo una abundante correspondencia, múltiples visitas y anuncios de visitas, que por distintas razones no se producían pero siempre eran anheladas.

> Ud. sabe admirablemente despertar el coraje y el entusiasmo. No se me hubiese ocurrido, al menos en este momento, en mi aislamiento, que el psicoanálisis pudiese tomar una tal importancia para otro o que alguien pudiera llegar a leer tan bien entrelíneas. De Ud. naturalmente, lo creo. Y al mismo tiempo, tiene una manera extraordinaria de sugerir las lagunas allí donde se hacen sentir y los puntos que reclaman un desarrollo (1978: 47).

A su muerte Freud (1937a) le dedicó un memorable epitafio, que no deja de tener alguna frase enigmática (23: 297). Sin duda el estilo «femenino» de sus relaciones y su comportamiento eran más acordes con sus concepciones acerca de la educación de las mujeres.

En su vinculación con estas pioneras del psicoanálisis podemos ver, de acuerdo con Appignanesi y Forrester (2002: 194), que Freud aceptó desde un principio la presencia de alumnas y defendió que entrasen en la Sociedad de Viena, contra la opinión mayoritaria. Tuvo amistad íntima con mujeres intelectuales, muchas de las cuales llevaban una vida fuera de los estándares convencionales. Joan Riviere, Marie Bonaparte, Eva Rosenthal —íntima amiga de Anna y fundadora de una escuela para niños de orientación psicoanalítica—, Dorothy Burlingham, y Loë Kann —la compañera de Ernest Jones a quien analizó largo tiempo aceptando que simultáneamente tuviese otro amante— eran «mujeres especiales», protagonistas de una vida independiente en su actividad profesional y en su conducta amorosa. También estuvo rodeado de discípulas médicas con una educación universitaria que no permitió para sus hijas (Hermine Hug-Hellmuth, Helene Deutsch, Sabina Spielrein), y disfrutaba su conversación, su amistad y sus aportes al psicoanálisis. Su trato liberal con ellas poco tenía que ver con sus conceptos de la economía familiar y su ideario moral.

En su extensa y acuciosa biografía de Freud, que hemos repetidamente citado, Peter Gay (1989: 45-61) describe algunas anécdotas que hablan por sí solas. He aquí algunas: Freud desaprobaba que su hermana Anna leyera a Balzac y a Dumas porque los consideraba demasiado «escabrosos». Siendo novio de Martha Bernays, le recomendó que leyera *El Quijote* —obra que él admiraba profundamente, puesto que aprendió el español para conocerla en el idioma original—, pero, al mismo tiempo le parecía demasiado «áspero» para ella. Una de las experiencias más perturbadoras de la vida de Martha tuvo lugar cuando su esposo le prohibió encender las velas del Shabath el primer viernes después de la boda, lo que era una contrariedad para una mujer educada en una familia ortodoxa (Martha volvió a su costumbre después del fallecimiento de Freud). Su esposa, en verdad, nunca pudo ser una compañera con la cual compartir sus descubrimientos porque consideraba las ideas psicoanalíticas como «una forma de pornografía». Mientras estaba en el servicio militar, en

1883, aceptó la traducción de *Ensayos sobre la igualdad sexual* (1869) de Harriet y John Stuart Mill, pareciéndole «absurdo» que defendieran que las mujeres pudieran ganar tanto como los hombres: «La naturaleza ha destinado a la mujer a través de la belleza, el encanto y la dulzura para otra cosa». En otro orden de ideas Paulette Silva Beauregard (2000: 96), a propósito de los discursos sobre la mujer y la modernización, define que «esta tendencia a la idealización parece una estrategia que busca apropiarse y controlar cualquier iniciativa femenina que ponga en peligro su función tradicional». Gay comenta que «nadie podría suponer de esta declaración absolutamente conservadora que Freud se dirigía hacia las teorías más subversivas, perturbadoras y anticonvencionales acerca de la naturaleza y conducta humanas».

En el análisis de las ideas freudianas sobre la condición femenina aparecen las mismas contradicciones o dualidades que se aprecian en sus relaciones con las mujeres. No quiero con esto afirmar que Freud tiene una teoría incoherente sobre la mujer, sino que tiene, al menos, dos teorías. Una que proviene de sus descubrimientos sobre la sexualidad y el inconsciente, en la que se sitúa muy por delante de su tiempo (e incluso de algunas propuestas conservadoras que aún se mantienen en el nuestro), y otra que se desprende de sus concepciones y valores de la familia y de la mujer como actor social. Ocurre que Freud se formó en las fronteras del mundo tradicional y el mundo moderno. Su pensamiento con frecuencia exhibe esta dualidad. Por un lado, cuando analiza las consecuencias patológicas y causantes de las neurosis debido a los patrones educativos sexuales (1908), finaliza con una afirmación arriesgada al decir que, aun cuando no es la función de los médicos proponer reformas, apoya la urgencia de las mismas «si tuviera que ampliar la descripción de Von Ehrenfels[13] acerca de los efectos dañinos de nuestra 'civilizada' moral

13 Christian Von Ehrenfels fue alabado por Freud por sus valientes críticas de la institución del matrimonio.

sexual señalando la importancia del peso de esa moralidad en la difusión de nuestra enfermedad nerviosa moderna» (9: 204). Pero, por otro lado, «fue un inmodificable caballero decimonónico en su estilo social, ético y formal [...] en suma, su adhesión a una época que se hacía histórica frente a sus propios ojos nunca decayó» (Gay, 1989: 502).

Hay un Freud que consigna sus hallazgos clínicos y las conclusiones teóricas que deriva de ellos, y otro Freud que, simplemente, opina. La teoría permea las opiniones, y las opiniones invaden la teoría. Nos encontramos así con que Freud, como primer psicoanalista, produjo un nuevo discurso sobre la sexualidad, y, por lo tanto, sobre el sujeto femenino, pero como hombre de su tiempo (y *hombre* en el sentido particular del término) no podía avalar todo lo que había propuesto. Esta dualidad, que hoy me resulta evidente, me parece la causa de muchas de mis inconformidades de ayer. No encontré entonces una respuesta satisfactoria porque del padre se espera la consistencia, la univocidad de su palabra, la garantía de la verdad. Freud releído queda exento de esa palabra única que necesita la discípula. En la detección de esta paradoja debo mencionar el texto que contribuyó a iluminar el problema.

Teresa de Lauretis, citando al también filósofo Arnold Davidson, dice lo siguiente:

> [...] Davidson sugiere que la actitud o hábito mental de Freud, formados en la mentalidad conceptual-científica de su época, «nunca estuvieron a la altura» de las nuevas articulaciones conceptuales que él mismo produjo (63). Esto no contradice, sino que más bien complementa, mi propia sugerencia de que nuestras más profundas convicciones ideológicas y afectivas pueden a veces entrar en oposición a nuestras más brillantes comprensiones críticas o analíticas (1992: 229).

También Shoshana Felman, al discutir la polarización entre psicoanálisis y feminismo, advierte:

> El psicoanálisis precisamente nos enseña que todo conocimiento humano tiene su propio inconsciente, y toda búsqueda humana está cegada por algunos olvidos sistemáticos de los cuales no tiene conciencia. Esto es verdad para el psicoanálisis mismo, que no puede exceptuarse de su propia enseñanza. Y, por supuesto, es también verdad para el feminismo (1993: 71).

En la obra freudiana se superponen ideas que provienen de dos discursos no deslindados por quien los emite. Un discurso que supone una nueva manera de leer a los seres humanos, que lo va llevando a conclusiones insospechadas, *versus* otro discurso de naturaleza política, social, religiosa y moral, que para resumir llamaré pensamiento burgués patriarcal, profundamente contradictorio con el primero. Freud no rompe con ninguno de los dos, y no es posible dilucidar si tuvo conciencia de la profunda contradicción entre ambos. Ateniéndonos al texto, la lectura de ambos discursos nos conduce a la detección de los cortocircuitos que produce el pasaje de uno a otro en una continuidad que envuelve todo bajo la misma apariencia de homogénea conclusión «científica».

Roy Schafer (2001: 336-337) condensa las actitudes asumidas por Freud en relación con las costumbres de su tiempo y contexto: la narrativa centrada en el padre; la mujer como el sexo débil; la implicación de que el deseo heterosexual, el amor, el matrimonio y la maternidad componían la culminación del desarrollo psicosexual femenino; la autoridad paternal unilateral; y, en general, su aceptación de los valores de su clase en cuanto a lo que era «masculino» y «duro», *versus* lo que era «femenino» y «suave».

Ésos eran los presupuestos desde los cuales hablaba, sin tener, por supuesto, ninguna duda de que era la manera correcta de pensar. Desde nuestra perspectiva es sumamente importante considerarlos porque, inevitablemente, se deslizan en la teoría y en la práctica. Coincidimos de nuevo con Felman cuando dice que el psicoanálisis no es una prescripción normativa (en cuanto a las ideas sobre la mujer) sino un sistema simbólico patriarcal.

> No estoy segura, sin embargo, de que como análisis del patriarcado el psicoanálisis freudiano sea completamente transparente, enteramente consciente de la totalidad de sus implicaciones ideológicas (1993: 69).

Maria Ramas (1985: 150-151) afirma que el psicoanálisis no es simplemente la teoría de la formación de la identidad de género y la sexualidad en la sociedad patriarcal, sino «un constructo ideológico que defiende las fantasías patriarcales de la feminidad y la sexualidad femenina». La contradicción freudiana es, pues, muy profunda.

Freud, según Toril Moi:

> Es un hombre en una sociedad patriarcal, y más que eso, no es cualquier hombre sino un burgués educado que encarna, a pesar suyo, los valores patriarcales. Su proyecto emancipatorio está en profundo conflicto con su rol político y social de opresor de las mujeres (1985: 193).

Jessica Benjamin (2001: 38), a su vez, expresa que:

> La conciencia de lo que somos hoy debería tomar en cuenta la historia del psicoanálisis como una práctica deudora del proyecto liberador de la Ilustración. Y Freud seguramente la vio como una actividad sólo pensable a través y por el proyecto de libertad personal, autonomía racional y ser-para-sí-mismo de la Ilustración.

Este proyecto kantiano que implica libertad de tutelaje, y empoderamiento del discurso, se opone a ser silenciado, lo que entra en contradicción con la ecuación entre feminidad y pasividad que sostiene a lo largo de su obra. Silva Beauregard (2000: 92) también anota esta contradicción en las teorías provenientes del siglo XVIII (Rousseau, Kant, Hegel), que sostenían el proyecto de la independencia del individuo y del Estado democrático, pero se detenían cuando su aplicación tocaba el dominio de la mujer. La mujer pertenecía «naturalmente» al hogar y las mujeres tenían las condiciones «naturales» para ejercer sus funciones dentro del hogar sin requerir para ello de otras influencias educativas.

Freud habla desde su condición, desde su propia identidad, y desde un determinado conjunto de valores y concepciones, pero no tiene conciencia, al menos explícita, de ello. La aparición del psicoanálisis pertenece a una época en que el discurso no tenía conciencia de discurso. No es posible hoy hablar sin conciencia de que se habla desde un discurso que tiene sus propias determinaciones, su propia lógica, y que debe coexistir con múltiples discursos, porque ése es, quizás, el paradigma más significativo de la contemporaneidad: la conciencia del otro. La conciencia de que no hay un Uno, amo de la palabra, y dueño, por tanto, de decir cómo es el mundo. En suma, se trata de la conciencia de que el Otro, aquel que ha sido descrito por el Uno, habla también. La reversión de la interlocución ha tocado el campo de la subjetividad femenina y las mujeres han aparecido en la escena dialógica. Han comenzado a hablar, y, desde luego, a hablar sobre ellas mismas. No cabe ya la destitución de mandarlas a callar diciendo que se rebelan contra lo que se ha dicho de ellas porque se sienten inferiores, ni de arrinconarlas con el epíteto de que son «feministas», palabra que en algunos escenarios tiene los más variados significados y casi ninguno bueno. No cabe ya desacreditar lo que dicen porque lo dicen desde su condición de mujeres. Todos hablamos desde nuestra condición, cualquiera que ésta sea.

GALERÍA FREUDIANA

LA MÁS BELLA HOJA DEL RAMO

ENTRE LAS DOS ÚLTIMAS DÉCADAS DEL SIGLO XIX y primera del XX la histeria de conversión sufrió un dramático aumento, al punto de adquirir carácter epidémico en las capitales europeas y algunas ciudades de Estados Unidos. Después de la Primera Guerra Mundial sus manifestaciones fueron disminuyendo notablemente en los consultorios psicoanalíticos y en la clínica psiquiátrica. La histeria y la moral victoriana tuvieron una íntima relación. La mujer victoriana representaba un ideal de pureza, orden y serenidad. Debía ser gentil, sumisa, ingenua, controlada y decorosa. Frente a estas pautas las mujeres desarrollaron defensas estratégicas inconscientes para manifestar con el cuerpo los sentimientos de rabia que la cultura no les permitía decir. Caracterizadas por una agresión pasiva, con su sufrimiento manipulaban a la familia y provocaban al médico, que se colocaba en posición de poder, mientras ellas se refugiaban en la indefensión. Si hasta entonces los cuadros conversivos se suponían causados por la posesión demoníaca, la histeria victoriana se percibía como una expresión de engaño, manipulación y debilidad moral (Bernheimer, 1985: 5). Las histéricas usaban sus síntomas como armas para asentar su autonomía y reaccionaban con hostilidad ante la rabia acumulada contra los hombres. La enfermedad era su triunfo (Decker, 1992: 100-101).

Muchos médicos opinaban que los síntomas histéricos eran la versión patológica de las debilidades y fallas propias del género femenino. Por ejemplo, la volatilidad de los síntomas correspondía a la imprecisión de su conducta; la exagerada sensibilidad, a la importancia de las emociones en su carácter. La sexualidad dramatizada en las conversiones se relacionaba con las ninfómanas y prostitutas. Traidora, decepcionante, excesiva, incontrolable, hipersensible, la histeria era la alegoría de los vicios femeninos (Appignanesi y Forrester, 2002: 66). Una cierta ecuación entre feminidad e histeria no parece ceder a pesar del tiempo, y en esa medida la histeria ha sido con frecuencia receptáculo de la misoginia. Todavía, cuando se quiere descalificar a una mujer, se emplea el término histérica, y todavía se dividen los problemas que se toman en serio y los que son «solamente histéricos» — intentos suicidas, violaciones, etc.

Freud, a diferencia de sus colegas, no las torturó como acostumbraba a hacerse (sofocarlas hasta que se les pasara el ataque, pegarles con toallas mojadas, ridiculizarlas frente a sus familiares y amigos, meterles tubos en el recto, aplicarles hierros calientes, ovariectomías, cauterización del clítoris, galvanización, duchas a temperaturas extremas), y modificó sustancialmente tanto la comprensión de la etiología de la enfermedad como su tratamiento, aunque, como veremos después a propósito del caso Dora, no quedó por completo libre de la percepción de condena moral y de una actitud de prevención ante la manipulación de la histérica. Cuando comenzó a tratarlas por su cuenta, es decir, libre de la influencia de Charcot, dio un paso extraordinario: hasta entonces sólo se había intentado acallarlas —como decía Gilles de la Tourette, «haciéndolas obedecer»— y él, por el contrario, las escuchó. La histérica inaugura el discurso analítico, y fue una de ellas, Anna O, quien le pide a Freud que la escuche; luego Emmy Von N le dirá, casi le ordenará, que «la deje decir lo que tiene que decir» (Torres, 1993b: 38, ss.).

Al devolver la palabra a la mujer para la expresión de su sufrimiento, el cuerpo se liberaba de escribirlo, pero, al mismo tiempo, la teoría quedó comprometida con su origen: la mujer que no sabe su deseo. Muriel Dimen y Adrienne Harris —citando a Jacqueline Rose (1978), quien señaló que la teorización de lo femenino en psicoanálisis se inicia con la histeria— comentan:

> Esta es una explicación de la posición imposible de Freud y el psicoanálisis con relación al deseo femenino y su puesta en acción. La sexualidad femenina estuvo ausente, reemplazada por la enfermedad y el síntoma, o presente pero masculinizada (2001: 26).

De acuerdo con Jessica Benjamin (2001: 33) en las primeras revisiones de la crítica feminista, la histeria constituye un antecedente de protesta contra las constricciones de la vida patriarcal. La mujer, interpuesta entre la rebeldía y la enfermedad, supone un acceso difícil, y hasta cierto punto paradójico; por un lado, la identidad femenina se inaugura bajo la patologización, y, por otro, esa misma condición resulta en su reapropiación. Volvamos, pues, a sus orígenes con la visión de rastrear el pensamiento freudiano acerca de la feminidad. Como señala Roy Schafer:

> Encontramos en *Estudios sobre la histeria* preconcepciones y modos de pensamiento acerca de las relaciones de género, relaciones clínicas y objetivos del tratamiento que deben ser interrogados con toda la fuerza de las aproximaciones contemporáneas de comprensión (2001: 325).

Freud deseaba una publicación conjunta de estos primeros casos con Breuer por el prestigio y reputación de quien irónicamente llamaba «el señor colaborador» (a Fliess, 18 de diciembre, 1892), pero tuvo que luchar contra la resistencia de Breuer para dar a conocer sus investigaciones ya que éste se negaba a publicar el caso de Bertha Pappenheim (Anna O), porque pertenecía a una prestigiosa familia de la comunidad judía, y, además, por el temor a Theodor Meynert que adversaba a Freud y a la hipnosis, el método más empleado por él en aquel tiempo[14]. Peter Swales (1986: 53- 54) supone que Breuer finalmente aceptó publicar los *Estudios sobre la histeria* (*SE*: 2) cuando Meynert murió repentinamente en 1892. En este libro se describen los historiales de cinco pacientes: Anna O, Miss Lucy, Kätherina, Elisabeth von R y Emmy von N, ampliamente reseñados en la literatura psicoanalítica; bajo el seudónimo de Frau Cäcilie M aparece un sexto caso apenas mencionado. Es citado por Gay (1989: 69-70) y Anzieu (1978: 96-97), quien considera que por razones de discreción profesional no se expuso sistemáticamente sino dividido fragmentariamente en tres pasajes, en los que se describen el trabajo de catarsis, el mecanismo de negación y el de simbolización. Debemos al mencionado investigador de la historia del psicoanálisis, Peter Swales, la más amplia y detallada fuente documental. A través suyo conocemos que esta mujer era la baronesa Anna von Todesco (1847-1900), hija de Eduard von Todesco y Sophie Gomperz, pertenecientes ambos a un importante clan de eminentes familias judías austríacas, tanto por su poder económico como por su acceso a los medios intelectuales y artísticos. Los Von Todesco fueron ennoblecidos por sus donaciones para la fundación de escuelas[15].

Anna sufría ataques histéricos desde los quince años y fue cuidada por su abuela Gomperz y su tía Josephine Gomperz von Wertheimstein, tratada de su enfermedad nerviosa por Theodor Meynert. Rechazó la propuesta matrimonial que sus padres

14 Cuando Freud regresó de París, en 1886, dio una conferencia acerca de la histeria masculina en la Sociedad Médica de Viena y fue ampliamente rechazado por Meynert, figura central del entorno médico y profesor de psiquiatría de Freud. Cayó en desgracia con la facultad y se quedó sin pacientes. El único que continuó enviándole pacientes fue Breuer, médico con una importante clientela.

15 Sophie era hermana de Theodor Gomperz, notable filósofo y filólogo. Los Von Todesco, Von Lieben, Gomperz, Auspitz y Wertheimstein eran familias relacionadas entre sí.

habían preparado para ella, y vivió dos años en Inglaterra con su hermana; dotada con talento artístico, escribía poemas. Estando en Inglaterra sufrió un fuerte ataque que la retuvo largo tiempo en cama. En 1861 regresó a Viena donde debía participar de la espléndida vida social que acostumbraba su familia, pero le disgustaba el encuentro con la gente, y en busca de curación visitaba los *spa*, particularmente Franzensbad, famoso para las enfermedades femeninas. Se casó en 1871 con el banquero Leopold von Lieben, doce años mayor, con quien tuvo cinco hijos; los poemas celebratorios de su primera hija fueron los últimos que incluyó en el libro comenzado cuando salió de Inglaterra. Su esposo, dueño de una considerable fortuna, era también un hombre de gran educación y coleccionista de arte.

Durante los primeros años de matrimonio los síntomas más importantes de Frau Cäcilie eran el insomnio, las compras compulsivas, anorexia y bulimia, así como llantos y gritos inmotivados con los que llamaba a sus hijos para que la visitaran en medio de la noche. A través de Franz Brentano, antiguo profesor de filosofía de Freud y cuñado de Leopold von Lieben, consultó con Freud quien comenzó a tratarla en 1887 o 1888, inicialmente con Breuer, médico de la mayoría de estas prominentes familias. El tratamiento se prolongó hasta 1893, y fue el más largo de los realizados por Freud en este período. Decker (1992: 110) encuentra una coincidencia entre el inicio del tratamiento y la aparición pública de la amante de su marido; era práctica común en la alta burguesía que los maridos de las histéricas crónicas tuvieran amantes y éstas fuesen aceptadas en su círculo social.

De acuerdo con Masson (1985a: 26) es muy probable que Frau Cäcilie fuese la misma paciente que Freud envió a Charcot en 1888 y también la que lo acompañó a Nancy en 1889 para ser hipnotizada por Bernheim, mencionada por Freud en su autobiografía (1924a). En la correspondencia a Fliess (Masson, 1985a: 27, 31, 61, 229) Frau Cäcilie es mencionada cuatro veces, dos de ellas como Frau von K:

> Mi más importante paciente está justamente atravesando una suerte de crisis nerviosa y puede curarse en mi ausencia (1 de agosto, 1890).
>
> Tendré más oportunidades de visitar la alegre casa [del padre de Fliess en Brühl] porque mi *prima donna* se acaba de mudar a Bruhl[16] (12 de julio, 1892).
>
> Mi mente echa de menos su habitual exceso de trabajo desde que perdí a la Sra. Von K (27 de noviembre, 1893).
>
> Si conocieras a Z.v.K no dudarías por un momento que sólo esta mujer podría haber sido mi maestra[17] (8 de febrero, 1897).

Las siguientes expresiones indican la importancia que tuvo para Freud, así como la relación transferencial concordante:

> ... [cuando] estaba obligada a decir estas cosas [el recuerdo particular que la atormentaba] ante otra persona [evidentemente Breuer] en cuya presencia se sentía incómoda, ocurría a veces que le contaba a éste su historia con mucha calma y, posteriormente, bajo hipnosis, producía para mí todas las lágrimas y expresiones de desesperación con las que hubiese querido acompañar su narración (2: 70).

Acerca de la valoración teórica y clínica del caso, las citas a continuación no dejan lugar a dudas:

> Los mejores ejemplos de simbolización que he visto ocurrieron en el caso de Frau C, cuyo caso puedo describir como el más grave e ins-

16 Lugar donde los Von Todesco tenían una residencia.

17 La palabra alemana es *Lehrmeisterin*, que sugiere la connotación de preceptora, guía.

> tructivo. Ya he explicado que me es desafortunadamente imposible hacer un reporte detallado de su enfermedad (2: 176).
>
> En verdad, fue el estudio de este notable caso, junto con Breuer, lo que llevó directamente a la publicación de nuestra «Comunicación Preliminar» (2: 178).
>
> Frau Cäcilie M, es a quien llegué a conocer mucho más completamente que a ningún otro de los pacientes mencionados en estos estudios. Recogí de ella numerosas y convincentes pruebas de la existencia de un mecanismo psíquico en los fenómenos histéricos como el que describí antes. Desafortunadamente las consideraciones personales me hacen imposible dar una detallada historia del caso de esta paciente aunque tendré ocasión de referirme a ella de vez en cuando (2: 69, n. 1).
>
> No he encontrado un uso más extenso de la simbolización en otro paciente. Es cierto que Frau Cäcilie poseía dones muy especiales, particularmente artísticos, y cuyo altamente desarrollado sentido de la forma, se revelaba en poemas de gran perfección (2: 180).

Si bien Freud planteó en múltiples ocasiones el problema ético de la divulgación de material clínico, no tuvo tanta discreción con otros pacientes, también de importancia social, bien fuese por su pertenencia a la burguesía y aristocracia, o a la comunidad judía. No las tuvo con la mencionada Bertha Pappenheim (Anna O), ni con Ilona Weiss (Elisabeth Von R), Hans Lanzer (Hombre de las Ratas), Sergei Pankejeff (Hombre de los Lobos) o Herbert Graf (el pequeño Hans), y muchísimo menos con Ida Bauer (Dora), cuyo análisis envió a publicación inmediatamente después de terminado (Decker, 1992: 146). Guarda, pues, un cuidado especial para con Frau Cäcilie. A pesar de que en su relato da pruebas evidentes de su afecto y preocupación por ella, visitándola dos veces diarias durante varios años, un velo se tiende sobre la naturaleza de sus sufrimientos y las circunstancias de su vida, lo que, sin duda, contrasta con la significación de las observaciones que el caso le aportó. Swales (1986: 44-45) considera que el método de la asociación libre comenzó con ella. A continuación analizaremos las estrategias de ocultamiento utilizadas en la narrativa del historial.

a) La dispersión.

Las anotaciones aparecen fragmentadas en cinco capítulos diferentes:

1) Caso de Frau Emmy von N: cinco líneas en el texto principal (2: 103), setenta y ocho líneas en notas a pie de página (2: n. 69, 70, 76).
2) Caso de Miss Lucy: una línea en el texto (2: 112).
3) Caso de Elisabeth von R: seis páginas en el texto principal (2: 175, ss.).
4) «Sobre el mecanismo psíquico de los fenómenos histéricos», conferencia leída en el Club Médico de Viena en 1893 (este texto no está incluido en los *Estudios sobre la histeria*, y es muy similar al posteriormente publicado en colaboración con Breuer): veintinueve líneas sin mención del seudónimo (3: 34).
5) Breuer; Teórico-Ideas inconscientes: tres páginas (2: 231, ss.).

Después no volvió a aparecer en sus escritos. Frau Cäcilie, envuelta dentro de otros textos, dentro de otras mujeres, podríamos decir, protegida en gran parte por la tipografía de las notas a pie de página y la dispersión narrativa, permanece a salvo. Sólo la curiosidad de un lector acucioso penetra en el caso que más le enseñó acerca del mecanismo psíquico de la histeria. Así como la paciente decía sentir «su vida cortada en pedazos», su historial queda también despedazado, y, a pesar de ocupar una extensión considerable, quedó olvidado dentro de los otros historiales que son, sin duda, los que cualquier estudiante de psicoanálisis recordará[18]. En el texto teórico de Breuer (2: 232-234) encontramos un mecanismo narrativo similar al de Freud, ya que, después de mencionarla, interpola una larga disquisición con la cual aísla la ilustración clínica.

Una cierta similitud ocurre en el caso de Frau Emmy von N. La baronesa Fanny Sulzer-Wart, alemana, vivía en un castillo en el Báltico. Viuda de un hombre cuarenta años mayor, Heinrich Moser, un industrial suizo, tuvo dos hijas y heredó la fortuna probablemente más importante de Europa. Se trasladó a Viena para tratarse con Breuer, quien la encaminó a Freud. Su tratamiento, aunque más breve, fue contemporáneo con el de Frau Cäcilie. Si bien le dedica a Frau Emmy un reporte completo y extenso (2: 48-105), recurre al mismo método de dispersión en sucesivos comentarios en los cuales la paciente aparece sin nombre:

1) «Un caso de tratamiento exitoso por hipnotismo» (1: 124-125).
2) «El mecanismo de los fenómenos histéricos» (3: 31-33).
3) *Cinco conferencias sobre psicoanálisis* (11-16).
4) Psicoterapia de la histeria (2: 259-260, 284).
5) Caso de Elisabeth von R (2: 173).

Pero, como veremos más adelante, tomó mayores riesgos en su descripción psicológica y biográfica. Algunos sugieren que siendo Fanny Moser alemana, y residenciada lejos de Viena, resultaba un caso menos comprometido. De hecho Freud narra en una nota de 1924 (2: 105, n. 1) que las hijas le requirieron, muchos años después, un reporte mental ya que intentaban un juicio de incapacitación legal porque temían que su matrimonio con un joven las despojara de su herencia.

18 Esta misma observación es comentada en el prefacio de John Kerr y la introducción de Muriel Dimen y Adrienne Harris en *Storms in her Head* (2001).

b) La hiperidealización.
Dice Freud:

Habíamos aprendido [Breuer y él] de *nuestras observaciones* de Frau Cäcilie M que la más severa histeria puede coexistir con dones de *la más rica y original categoría* —una conclusión que se hace clara, sin ninguna duda, en la biografía *de mujeres eminentes de la historia y la literatura* (2: 103) [énfasis nuestro].

Dice Breuer:

Nuestras propias observaciones en pacientes histéricos educados nos habían obligado a tener una visión esencialmente diferente de sus mentes. En nuestra opinión, entre los histéricos se encuentran personas del *más claro intelecto, poderosa voluntad, gran carácter y alto poder crítico* [...] Después de todo, la patrona de la histeria, *Santa Teresa*, fue una mujer de genio con gran capacidad práctica (2: 232) [énfasis nuestro].

Las frases enfatizadas en cursivas ilustran que ambos usan casi las mismas palabras y hablan en plural sustentando la mutua autoridad con la que se respaldan. Ellos, los médicos que detentan el saber, *observan*, es decir, refieren la evidencia. De su observación se desprenden dones morales de cualidades elevadísimas, que unen no solamente el intelecto sino la rectitud asentada en la voluntad, el carácter y la capacidad crítica. A diferencia del tono derogatorio generalmente utilizado para referirse a las cualidades intelectuales de las jóvenes (como podrá verse en los comentarios acerca de Dora, Elisabeth von R o la joven homosexual, en quienes estas cualidades eran apreciadas como signos inequívocos de masculinidad), en Frau Cäcilie su valor intelectual parece estar perfectamente adecuado a su género. Su inteligencia, lejos de ser un inconveniente, es aquí motivo de asombro y de admiración.

Por única vez en todas las obras completas de Freud, relaciona la inteligencia de una mujer con la tradición de otras *eminentes* en la historia y la literatura. La idealización toca el punto del ridículo cuando Breuer, al compararla con mujeres *geniales*, establece un paralelismo con Santa Teresa de Ávila, figura clave de la mística española de valoración universal.

Si bien la intención tanto de Breuer como de Freud pudo ser combatir la debilidad moral e intelectual atribuida a las histéricas, más que un caso clínico nos presentan una hagiografía de la dama recta, virtuosa y preclara. Detrás de esta efigie cualquier retrato psicológico queda paralizado y oculto. Del escritor Freud, de su capacidad de percibir pequeños detalles, de su sutileza e ironía para leer entrelíneas, demostrada ampliamente en sus observaciones, sorprende este relato sin fisuras. Nada personal, más allá de sus virtudes y sufrimientos, dejó para la historia. Su identidad, no sólo social sino, la que era más importante, psicológica, quedó escudada por el caballero que nada comprometedor quiso se supiera de la dama.

En el caso de Emmy von N encontramos un retrato similar. Phillip Bromberg (2001: 137-138) considera que es presentada como un modelo de virtuoso sacrificio, «la perfecta viuda victoriana», y que al ponerla en un pedestal trataba de aislarse de los problemas que la transferencia de Anna O (y quizá la contratransferencia de Breuer) había suscitado[19]. Dice Freud que Emmy von N se distinguía por «la seriedad moral, no menor que la de un hombre, su inteligencia y energía, y su alto grado de educación y amor por la verdad» (2: 103). La insistencia en la «seriedad moral» era más que importante en este caso ya que, poco después de enviudar, fue acusada por los hijos del primer

19 Es conocido que Breuer abandonó el tratamiento de Anna O cuando ésta sufrió un embarazo psicológico que atribuía a su médico.

matrimonio de su marido, de haberlo envenenado, acusación de la que salió indemne cuando se exhumó el cadáver.

c) La imprecisión cronológica de los acontecimientos biográficos.

Durante este período Freud concedía gran importancia a la cronología exacta de los acontecimientos para la comprensión de los síntomas y afirmaba que, a través de la hipnosis, había logrado con muchas pacientes asentar las fechas exactas hasta de datos tan nimios como la aparición de la menstruación. En repetidas oportunidades muestra su método para ayudar al paciente a recordar y precisar fechas, y en este caso utilizó también ese procedimiento.

> Frecuentemente (como en el caso de Frau Cäcilie M) es posible probar con los documentos que pertenecen al período en cuestión que la fecha ha sido correctamente reconocida (2: 112).

Es por ello contrastante la imprecisión cronológica que se observa en algunos datos del historial que siguen el mismo curso de despedazamiento narrativo, característica que posteriormente describió como propio de la memoria histérica en el relato autobiográfico. No pareciera ser un síntoma histérico del relator sino un propósito deliberado de encubrir los datos que pudiesen develar la identidad de la paciente.

La sintomatología de inicio presentaba una violenta y resistente neuralgia facial, aparecida en su primer embarazo, que cesó mediante orden hipnótica. Un año después del tratamiento desarrolló un estado histérico con oscurecimiento de conciencia, alucinaciones, dolores, espasmos y largos discursos declamatorios con severos autorreproches, a los que siguió

> [...] la emergencia en forma alucinatoria de una experiencia del pasado que le hizo posible explicar su estado de ánimo inicial y lo que había determinado los síntomas del ataque (2: 177-178).

La aparición de este recuerdo le permitió durante casi tres años revivir «todos los traumas de su vida [...] e hizo posible descubrir los orígenes, frecuentemente complicados, de todos sus estados anormales» (2: 70).

Freud inscribe su diagnóstico en una curiosa categoría: una *psicosis histérica por el pago de antiguas deudas* [énfasis del original] ya que la paciente «había experimentado numerosos traumas psíquicos y vivido muchos años en una histeria crónica». Estas «antiguas deudas» aparecen en dos registros cronológicos diferentes: en una oportunidad dice que cubrían un período de treinta y tres años, y en otra, treinta años (2: 70, 177).

No sería de mayor importancia la imprecisión de fechas si Freud no le atribuyese un gran valor a la exactitud en el registro de las mismas, y no hubiese especificado, además, que la paciente «era capaz de asignar a sus estados histéricos un lugar correcto en su pasado» (2: 177). De modo que resulta bastante evidente que circulamos por imprecisos senderos cronológicos que ocultan la edad de Frau Cäcilie, así como el inicio, duración y fases del tratamiento. Por otra parte, aunque pudiera tratarse de una coincidencia, es llamativo que la paciente tenía quince años cuando ocurrió el síntoma del dolor en los ojos, que se reproduce treinta años después; la neuralgia había aparecido quince años antes del tratamiento y las «antiguas deudas» cubrían un período de treinta años. Es decir, pareciera que Freud apela a períodos muy generales de tiempo, de quince en quince, evitando precisiones, así como omite mencionar si fue ella la paciente enviada a Charcot, circunstancia de mucha importancia personal y profesional. De acuerdo con Masson (1985a: 20), Charcot, en su correspondencia (1888), se refiere a ella cuando dice que «la

Sra. X de hoy está, bajo todo respecto, en mejores condiciones de lo que estaba». También en el caso de Frau Emmy el editor consigna diferencias cronológicas, que atribuye a la intención de proteger su identidad, aunque los cambios no se mantienen consistentemente (2: 307-309).

d) La completa omisión de la sexualidad.

En tanto Frau Cäcilie tenía unos cuarenta años cuando comenzó el tratamiento y las «antiguas deudas» se refieren a un trauma ocurrido treinta o treinta y tres años antes, la paciente debió sufrir la experiencia traumática entre los ocho y once años. Al respecto es muy significativa una carta de 1907 de Breuer a Auguste Forel[20] en la cual relata que bajo la guía de Freud la paciente pudo llegar hasta su infancia, descubriendo recuerdos que los dejaron «escépticos y sorprendidos» (Swales, 1986: 52). No cabe duda de que, para la época del tratamiento de Frau Cäcilie, Freud conocía bien el tema del abuso sexual de menores y las seducciones incestuosas (Masson, 1985b: 50). En los borradores enviados a Fliess a comienzos de 1893 le comunica que «en el caso de una hipocondría atormentadora que comenzó en la pubertad, fui capaz de establecer que el asalto tuvo lugar a los ocho años de edad. Otro caso infantil resultó ser una reacción histérica a un asalto masturbatorio». Años después escribe (1914b):

> Influenciado por la opinión de Charcot acerca del origen traumático de la histeria, uno estaba muy predispuesto a pensar como verdaderas y etiológicamente significativas las declaraciones de los pacientes en las cuales adscribían sus síntomas a experiencias sexuales pasivamente experimentadas en los primeros años de su infancia —para decirlo crudamente, a la seducción (14: 17).

20 Auguste-Henry Forel, psiquiatra, neuroanatomista y entomólogo suizo. Fue uno de los muchos que trataron a Frau Emmy von N.

En «Psicoterapia de la histeria» (1893-1895), a propósito de Frau Emmy von N, dice:

> La expectativa de una neurosis sexual como base de la histeria estaba muy lejos de mi mente. Acababa de llegar de la escuela de Charcot, y consideraba el vínculo entre la histeria y el tema de la sexualidad como una suerte de insulto —igual que lo consideran las pacientes. Cuando ahora vuelvo sobre mis notas de este caso, me parece que no hay ninguna duda de que debe ser considerado como un caso severo de neurosis de angustia acompañado de una expectativa ansiosa y fobias —una neurosis de angustia originada en la abstinencia sexual que se ha combinado con histeria (2: 259-260).

Independientemente de que cambiara posteriormente sus puntos de vista, éstas eran las ideas que pesaban sobre él durante esta fase de la teoría. En una carta a Fliess (Masson, 1985a: 40) escrita durante el período del tratamiento de Frau Cäcilie comenta:

> Yo, con Breuer, he defendido un punto de vista similar en relación con la histeria [...] La histeria traumática es conocida; dijimos entonces toda histeria, que no sea hereditaria, es traumática. Lo mismo sirve para la neurastenia: toda neurastenia es sexual (8 de febrero, 1893).

Es de hacer notar que en las referencias a Frau Cäcilie la palabra *sexualidad* ha sido totalmente omitida, a pesar de que considera el problema sexual como fundamental en la teoría de la histeria, y de que éste fue el caso que valoró como más ilustrativo y mejor conocido.

Una de sus observaciones fundamentales destacaba el uso extenso de la simbolización en la formación de síntomas, en la cual establece la existencia de una relación entre el dolor físico y el afecto psíquico, a la cual llama «conversión por simbolización»; de los ejemplos reseñados tomaremos algunos:

a) *La neuralgia* fue interpretada como el dolor físico que la paciente asociaba con los insultos proferidos por el esposo, «el amargo insulto», que ella había sentido como «una bofetada»; el golpe simbólico se transformaba en neuralgia.

b) *Las sensaciones en la garganta.* Los insultos proferidos por el marido eran recibidos como algo contra lo que no podía reaccionar, y que eran asumidos bajo la frase, «tendré que tragar esto».

La interpretación de estos síntomas indica claramente que Freud tenía conocimiento de que una situación extrema ocurría entre la paciente y su esposo, ya que no sólo debía tragar sus insultos sino la presencia pública de su amante. ¿Por qué Frau Cäcilie debía sufrir en silencio?, ¿de qué la acusaba el marido? No resulta una especulación suponer que estamos ante una situación sexual, ya que la escena traumática del pasado, emergida alucinatoriamente bajo hipnosis, tenía una relación directa con lo que ocurría en el presente.

> Cuando comencé a evocar la escena traumática, la paciente se vio a sí misma retrospectivamente en un período de gran irritabilidad mental contra su marido. Describió una conversación sostenida con él y un comentario de él que sintió como un amargo insulto (2: 178).

En el reporte de Breuer, antes comentado, encontramos un mecanismo de aislamiento similar al utilizado por Freud. Después de mencionar a Frau Cäcilie desarrolla una larga disquisición acerca de la constitución intelectual de los histéricos, y veladamente aparece también la situación sexual.

> Las circunstancias sociales con frecuencia requieren una duplicación de este tipo. Por ejemplo, cuando *una mujer está sufriendo de una*

> *grave preocupación o de una excitación apasionada*, y ejerce sus deberes sociales y las funciones de una amable anfitriona (2: 233-234) [énfasis nuestro].

c) *El dolor punzante en los ojos.* Este síntoma se presentó en la adolescencia, cuando la paciente vio a su abuela mirarla con severidad, como si «perforara» sus pensamientos.

¿Qué relación hay entre la mirada inquisitiva de la abuela, los severos autorreproches que constituían uno de sus síntomas, y la escena traumática? Freud no nos lo dice. Es una omisión bastante llamativa, sobre todo a la luz de un poema, sin fecha, titulado «Historia de un caso» (Swales, 1986: 42), en el cual la paciente expresa el dolor que le producen sus recuerdos relacionados con su vida erótica:

> Desprecio mi memoria,
> no deja mi corazón en paz.
> [...]
> Primero veo mi juventud,
> toda escondida profundamente en velos;
> a través del velo, observa el ojo
> —oscuro, interrogante, lleno de dolor.
> En la distancia, los amantes se saludan;
> despiertan las urgencias de ardientes deseos,
> pero sólo pesadas cadenas de sufrimiento,
> arrastra ella, por años, suspirando.
> Finalmente, cansada, cesa,
> siendo ella impotente, cierra su ojo,
> pero en la tumba todavía respiran las llamas,
> perturbando la paz de mi vida.

Esta juventud «escondida», cuyo recuerdo «perturba la paz de mi vida», y en la que alude «urgencias de ardientes deseos», coincide con la aparición del cuadro sintomático, hacia los quince años, y en ella reside una importante causa de sufrimiento, puesto que la paciente, al pensar en su enfermedad, se pregunta si su causa es «un amor juvenil», «una pasión» o «una plaga» (Swales, 1986: 15). Podríamos preguntarnos también si ese «ojo oscuro, interrogante y lleno de dolor» alude no sólo a la mirada punzante de la abuela, sino a una escena vista por la paciente.

d) *El dolor agudo en el tobillo derecho.* Este síntoma le impedía la marcha (Freud señala la similitud con la sintomatología de Elisabeth von R, la cual fue interpretada en un sentido erótico) y le sobrevino cuando, estando hospitalizada en otro país, tomó el brazo del médico que la ayudaba a caminar (es posible que este episodio aluda a la visita a Charcot). Freud comenta que el dolor en el tobillo derecho fue «escogido al azar», dentro de todos los otros dolores que la aquejaban, y que es un ejemplo «cómico» de simbolización. Sin embargo, como si estuviese arrepentido de tal banalización, totalmente incongruente con su agudeza para relacionar los síntomas y sus simbolizaciones, acepta que la elección era acertada ya que la misma paciente lo había asociado con un pensamiento: «se sentía temerosa en aquel tiempo de 'no encontrarse en una recta posición con aquellos extranjeros'» (2: 179).

Recurriendo a la mencionada estrategia de aislamiento, en «Acerca del mecanismo psíquico de los fenómenos histéricos» (1893) nos deja saber que ésa no era la única asociación con respecto al tobillo derecho:

> Esta misma paciente sufría de violentos dolores en el tobillo derecho para los cuales no había explicación. Resultó que estos dolores estaban conectados con una idea que le sobrevino cuando hizo su primera aparición en sociedad. Estaba sobrecogida por el miedo de «no encontrarse en una recta posición» (3: 34).

Una primera aparición en sociedad, para una joven de esta categoría social, está indudablemente relacionada con un gran baile y es ésta, precisamente, la asociación que Freud desarrolla en una entrecortada narración. Cuando refiere la exploración hipnótica de las experiencias patógenas, nombra a Frau Cäcilie como uno de los casos explorados, lo interrumpe, y menciona a «una paciente» que recupera un recuerdo perdido diciendo: «Era el cumpleaños de mi padre, y por eso esperaba el acontecimiento del que estamos hablando». ¿Cuál acontecimiento? Freud cierra el ejemplo alegando, «aquí sólo puedo tocar el tema de paso», y recurriendo de nuevo a la nota a pie de página ilustra la situación de «otra paciente» de treinta y ocho años, quien sufría de temor a desmayarse en la calle. Por medio de una acuciosa investigación de fechas, el síntoma fue retrotraído al recuerdo de su primer baile, al cual asistió muy perturbada porque coincidía con su menstruación (2: 113-114). Asistir a un baile, no en la mejor «posición», así como el temor a caer públicamente, remite al temor de Frau Cäcilie que no se sentía en una «recta posición» ante los médicos, como tampoco ante su presentación en sociedad.

Vemos que Freud muestra los hilos que conducen a la situación traumática de la paciente pero desanudados de modo tal que no permitan la comprensión de la situación psíquica. ¿Por qué —podríamos preguntarnos— esta mujer no se sentía en una «recta posición» ante la mirada de su abuela, ante la sociedad que la espera en su primer baile, ante los médicos que pueden explorarla y tocarla, y, sobre todo, ante el marido cuyos amargos insultos tiene que tragar? No cabe duda de que hay algo censurable en ella, expresado en sus severos autorreproches, algo que surge o, mejor dicho, retorna en su matrimonio o, poco después, en su primer embarazo, y que quizá le ocurre, «como a muchas pacientes que les disgustaba admitir que habían adquirido sus trastornos en el matrimonio» (2: 112). ¿Era su incorrecta posición la de presentarse al matrimonio, previamente usada, «perforada» (como por la mirada de su abuela) en una circunstancia de abuso sexual o de incesto? La «excitación apasionada» que tan prudentemente menciona Breuer, ¿es una alusión a una pasión ilegítima por la cual debía sufrir los reproches?, ¿o se trata más bien de una insatisfacción sexual crónica en su vida marital? A través de la lectura de sus poemas y diarios de juventud, Swales encuentra la frecuente expresión de sentimientos amorosos que no pudieron realizarse, probablemente porque los padres insistían en que Anna, al igual que su hermana Fanny, debía efectuar un matrimonio con alguien de importancia económica y social[21]. Señala también que la alta incidencia de enfermedades emocionales entre las mujeres de clase alta estaba relacionada con el hecho de que los matrimonios se concertaban para asegurar los intereses financieros de las familias. Anna había rechazado la primera propuesta de los padres y se resistía a las presentaciones sociales; de hecho, contrajo matrimonio a los veinticuatro años, edad relativamente tardía para la época. Son especulaciones posibles, mas lo que parece fuera de toda duda es que Freud decididamente no quiere hablar de lo que ocurre en el matrimonio de los Von Lieben.

Un trato más ambiguo es el relato de Frau Emmy:

> Nada supe de esa señora [...] que no hubiese podido decirme despierta, suponiendo que nos hubiésemos conocido por un largo tiempo y hubiese tenido una alta opinión de mí. Nunca llegué a las verdaderas causas de su enfermedad, sin duda idénticas a las de su recaída [...] y la única ocasión en que le pregunté por una reminiscencia en torno a un elemento erótico, la encontré tan desconfiada y resistente en lo que me dijo como mis otras pacientes sonambúlicas (2: 284).

---

21 Fanny se casó a los dieciocho años con el barón Henry de Worms, descendiente de los Rothschild.

Si bien hay una mención del «elemento erótico» —lo que contrasta con la absoluta omisión en el caso de Frau Cäcilie—, obviamente relacionado con la abstinencia sexual que ya había mencionado, insiste en el desconocimiento de sus problemas. Y no hay por qué dudarlo. En su primer contacto con Frau Emmy, magistralmente descrito como una escena teatralmente dispuesta, Freud, el 1 de mayo de 1889, entra en el salón donde la dama, todavía joven y de delicados rasgos, lo espera acostada en un sofá, reposada la cabeza en un cojín de cuero, con la expresión dolorida, los párpados entrecerrados y la mirada baja. Le habla en susurros. Hasta que de pronto, llena de ansiedad, con una expresión de horror, estira sus manos hacia él y grita: «¡No se mueva! ¡No hable! ¡No me toque!» (2: 48-49). Estas órdenes marcan la relación entre Freud y la mujer más rica de Europa. No será la misma que adopta con sus jóvenes pacientes. A Kätherina, la hija del posadero, en un encuentro fortuito y breve le arranca su secreto: ha sido violada por el tío (en 1924, sabremos que era el padre); otro tanto con Fräulein Rosalie (2: 169-170), una joven cantante, en cuyo análisis se descubrió el abuso sexual en la infancia (también en este caso Freud había escrito originalmente que se trataba del tío y rectifica, en 1924, que fue el padre). Elisabeth y, sobre todo, Dora serán expuestas a sostenidos interrogatorios. Con Frau Emmy, Freud obedece las órdenes y no nos dice si incursionó en sus problemas sexuales. Más adelante añadirá, en la nota de 1924, que algunos comentarios le hicieron suponer que deseaba casarse de nuevo, y que no lo había hecho en beneficio de la fortuna que heredarían sus hijas.

Pero Frau Cäcilie es una mujer casada, en cuya alcoba no se puede entrar. La sexualidad de la mujer casada es sagrada. Con ella no hizo caso de su propia afirmación: «Pienso que no se puede evitar mencionar la etiología sexual de la neurosis sin arrancar la más bella hoja del ramo» (Masson, 1985a: 45). Cuando le envía a Fliess los borradores de «La etiología de las neurosis» le advierte que el manuscrito sea apartado de «su joven esposa» (8 de febrero, 1893). En él escribe que, ante todos los trastornos neuróticos que produce la sexualidad no bien efectuada, «la única alternativa sería el intercambio sexual libre entre los jóvenes y las jóvenes de posición libre, aunque esto solamente podría aplicarse si existiesen métodos inocuos de prevención del embarazo»[22] (Masson, 1985a: 44). ¿Freud proponiendo el amor libre en 1893? Tenemos aquí un buen ejemplo de cómo chocan en su pensamiento dos discursos incompatibles: la conclusión a la que llega a través de sus observaciones sobre la vida sexual y la neurosis (que, por supuesto, Ida Fliess no debe leer), y el mantenimiento del orden patriarcal, del cual forma parte el ocultamiento de la sexualidad de una mujer casada[23]. El orden patriarcal sufriría si se estableciese el origen de los sufrimientos de Frau Cäcilie, tanto si fue objeto de un ataque incestuoso en su infancia (¿esos recuerdos que los dejaron «escépticos y sorprendidos», a qué aludían?), como si en su enfermedad actual tuviese importancia el presumible maltrato moral infligido por su esposo, quien, por cierto, no sufría obstáculos en su vida erótica puesto que su amante había sido legitimada.

Freud, a través del retrato de mujer excepcional, llena de virtudes y talentos, intenta devolver a Frau Cäcilie lo que el orden patriarcal le había despojado. No tuvo dudas acerca de la crueldad ejercida contra ella, pero desplaza sus sentimientos de rabia e impotencia hacia el dentista que había llevado a cabo la innecesaria extracción de siete piezas dentales, esgrimiendo la

22 El texto alemán dice «Mädchen freien Standes». Masson (n. 44) lo traduce como «unattached young women», literalmente, «muchachas no comprometidas, no vinculadas», y anota que Strachey lo tradujo como «respectable girls» (muchachas respetables) lo que sin duda tiene otro sentido. En cualquier caso, Masson comenta: «El término está abierto a la interpretación. Presumiblemente Freud se refiere a mujeres jóvenes solteras dispuestas a comprometerse en actos sexuales».

23 Acerca de la diferente posición de la madre y de la hija en el patriarcado lo veremos más adelante a propósito del caso Dora.

teoría de que los dientes eran la causa de la neuralgia. La calificó de «cruel operación», y se refiere a los dientes irónicamente como «los siete criminales» (2: 176-177). Durante un cierto período, al manifestarse la neuralgia, este dentista era requerido y alternaba su «tratamiento» con el de Freud, hasta que éste vence a su contrincante, y gracias a la hipnosis y a su relación terapéutica logra que cese una neuralgia de quince años de evolución y un disparatado procedimiento. Ciertamente, el caballero rescata a la dama de su sufrimiento y vence a su victimario, pero es cierto también que sabía de la «cruel operación» que se había llevado contra ella, y que él mismo había replicado al hacer sus propias extracciones del relato. Frau Cäcilie, o mejor dicho la baronesa Anna von Lieben, no pudo ser restituida en su verdad, al menos no públicamente. ¿Qué hubiese dicho el barón Leopold von Lieben si una publicación describiese las escenas interiores de su vida conyugal? ¿Qué repercusiones hubiese tenido en estas altas esferas la revelación de que una mujer de la familia había sufrido una seducción incestuosa? ¿Hubiese Freud perdido su «recta posición» profesional? Swales (1986: 46-47) señala otras omisiones importantes del historial: la adicción a la morfina, la patología grave de varios miembros de su familia, y el ocultamiento de los resultados finales del tratamiento[24]. En su criterio las razones de esos silencios están todas relacionadas con la necesidad de preservar el prestigio profesional y de no enfrentarse a Breuer de quien dependía en gran medida para la recepción de pacientes.

Sin embargo, no son solamente el temor ante el poder y la prudencia en el tratamiento de la clientela las razones que inducen el silencio. Como expresa Adrienne Rich:

---

24 Swales sugiere que cuando Freud menciona «los medios artificiales» en el tratamiento se refiere al uso de la morfina, así como en el sueño en el cual aparece «una medicina» negada por sus médicos. Hay también una referencia de Breuer a «otro caso», en el cual recuerda a una paciente histérica que sufría por la abstención de la droga.

> Lo sagrado de la familia en el patriarcado —sagrado en el sentido de que es herejía cuestionar sus valores supremos— hace que su cabeza esté libre de cualquier necesidad de justificar su comportamiento (1983: 100).

Se trata, en el fondo, de un acuerdo entre hombres. Entre él y Breuer; entre él y Fliess; con ellos se puede hablar de los desaguisados familiares, mas la vida sexual de una mujer casada es coto privado. Sobre esta premisa, según la cual la interioridad de la mujer pertenece a su dueño, se asienta la violencia patriarcal.

La liquidación de las «antiguas deudas» se resolvió en privado, lo que, al fin y al cabo, es el mejor escenario para la terapia psicoanalítica, o cualquier otra. El tratamiento de Frau Cäcilie continuó con dos colegas, uno de los cuales se casó con su hija, y destruyó el diario de su enfermedad que, por consejo de Freud, había llevado durante su tratamiento; al parecer el yerno consideró que contenía asuntos privados e indecentes. Sus poemas que hablaban de «un corazón cansado» resultaron premonitorios; murió a los cincuenta y tres años de un ataque al corazón (Swales, 1986: 51). ¿Por qué Freud fue extraído del tratamiento aunque los sufrimientos de la paciente permanecían? De acuerdo con Swales es probable que se tratara de una decisión familiar en la que contó mucho la opinión de su tío Theodor Gomperz, decididamente opuesto a Freud. En todo caso no pudo terminar el tratamiento que ayudó mucho a la paciente, y, «al extraer la más bella hoja del ramo», sacrificó su mejor caso de la época y él mismo quedó despojado en la extracción que le impidió hablar y restituir la verdad.

LA CIUDAD ENTERRADA

La vida de Elisabeth von R (2: 135-181) puede ser leída como el historial médico de una curación o como una novela victoriana con final feliz. El mismo Freud nos advierte de esta dualidad:

> ... todavía me sorprende que mis historiales parezcan relatos y les falte el serio sello de la ciencia [...] la descripción de los procesos mentales, tal como acostumbramos a encontrar en las obras de los escritores de ficción, me permite mantener al menos cierta comprensión en el curso de la afección [...] principalmente la íntima conexión entre la historia de los sufrimientos del paciente y los síntomas de su enfermedad (2: 160).

Sin duda de este relato vale decir que consagra a Freud como un notable novelista, no sólo por el tratamiento estilístico y la finura psicológica en la construcción del personaje, sino por la habilidad narrativa con que construye la trama, atrapándonos de modo tal, que antes de saber si la paciente se mejoró de sus síntomas, deseamos conocer el desenlace de los acontecimientos. No he podido encontrar —como sí en los otros casos de esta sección— datos relevantes de su biografía, y sin embargo no son demasiado necesarios. Gay (1989: 72) refiere que, en una entrevista, cuyas fuentes no son reveladas, la hija de Elisabeth aceptó que la historia familiar descrita por Freud era básicamente correcta. No hay en este historial dudas cronológicas, pudor ante la consignación de los hechos, ni el menor temor de que la identidad de la paciente sea revelada. Especulemos que esta franqueza expositiva tiene que ver, primero, con el éxito del tratamiento y, segundo, con la altura moral adjudicada tanto a la familia como a la protagonista. No es una historia de secretos vergonzosos, ni hay tampoco figuras patriarcales ante quienes responder; era soltera, el padre había fallecido, no tenía hermanos varones, y sólo quedaban dos cuñados, bastante alejados. Freud escribe su vida como un drama de amor noble y puro, contrariado por las circunstancias, pero finalmente recompensado por el destino (si hemos de creer de nuevo a su hija, que en esa misma entrevista afirmó que su madre tuvo un matrimonio feliz).

Nos contentaremos con saber que Elisabeth nació en 1867 en Budapest, en el seno de una familia de cierto prestigio (algunos autores le atribuyen un origen aristocrático). Se mudaron de su propiedad rural en Hungría a Viena, cuando las tres hijas estaban en edad de tener una vida social más activa; dicho de otro modo, encontrar marido. Freud menciona que le fue remitida por un colega, con quien inició el tratamiento conjuntamente, lo que apunta de nuevo a Breuer y su prominente clientela. Su nombre era Ilona Weiss, pero, aunque el apellido pudiera sugerirlo, no queda definido su origen judío. El tratamiento comenzó en 1892, cuando Elisabeth tenía veinticuatro años, y duró aproximadamente ocho meses. Sufría de un síntoma conocido como astasia abasia, una conversión histérica que se manifestaba por la incapacidad para estar de pie y caminar, acompañada de fuertes dolores en las piernas; en su caso se trataba de un monosíntoma, ya que era la única perturbación histérica que presentaba. Dos años después de terminado el tratamiento Freud pudo cerciorarse de que la curación era estable, y fue un caso que citó repetidas veces como ejemplo paradigmático del efecto de la represión de ideas incompatibles. Después de cuatro semanas de aplicación electroterápica —que considera un «pretexto» para establecer una relación con ella—, la transferencia positiva permitió el camino hacia un tratamiento psíquico al que la paciente se abrió sin resistencias. Freud lo define como un paso inaugural: «realicé el primer análisis completo de una histeria y llegué a un procedimiento que posteriormente desarrollé como método regular y deliberadamente utilizado» (2: 139). Esta aclaratoria no es trivial; hasta ese momento había empleado la electroterapia y la hipnosis, combinadas con la sugestión y los interrogatorios. Elisabeth mantiene con su médico una conversación en la cual habla claramente de sus sentimientos, de los dolorosos acontecimientos de su vida, y de la posible conexión entre ambos términos, tal como ocurre en los tratamientos psicoanalíticos.

Desde un principio Freud tuvo una poderosa intuición: en la conciencia de aquella joven existía un secreto y develarlo era como «la excavación de una ciudad enterrada». El símil arqueológico es muy frecuente en la narrativa freudiana —quizás empleado aquí por primera vez—, y como señala Roy Schafer (2001: 337) era «una variante de la investigación de campo». Su pensamiento científico en aquel momento era decididamente positivista y su propósito era fundar una ciencia a la manera de Darwin y Helmoltz; para ello el psicoanálisis requería un investigador neutral, objetivo, sin género, pero, igualmente, un objeto que se sometiera pasivamente al método inductivo. La resistencia que encontraba en sus pacientes —y que también define por primera vez en este caso— era un obstáculo, y, más aún, el propio fin que se proponía se alejaba de la idealizada ciencia empírica y se acercaba a la hermenéutica. La búsqueda de un secreto, metafóricamente representado por la ciudad enterrada, lo lleva a encontrar un método que utiliza de un modo no precisamente «neutral» sino guiado por sus propias ideas acerca de lo que debía ser encontrado, basadas a su vez en la concepción de género y en las relaciones que sus teorías le permitían establecer entre las preguntas y los datos. Su propósito, aunque no obtuviera la anhelada categoría científica, culminó en su gran invención: «relatos de acontecimientos humanos, no mediciones o simples registros de procesos y materiales del universo físico». Finalmente, concluye Schafer:

> No pudo acercarse a reconocer que sus narrativas eran acerca de las narrativas de Elisabeth, y ellas mismas producto de su interacción con él. Además, el sumario final [...] no fue otro que su narrativa final de las otras narrativas (2001: 338).

Con el psicoanálisis el lenguaje pasó a ser no solamente un método de curación, sino la materia misma de la que están constituidos los síntomas. El síntoma es en sí mismo palabra. Un texto reprimido, censurado, dice Freud, del cual algunos fragmentos han sido borrados, omitidos. La curación devuelve este fragmento de lenguaje, cuyo significado, en la medida en que no puede ser hablado, es derivado hacia la producción sintomática. Ese significado que encubre el síntoma es una idea intolerable, que por serlo no puede encontrar una expresión manifiesta.

Esta proposición, ya establecida en el primer estadio de la teoría y ejemplarmente ilustrada por el caso de Elisabeth, tuvo un alcance insospechado en la formulación de la etiología de los trastornos psíquicos. El problema, finalmente, parece decirnos Freud, es el lenguaje. Lo que constituye la identidad del sujeto, lo que produce las alteraciones que llamamos síntomas, es aquello que quiere decir y no dice. Es necesario, entonces, entrar en su lenguaje, rescatar los significantes censurados, para restituir la conciencia. Pero, más aún, es necesario trazar el mapa de esos significantes y su historia. Indagar en el discurso sobre cuáles son los hilos histórico-genéticos del síntoma; pesquisar en el caos asociativo el sentido lógico que lo atraviesa. A la teatralidad del espacio de Charcot, en cuyo gran salón las histéricas eran expuestas como espectáculo para los médicos que venían a observar sus síntomas —y con frecuencia a inducirlos—, Freud opone la intimidad de un diálogo y de un diván, sin que las miradas se crucen. Freud dice: los síntomas no se miran, se escuchan. A la clínica de la visión se opone la clínica de la escucha, y el lenguaje queda como el vínculo principal entre los participantes de la escena (Torres, 1998a: 153-154).

Volviendo a Elisabeth. Era la menor de tres hermanas, y tuvo «un contacto íntimo especial con su padre, un vivaz hombre de mundo para quien esta hija tomó el lugar del hijo y el amigo con quien intercambiar sus pensamientos» (2: 140). Ésta es una consideración frecuente; la amistad y la conversación tienen lugar «entre hombres». Como ya sabemos, Freud cultivó muchas amistades e intercambios intelectuales con mujeres, pero, en 1892, todavía estaba muy lejos de encontrar en su propia hija la sustitución del diálogo perdido con su admirado Fliess. Elisabeth era una joven bien educada e inteligente, intelectualmente estimulada por el diálogo con su padre, y éste no dejó de observar que «su constitución mental se alejaba del ideal que la gente quiere ver realizado en una muchacha». Era demasiado asertiva, con una inclinada tendencia a decir la verdad, quería estudiar, quizá seguir un entrenamiento musical. En suma, «estaba inconforme con ser una muchacha. Tenía muchos planes ambiciosos y le indignaba la idea de tener que sacrificar sus inclinaciones y su libertad de juicio por el matrimonio». Su padre la consideraba demasiado atrevida y excesivamente segura de sí misma, y pronosticaba que le sería difícil conseguir marido. En cuanto a Frau von R sabemos que era «una dama comprensiva y sensible» —a diferencia de otras madres freudianas que no parecen lucir ninguna cualidad—, aunque sometida a una depresión nerviosa, agravada por las circunstancias y sus problemas de visión.

Una vez mudados a Viena, en busca de una más alegre y nutrida vida social, comienza a extenderse la oscuridad sobre la familia Weiss. El padre se enferma de un edema pulmonar y

Elisabeth se entrega por completo a su cuidado. Su muerte trae consigo el aislamiento de la familia y la pérdida de relaciones. Freud da como algo evidente que una familia de cuatro mujeres solas está condenada a la soledad. El consuelo de Elisabeth ante el duelo por su padre era alimentar su orgullo con la posición y prestigio de la familia, y devolverle su armonía conservándola reunida, pero, por el momento, únicamente podía concentrarse en el cuidado de su madre que había empeorado de sus trastornos. Al año del duelo la hermana mayor se casa y comienzan las desavenencias entre Elisabeth y su primer cuñado. Es desconsiderado con su madre, caprichoso, explosivo, y para colmo decide mudarse a otra ciudad llevándose a su hermana y a su sobrino a quien adoraba. A Elisabeth le irritaba la «sumisión femenina» de su hermana con su marido y su alejamiento le hizo perder la esperanza de ofrecer a la madre un sustituto de felicidad.

Ocurre entonces el matrimonio de la segunda hermana, con un hombre descrito como menos inteligente pero más considerado. Poco después nace un hijo. La madre es exitosamente operada del ojo, y luego de varias semanas en la oscuridad, atendida por Elisabeth, las cosas parecen mejorar. Deciden una reunión familiar para pasar juntos el verano en un *resort*. Los dolores en las piernas que habían comenzado durante la época en que atendía al padre se intensifican y se manifiestan los problemas locomotores que le impiden la marcha. Cuando las hermanas se van —la segunda, embarazada, y en mal estado de salud—, «ella se ha convertido en la inválida de la familia» y los médicos recomiendan una estadía en Gastein. Aunque no sepamos con seguridad si Freud disfraza el nombre pareciera muy probable que sea el verdadero lugar al que se trasladaron. Bad Gastein fue un famoso *spa* de aguas termales al que concurría gente notable: la aristocracia, la realeza, políticos e intelectuales. Hoy en día sigue siendo un lugar turístico y la distancia a Viena puede recorrerse en automóvil en unas cuatro horas, pero, cuando Elisabeth y su madre reciben allí la noticia de que su hermana está gravemente enferma, aún no se había instalado la línea de tren. El viaje es en coche de caballos y dura toda la noche y el día siguiente.

La descripción de las memorias de Elisabeth, es decir, la narrativa de la narrativa, se extiende en un largo pasaje que muestra los cálidos sentimientos de Freud hacia ella. Es un relato demasiado literario como para no haber sido inspirado por la tristeza y ternura que la joven le transmitía.

> Volvió a su visita a Gastein, la ansiedad con la que esperaba cada carta, finalmente las malas noticias de su hermana, la larga espera hasta la tarde, que fue la primera ocasión en que pudieron salir de Gastein, entonces, el viaje, vivido en una incertidumbre atormentadora, la noche sin dormir, todo ello acompañado de violentos dolores en las piernas. Le pregunté si durante el viaje había pensado en la severa posibilidad que después ocurrió. Contestó que había cuidadosamente evitado el pensamiento, pero creía que, desde un principio, su madre esperaba lo peor. Sus recuerdos entonces se dirigieron a su llegada a Viena, la impresión que les hicieron los parientes que fueron a su encuentro, el corto traslado desde Viena hasta la estancia de verano donde vivía su hermana, su llegada allí por la tarde, la apresurada marcha a través del jardín hasta la puerta de la pequeña casa, el silencio adentro y la opresiva oscuridad; su cuñado no estaba allí para recibirlas, y permanecieron delante de la cama contemplando a su hermana que yacía muerta (2: 156).

Después todo colapsa. La unidad familiar se rompe. El cuñado viudo se va con su familia y no acepta dejarles el cuidado del niño. Los sentimientos de culpa invaden todas las relaciones. La hermana sufría una cardiopatía por herencia paterna y había manifestado algunos síntomas en su infancia; ellas y los médicos, haciendo caso omiso, eran culpables de haber permitido el matrimonio; y el cuñado, por supuesto, por ser el causante de dos embarazos tan seguidos. Para colmo se produce una pelea entre los dos cuñados por cuestiones relativas a la herencia. «No podía dejar de sentir —dice Freud— una profunda humana compasión por la señorita Elisabeth». Y así resume su descripción de la paciente:

> Esta era, entonces, la triste historia de esta orgullosa muchacha con su anhelo de amor. Sin poder reconciliarse con su destino, amargada por el fracaso de todos sus pequeños planes para restablecer las antiguas glorias de su familia; muertos, lejos o distanciados todos los que amaba, sin estar preparada para refugiarse en el amor de algún hombre desconocido, había vivido dieciocho meses en casi completa reclusión, sin nada de que ocuparse salvo de su madre y sus propios dolores (2: 143-144).

Dos detalles guían al Freud arqueólogo en la búsqueda del secreto: cuando aplica la electroterapia en los muslos de la paciente observa, en primer lugar, que parece ausente, mostrando «la bella indiferencia» de las histéricas (frase atribuida a Charcot). En segundo lugar, la aplicación eléctrica suscita en ella una sonrisa y un gemido similar al que produce una sensación erótica. Recuerda entonces una frase de Goethe: «Su máscara revela un sentido escondido». Para encontrarlo no requiere de la hipnosis. Su interés en la paciente, la comprensión y las esperanzas de recuperación que infunde en ella serán factores decisivos para que revele su secreto. Freud está seguro de que Elisabeth sabe que su sufrimiento es psíquico y no un «cuerpo extraño» en sus piernas. Para conocerlo es necesario que le relate los acontecimientos de su vida desde que comenzaron los síntomas. Schafer (2001: 334) nos hace notar que no hay en este estudio una historia del desarrollo y que nada nos dice Freud de su infancia y sus primeras relaciones con los padres, lo que evidentemente deja un vacío de comprensión para un analista contemporáneo.

No será hasta 1905 cuando establezca una completa teoría del desarrollo psicosexual infantil.

Freud comienza su investigación alrededor del síntoma, y establece que la primera aparición ocurrió cuando estaba dedicada a la atención del padre, a la que se entregaba por entero, dormía en su habitación y pasaba todo el día con él. En una oportunidad, por insistencia de su padre, acude a una fiesta en la que estaría presente un joven, también de origen húngaro, muy apreciado por su familia, y a quien conocían desde los tiempos en que vivían en Hungría. El joven admiraba mucho al padre de Elisabeth, y al parecer éste lo veía con buenos ojos como futuro yerno. Cuando vuelve de la fiesta, acompañada de su enamorado, encuentra al padre en peor estado. Elisabeth renuncia en ese momento a cualquier distracción que la aparte de su lado y se promete a sí misma no volver a dejarlo solo. Esta circunstancia produce un alejamiento del joven, y después, cuando el padre muere, por respeto a sus sentimientos, el pretendiente se distancia, y siendo huérfano, de poca edad, y todavía sin medios de fortuna, la idea de un matrimonio queda descartada. Freud encuentra aquí un sentido al síntoma: la idea de haber sido feliz aquella noche, abandonando a su padre por ir a una fiesta, le resultaba incompatible con sus sentimientos de lealtad.

Las primeras asociaciones conducen a Freud hacia la relación con el padre. El dolor en el muslo le trae memorias de cuando su padre apoyaba su pierna sobre la de ella para que le cambiara las vendas, y este recuerdo se acompañaba de expresiones placenteras que se producían con la estimulación eléctrica de la zona. No hay, sin embargo, ninguna alusión al efecto seductor que este contacto hubiese podido suscitar, y el componente erótico queda en el relato completamente desplazado hacia los subrogados paternos. Que las hijas fuesen las enfermeras de los padres es un tópico victoriano (también Anna O enfermó mientras cuidaba a su padre, y Dora, aunque niña, le prodigaba pequeñas atenciones de enfermería al suyo, identificándose con algunos de sus síntomas). De modo que esta costumbre era una idea socialmente compartida entre Freud y Elisabeth. ¿Por qué no lo hacían las madres o, siendo familias pudientes, personas contratadas a ese fin? Las madres en estas historias tienen sus propios trastornos, o quizá, como comenta Sadoff (1989: 303-307), la «religión victoriana» exigía de las hijas que fuesen «compasivas, sacrificadas y sexualmente ignorantes», entregadas a no pensar en sí mismas sino en los demás. Permanecían como hijas deseantes que definían la madurez de su feminidad con relación a las figuras paternas. Las heroínas freudianas, al igual que sus contemporáneas, las protagonistas novelescas de las Brontë, Gaskell y Eliot —también hijas enfermeras—, vivían su rebeldía al mismo tiempo que su autosacrificio moralista. Sus historias revelan la primacía del padre en el deseo de la hija, la represión de ese material, la transferencia hacia otras figuras masculinas y, finalmente, al psicoanalista.

Decker (1992: 63-64) comenta que en esta costumbre de la hija-enfermera se reactivaba el romance familiar; la hija quedaba expuesta a la conducta regresiva del padre, con el consiguiente temor de que éste perdiera su dominio y control, y desplegara ante ella su debilidad. El padre enfermo se transforma en una figura de la cual no se puede depender. Los síntomas identificados con la enfermedad paterna alivian la culpa por la rabia experimentada al tener que asumir un rol sacrificial, así como por los sentimientos románticos que se agudizan en esta díada padre enfermo-hija enfermera. Y también, podríamos añadir, por la culpa generada por la envidia hacia la madre y las hermanas a quienes no les toca esta cuota de sacrificio. En el caso de Elisabeth la historia se prolonga, porque una vez casadas sus dos hermanas mayores es ella quien debe asumir los cuidados de la madre.

Freud interpreta el dolor físico como el equivalente simbólico del dolor psíquico por la muerte del padre, aunque por ahora no observa las identificaciones que encarnan los síntomas. Sin embargo, podemos avanzar en este terreno. No poder estar de pie era también un síntoma asociado a la enfermedad del padre; se recordaba a sí misma «estando de pie» cuando lo trajeron a su casa después de haber sufrido un ataque cardíaco en la calle. El enfermo quedó confinado a su habitación por el resto de su vida, dieciocho meses, que son también los dieciocho meses que Elisabeth vivió en reclusión desde la muerte de la hermana hasta la consulta con Freud. Asume la identificación con el padre ausente y quiere restituir el vacío de la madre. Esto es fácilmente comprensible a la luz del futuro texto freudiano «Aflicción y melancolía» (1917c), en el que describirá la identificación con el objeto perdido como una de las fases del duelo, pero no en 1892. En aquel momento Freud no concebía las reacciones de la paciente, que ahora nos resultan evidentes, más allá del pesar por la desaparición de un ser querido. Ante la pérdida del padre, «se nutre del orgullo y prestigio de su familia», trata de mantener a la familia junta, y devolverle su antigua felicidad. En suma, Elisabeth quiere ser su padre vivo para esta familia de cuatro mujeres solas. No puede, sin embargo, sostener este rol, y pasa paradójicamente a ser «la inválida de la familia». Aquí, como dice Sadoff (1989: 305), sobreviene la lección cultural que la niña debe aprender: no llegará a ser fálica y poderosa como el padre, no tendrá a la madre para sí, y deberá casarse con alguien como su padre. Pero ocurre que no es ella la que ha encontrado marido sino sus hermanas, ni está tampoco demasiado segura de los beneficios del matrimonio en los términos que la «religión victoriana» le impone. Si la joven sacrificada y la mujer rebelde son las dos caras de la histérica (Appignanesi y Forrester, 2002: 399), sin duda Elisabeth es un caso paradigmático, pero, a diferencia de Dora, que sufre sus síntomas en medio de la batalla y disgusto con su padre, Elisabeth los sobrelleva en silencio mientras guarda su secreto.

Fiel a la idea de excavar una ciudad enterrada Freud continúa con la revelación de los síntomas. Cuando pasaban juntos el verano en el *resort*, y todo parecía haber mejorado en la familia, Elisabeth atravesaba un período que hoy no dudaríamos en calificar de estado depresivo. Pensaba entonces que era una joven sin destino, apartada del disfrute de la vida y de las realizaciones personales que ya había desechado por completo. Comparaba su situación con la de sus hermanas, particularmente con la que poco después fallecería, y deseaba un esposo como el suyo, un hombre que le parecía afín a sus intereses y podría comprender sus ideales; quería para sí «la felicidad de su hermana encontrando a un marido que capturara su corazón» (2: 156). «Hasta ese momento —dice Freud— había pensado que podía arreglárselas sin un hombre pero ahora sentía su debilidad como mujer y deseaba un amor que derritiera su helada naturaleza» (2: 155). Su sentimiento de indefensión se simbolizaba en el estado de «no poder avanzar». Sin embargo, aunque sentía frecuentes dolores en las piernas no estaba completamente inmóvil. Elisabeth paseaba por los alrededores, y con frecuencia en compañía de su cuñado preferido. Ante las preguntas de Freud acerca de la felicidad de su hermana en contraste con su propia situación, al parecer dio «una respuesta un tanto oscura», que Freud, sin duda, se dispuso a aclarar. El claroscuro es la metáfora de su interpretación. Volvamos a la narrativa del momento en que Elisabeth y su madre llegan a la casa de la hermana:

> [...] la apresurada marcha a través del jardín hasta la puerta de la pequeña casa, *el silencio adentro y la opresiva oscuridad* [...] En aquel momento de terrible certeza de que su querida hermana estaba muerta [...] en ese mismo momento otro pensamiento cruzó la mente de Elisabeth, y entonces, *como la centella de un rayo en la oscuridad*, se impuso de modo irresistible sobre ella una vez más: «Ahora él es de nuevo libre y puedo ser su esposa» (2: 156) [énfasis nuestro].

«Esta ternura era resistida por su ser moral». La dolorosa convicción de amar a su cuñado se había trastocado por los dolores en las piernas. Naturalmente Elisabeth niega estos sentimientos, pero sus asociaciones revelan el apego que sentía hacia él, los paseos que habían sostenido durante el verano, las conversaciones, y algo más. Cuando siendo pretendiente de su hermana llegó a su casa por primera vez, no conocía a la mujer con la que se iba a casar (se trataba evidentemente de un matrimonio concertado) y confundió a Elisabeth con su prometida. Para Freud no hay ninguna duda de que ambos se amaban desde un principio, y que el grupo de ideas relativas a este amor ya habían sido separadas de su conocimiento antes de iniciarse el tratamiento; de lo contrario no lo hubiese aceptado. «La pobre muchacha» se resiste a la idea y Freud le explica que no debe culparse. No somos responsables de nuestros sentimientos —le dice— y, además, su enfermedad es suficiente evidencia de su carácter moral. La empatía comprensiva de Freud hacia ella no la encontraremos con Dora ni con la joven homosexual. A pesar de que Freud observaba en ella «una mirada de traviesa satisfacción» porque no aliviaba sus síntomas, y eso le producía una cierta irritación, no decaía su empatía, y la relación transferencial y contratransferencial replicaba la compañía y diálogo que la joven había mantenido con su padre. Más adelante veremos cuán lejos lleva Freud esta misión de ser un padre para Elisabeth.

Por dos veces habla Freud de «frialdad» para referirse a su carácter, en cierto modo contrastando con su disposición generosa y atenta hacia la familia (a excepción del primer cuñado). Esa «naturaleza helada», ¿cómo comprenderla? ¿Es la impresión que deja en él una joven que hasta ese momento no había manifestado el deseo de casarse? El sentimiento «íntimo», cálido, había sido para con el padre, y mientras no aceptara trasladarlo a un subrogado ¿era una mujer «helada»? Su consideración de que «la frialdad de su naturaleza comenzó a ceder y admitió para sí misma su necesidad del amor de un hombre» (2: 165) es probablemente el rasgo que la diferencia de Dora y la joven homosexual. Quizá también la circunstancia de que en este caso Freud le propone directamente a ella el tratamiento, y no fue el resultado del deseo de los padres.

Elisabeth comienza a «derretirse» y a abandonar su naturaleza independiente, probablemente llevada por el peso de demasiadas circunstancias adversas; su sufrimiento y su depresión, su fracaso y su dócil entrega a la «feminidad» la hacían más amable a los ojos de Freud que la indómita Dora y la joven homosexual, adolescentes dispuestas a rebelarse y sostener la protesta «masculina». En todo caso la enfermedad queda consagrada como un baluarte moral: antes enferma que traicionar a mi hermana, es la idea que vive dentro del síntoma. D'Ercole y Waxenberg (2001: 310) la definen como «un acomodo al modo prevalente de enfermedad en esta familia y un modo aceptado de ser una mujer de su tiempo».

El sustrato literario con que Freud hace una narrativa de la narrativa contiene una sugerencia que, años después, se completa. En el análisis del Hombre de las Ratas (1909c), cuando le interpreta que desea matar a su padre porque éste interfería en sus deseos eróticos, oponiéndose al matrimonio con una novia que no reunía las condiciones sociales esperadas, el paciente recordó una novela de Herman Sudermann que le había impresionado enormemente: una mujer se suicida porque desea que su hermana enferma muera para poder casarse con su marido (10: 183)[25].

En resumen, Freud considera que, no teniendo una herencia neuropática (aunque la madre sufría una larga depresión neu-

25 Sudermann fue un autor bastante popular a fines de siglo en Viena. Aunque no sepamos si este libro —*Hermanos*, publicado en 1888, unos años antes del tratamiento de Elisabeth— formó parte de las lecturas de Freud, sin duda el argumento novelesco describía un motivo comprensible para sus contemporáneos.

rótica, pero, como ocurre en otras oportunidades, la herencia, buena o mala, para él es fundamentalmente paterna), la causa de su enfermedad había sido la larga atención al padre, ya que la enfermera tiene el hábito de suprimir sus propias emociones y acumula afectos que no pueden ser evacuados. La primera aparición de los síntomas, ocurrida cuando abandonó sus deberes con el padre para encontrarse con el primer enamorado, queda narrativamente encadenada a los deseos de Elisabeth por el cuñado, y asume que estos sentimientos pudieron estar en germen desde hacía mucho tiempo. En realidad no nos ha dicho cuándo apareció este segundo cuñado en escena, de modo que debemos suponer que lo hizo todavía en vida del padre. Pero, como si comprendiera que hay una cierta falla en la ilación de los acontecimientos, prefiere adjudicar la primera manifestación sintomática a dolores musculares de origen reumático, favorecidos por el cansancio de las tareas de cuidado. Consigna aquí un tema fundamental de su teoría traumática (la tan célebre frase, «las histéricas sufren de reminiscencias»), al postular que la situación actual revive las impresiones anteriores, es decir, que el trauma actúa por efecto *aprés-coup*, retroactivamente. Para esta época la teoría de la angustia y su incidencia en la producción sintomática no estaba plenamente desarrollada de modo que, para opinar con justicia, lo que Freud intentaba en aquel momento no era todavía una explicación plena y cabal del efecto sintomático del recuerdo traumático.

En cualquiera de los dos casos, el tema es la traición; sea porque sus deseos por el joven húngaro eran incompatibles con la atención debida a su padre, o por haber deseado al marido de su hermana. Cuando Freud busca el «secreto» femenino que esconde Elisabeth tiene, por fuerza, que encontrar el amor por un hombre. Sólo se encuentra lo que se busca, podríamos decir. Paralelamente a los *Estudios sobre la histeria* —que no será publicado hasta 1895— escribe en 1894, refiriéndose a Elisabeth:

> En las mujeres las ideas incompatibles de este tipo surgen preferentemente en el terreno de la experiencia y sensación sexual, y las pacientes pueden recordar sus esfuerzos y su intención de «empujar fuera las cosas», o no pensarlas, o suprimirlas (3: 48).

Aunque la naturaleza de los síntomas de Elisabeth sea discutible a la luz de los conocimientos actuales de la propia teoría psicoanalítica, y puedan ser comprendidos desde otros ángulos, para una joven en aquel momento, dice Schafer, «su vida tenía sentido solamente en relación con los hombres», y agrega que Freud «No tenía ninguna razón para cuestionar cualquier otro fin terapéutico para una mujer de su tipo, su contexto, ni ninguna razón para detectar signos sutiles de que ella pudiera cuestionar tales objetivos» (2001: 331, ss.). Por otro lado, en aquel período inicial de la teoría Freud se dirigía al síntoma y no tomaba en cuenta la neurosis como un todo, aunque desde nuestro punto de vista podamos comprender lo que veía y lo que no. Para Freud, la ciudad enterrada era una metáfora de la vida civilizada que no podía «verse» porque una colonia de primitivos —los síntomas— descansaba sobre ella sin permitir que se explotaran sus recursos naturales. Esto, de acuerdo con Schafer, es consistente con el pensamiento industrialista y colonialista de la época, que, de tener éxito, llevaría a la «vida civilizada» (2001: 327). Esta noción de civilización, sugiero, es la razón de su insistencia en las cualidades morales de Elisabeth (así como en los casos de Frau Cäcilie y Frau Emmy) que Freud asegura no sólo al lector sino a ella misma[26]. Lo salvaje, lo repudiable, sería en este caso el deseo sexual por su propio cuñado. Lo civilizado era rechazarlo, pero, en tanto no podía conciliarlo en su conciencia, tomó el camino del síntoma histérico.

---

26 Como hemos mencionado, era muy importante para Freud rescatar la histeria de la noción de degradación moral que algunos médicos sostenían.

Naturalmente hay interrogantes que podemos hacer desde nuestra perspectiva contemporánea. ¿Por qué —preguntan D'Ercole y Waxenberg— Freud no explora la relación con la madre? ¿Por qué esta mujer activa, vivaz, con los dones que él mismo le atribuye, su carácter independiente y sus ambiciones, acepta pasivamente la inmovilidad? «Sus planes ambiciosos, sus deseos de estudiar y la frustración de sacrificar su deseo nunca fueron enfocados en el tratamiento ni ciertamente reconocidos o apoyados como un propósito válido para una joven» (2001: 309-312). Siguiendo el concepto de la feminidad como mascarada expuesto por Joan Riviere, D'Ercole y Waxenberg ven a Elisabeth desde ese ángulo. «La máscara encubre la posesión de la masculinidad y evita las represalias si se descubriera que la posee». Se esconde de Freud de modo tal que pueda «pasar», y ocultar que está en duelo no sólo por las pérdidas de su familia sino por ella misma, que ha perdido cualquier oportunidad de satisfacer sus ambiciones de una existencia autónoma. Tal propósito, en tanto masculino en los códigos de género de la época, debía ser enmascarado. También Schafer (2001: 330) se pregunta por la madre y por la ausencia de amistades femeninas en el relato. Podríamos contestar, de acuerdo con él, que, al ser una narrativa centrada en el padre y en sus subrogados, los cuñados, cualquier otra relación pierde importancia.

Se acerca el verano, los síntomas han mejorado y el tratamiento va a ser interrumpido. Freud anima a Elisabeth a visitar la tumba de su hermana; también a que asista a un baile en el que pudiera presentarse la oportunidad de encontrar al joven húngaro, pero sabe que quedan asuntos pendientes y decide una acción más directa. Habla con la madre y le pide que le explique a Elisabeth que el malentendido entre los cuñados se ha solucionado. Al parecer el viudo hizo peticiones de dinero que el otro consideró inapropiadas y chantajistas, y la madre prefirió omitirle a su hija los motivos de estas peleas así como su terminación.

Frau von R promete hacerlo. Entonces Freud da un paso más allá y le pregunta cómo vería la posibilidad de que Elisabeth y el viudo se casaran. Aquí a Freud lo ponen en su puesto. Esta es una escena en la que es fácil suponer un diálogo marcado por las diferencias de clase. Frau von R sospecha desde hace tiempo los sentimientos de su hija, pero ni ella ni los asesores de la familia estarían de acuerdo con ese matrimonio. El estado mental del viudo no se había recuperado lo suficiente para un segundo matrimonio, y él mismo se comportaba con mucha reserva para evitar comentarios. Punto final. Freud, desolado, le reporta a Elisabeth la conversación y le pide paciencia para el futuro. Acepta que «la solución de sus dificultades quedaba de su cuenta»; los dolores habían desaparecido, y como médico había cumplido.

Dimen y Harris (2001: 23) comentan que «el padre que escoge el compañero para la hija era una estructura social y mental tan profundamente enterrada en su contratransferencia que no podía observarla». Otro tanto piensa Schafer (2001: 329-330) en cuanto a que Freud no tenía conciencia de que decidía unilateralmente qué era la felicidad para Elisabeth. Actuaba como «el médico colonialista civilizado que sabía lo que convenía». El caso fue que la orientación patriarcal y terapéutica en este empeño de Freud de jugar a Cupido tuvo un final poco feliz para él.

A las pocas semanas de haberse terminado el tratamiento llega una carta desesperada de Frau von R informándole que, cuando le habló de sus problemas sentimentales, Elisabeth se rebeló violentamente y recayeron los dolores. El tratamiento había sido un fracaso. Estaba indignada con Freud por haber traicionado su secreto y se había vuelto inaccesible. Freud duda, y decide no contestar. Dos meses después llega otra carta, esta vez de la propia Elisabeth contándole que se ha recuperado. Mantiene después cierta correspondencia en la que siempre promete volver a visitarlo, pero nunca lo hizo. El narrador termina la historia con un inocultable tono nostálgico y un tanto melancólico:

> En la primavera de 1894 supe de un baile privado para el que pude lograr una invitación, y no dejé que se me escapara la oportunidad de ver a mi antigua paciente girando en una animada danza. Desde entonces, por su propia inclinación, se casó con alguien a quien no conozco (2: 160).

Su intento de actuar como *paterfamilias* había sido un error, señalan D'Ercole y Waxenberg (2001: 317). Elisabeth von R asiste a fiestas que, en principio, no incluyen al doctor Freud —evidentemente tiene que arreglárselas para lograr una invitación—, y, además, decide casarse por su cuenta con un hombre que tampoco pertenece a los círculos de sus amistades. Él, sin embargo, nos legó un hermoso testimonio con el que quiso asegurarnos que la paciente se curó, puesto que «giraba». Pareciera, por el relato, que se conformó con verla de lejos, y que ella, quizá, pasó frente a él sin siquiera distinguirlo entre los invitados.

¿Era correcta su hipótesis acerca del amor por el cuñado? Por la entrevista de la hija, citada por Gay, sabemos que Elisabeth había comentado: «era sólo un joven barbudo especialista de los nervios al que me mandaron. Trató de persuadirme de que estaba enamorada de mi cuñado pero eso no era así». Gay no puede decidir por las versiones, tampoco nosotros. Por supuesto, podríamos preguntarnos, si la interpretación de la idea incompatible fue incorrecta, y Freud confundió un enamoramiento con la demanda de afecto y compañía de una joven solitaria y frustrada, ¿por qué se curó?

En parte, responderíamos, fue una cura transferencial. El afecto, el interés, la ternura de Freud con ella sustituía a ese padre amado con quien le gustaba conversar. También su contacto físico, al aplicarle la electroterapia y masajes en las piernas doloridas, compensaba a una madre, un tanto ausente por su estado depresivo. Mi sugerencia se encamina hacia el relato que Freud construye para ella (Torres, 1998a: 161-162).

Si el discurso psicoanalítico es una forma de narrativa, un relato que alguien hace de alguien, a través del cual se opera un efecto de verdad, ésta se presenta como retórica de los acontecimientos, como una cierta forma de ordenarlos, de modo que ofrezcan un sentido. Un sentido que debe hacer, valga la redundancia, efecto de sentido, efecto de verdad. Verdad en el sentido de iluminación relevante para el sujeto, verdad en el sentido de encontrarse a sí mismo o, mejor dicho, de restablecer la continuidad del discurso consciente, como apunta Lacan.

Dice Vattimo (1985: 123) acerca de la estética de la verdad:

> .[...] la noción de verdad como conformidad de la proposición con la cosa debe ser reemplazada con una noción más comprehensiva de *Erfahrung* (experiencia), es decir, de la experiencia como la modificación que el sujeto atraviesa cuando encuentra algo que verdaderamente es relevante para él.

El primer relato de esta serie es el que ofrece el propio sujeto acerca de sí mismo. Cada uno de nosotros requiere de una historia, de una leyenda, de un mito con el cual darnos un sentido, una nominación, una explicación. El sujeto, así como requiere del Otro para constituirse en la alienación constitutiva que es pasar por el significante que otro nos da, requiere también mantener esta alienación en forma permanente. Necesita una retórica de sí mismo que le conceda lugar, valor, función, espacio, en último caso, existencia. Nada hay que nos haga ser nosotros mismos sino el convencimiento de serlo. La identidad es un hecho de lenguaje y estamos cosidos a ese hecho, por la mano de otro.

Sin embargo, donde el psicoanálisis tiene lugar, donde el analista aparece como un interlocutor, es en la brecha de esa identidad, en lo que Lacan (1966: 259) llama el «capítulo adulterado», el capítulo de nuestro relato en el que el ser pierde su continuidad, bien sea por la vía del sufrimiento, del desconcierto, de la aparición del síntoma incapacitante. En ese capítulo el sujeto deja de leerse a sí mismo, deja de poder contarse con la coherencia de su propia leyenda. Un elemento de sorpresa, de sinsentido, se ha instalado allí, perturbando la lectura.

Freud aparece en la vida de Elisabeth cuando su lectura de sí misma ha fracasado en su propósito de identificarse como la encargada de reunir a la familia y llenar sus vacíos, es decir, cuando ha llegado al punto de «no poder avanzar». Aunque la interpretación de esta indefensión se refería a no poder avanzar más en los sentimientos hacia su cuñado, el efecto iluminador se extendió hacia otros ámbitos. Estaba «parada» en la vida. Detenida en sus propósitos, tanto como quedaron detenidas las vidas de su padre y de su hermana. Freud con su interpretación, correcta o incorrecta, abre para ella un nuevo sentido, introduce una nueva retórica: debes (puedes) avanzar y abandonar tu identidad de enferma. Debes (puedes) dejar el «silencio adentro y la opresiva oscuridad». La oscuridad de una existencia endogámica, sin proyectos; la oscuridad de la habitación de su madre recuperándose de la operación del ojo; la oscuridad que oculta sus talentos y su futuro. Según Freud el rayo que cruzó aquella oscuridad fue el pensamiento de que la muerte de la hermana la hacía libre para casarse con su cuñado. Correcta o incorrecta esta interpretación produjo para ella una iluminación que le permitió visualizar la libertad. Ve a visitar la tumba de tu hermana —le sugiere— o lo que es lo mismo, constata que es ella la muerta y no tú, y que nada te obliga a permanecer mirándola en la oscuridad junto a tu madre como aquella tarde. Freud estaba afirmando, en otro sentido, que la muerte además de dolorosa puede ser liberadora, y que la muerte del padre la había liberado de la endogamia. Podía dar por terminado el romance edípico. Las palabras de Goethe, «la máscara revela un sentido escondido», son también parte del relato que Freud le ofrece a Elisabeth. Si bien ese sentido oculto quizá no era el amor por su cuñado, la metáfora de la máscara no obstante es precisa. Elisabeth se sentía culpable de abandonar a su familia después de tantos duelos, y ése era el sentido profundo de la interpretación. Detrás de la joven sacrificial se ocultaba una mujer que deseaba vivir. «Helada» permanecía rígidamente enmascarada una persona viva. Helados quedaron los cadáveres de su padre y de su hermana, ella podía «derretirse». Que no pudo realizar sus ambiciones personales, reclamaríamos hoy. Pero no solamente porque Freud no la ayudara —lo que ciertamente en ese terreno jamás entonces hubiera hecho—, sino porque nada podía favorecer a una joven de su clase y de su cultura, para tener una vida autónoma. Sólo Bertha Pappenheim (Anna O), entre las pacientes de aquellos tiempos, realizó un destino individual y de trascendencia social, pero la suya fue otra historia[27].

Elisabeth comprendió —podríamos sugerir— que algo oculto y prohibido vivía en ella: ella misma. Quedó autorizada a abandonar el papel de un padre muerto, y suplir sus carencias en una mascarada, para así conducir su propio destino que, en definitiva, no «se alejaría del ideal femenino», pero al menos sería suyo. Amar a su cuñado viudo, ¿hubiera sido su propio deseo o una vez más continuar en el papel de reunir a la familia y suplantar no sólo el lugar del padre sino el de la hermana ausente? Quizás ese propósito concebido por Freud como su felicidad hubiera consolidado su máscara. Quizás era Frau von R quien tenía razón.

De la misma manera en que el analista construye sentidos a partir de las asociaciones del analizado, que pueden coincidir o no con su «verdad» inconsciente, también el analizado deriva nuevos sentidos de la narrativa que el analista le ofrece en su rela-

27 Nacida en una prominente familia judía, después de atravesar gravísimos síntomas psíquicos, fue una luchadora feminista y combatió la prostitución de niñas. Fundó la Unión de Mujeres Judías en Alemania.

to; sentidos que pueden coincidir o no con los que pretende el analista, pero que son capaces de producir a su vez nuevos relatos. Una vez que el sujeto aprende a pensar en sí mismo, que se sabe pensable, estalla una iluminación interior que escapa del control de ambos. Freud le dio a Elisabeth la oportunidad de pensar en sí misma y, al hacerlo, la invitó a tener una vida propia. Salvo en casos muy extremos, el analista se preciará de no ofrecer otra cosa que palabras como medio de curación. Freud intentó ofrecer, más allá de sus palabras, la reencarnación del padre y en esa misión fracasó, pero produjo para Elisabeth un nuevo sentido con la condición de verdad estética, de comunicación relevante, un texto que instauraba otra lectura posible, y en ello triunfó. No importa si fue sólo un joven barbudo especialista de los nervios empeñado en que amaba a su cuñado, o más bien un novelista sentimental que daba así desenlace a su narración. Fue alguien que le propuso una nueva verdad. Lo demás es anecdótico.

DORA CUMPLE CIEN AÑOS

Releer críticamente «Análisis fragmentario de un caso de histeria» (1905b) a un siglo de su publicación ofrece dificultades. La primera es la imposibilidad de revisar siquiera medianamente la extensísima bibliografía que se le ha dedicado tanto desde el psicoanálisis como de la teoría feminista, sin contar que los cinco grandes historiales freudianos —y éste en particular— han sido materia de apreciación literaria por su novedosa y novelada narrativa en la descripción clínica. Desde el punto de vista de la literatura médica el caso Dora «produjo un nuevo género científico que desafía los modos representacionales del estudio de casos al incluir la sintomatología física y los datos hereditarios dentro de un cuadro clínico en el que se describen lo que él mismo [Freud] calificó de 'circunstancias humanas y sociales' » (Sadoff, 1998: 258). La segunda dificultad, derivada de la primera, es la improbabilidad de aportar nuevos elementos a su comprensión. Al igual que se lo han preguntado otros estudiosos del caso, dudé acerca de la pertinencia de volver sobre ello, pero encontré las mejores razones en el estudio de Patrick J. Mahony (1996) —probablemente el más documentado y detallado, junto a la investigación del contexto histórico y biográfico de Hannah S. Decker (1992). Mahony considera que el caso Dora fue un organizador de la experiencia clínica de Freud con las mujeres, y se convirtió también en un organizador de la experiencia para la crítica feminista:

> Dora ha emergido como un ejemplo paradigmático de cómo el poder patriarcal en el siglo XIX —político, social y médico— oprimieron a una joven judía que tuvo que escribir su sufrimiento en su cuerpo (1996: 2).

Es también, como veremos, un caso ilustrativo de la posición de la hija en el patriarcado. Esta valoración justifica las repeticiones que con toda seguridad aparecen en este capítulo; pero, a la vez, el hecho de que una gran parte de la bibliografía referencial no sea fácilmente localizable en Venezuela sirve también como explicación para mirar de nuevo un texto que continúa siendo lectura obligada en los institutos de enseñanza psicoanalítica como modelo de la técnica en la interpretación de la transferencia, los sueños y los síntomas.

Durante décadas —dice Mahony— el abuso sexual continuado que Dora recibió en su adolescencia tuvo una repetición iatrogénica por parte de Freud y de la comunidad psicoanalítica. Los analistas reaccionaron alabando a Freud e intensificando la victimización de Dora, como metáfora de la violencia de la que fue objeto como persona real por parte de los adultos que la rodearon, incluyendo a Freud, que quedó exonerado; si acaso los comentarios adversos tuvieron el sesgo de críticas técnicas. De alguna manera «los hermanos se sometieron a lo que el padre quería hacer con las mujeres» (1996: 63). Felix Deutsch (1985: 35-43), quien no fue verdaderamente su segundo analista como se suele afirmar, ya que apenas realizó con ella un par de sesiones en 1923, la calificó como una persona que sólo ofrecía venganza, y cuya muerte «parecía una bendición para quienes estaban a su lado»; era, de acuerdo con Ernest Jones, «una de las más repulsivas histéricas», así como «una desagradable criatura que constantemente antepuso la venganza al amor». Este prejuicio ha gravitado durante décadas sobre la protagonista. Nosotros, sus lectores contemporáneos, podemos decir exactamente lo contrario; su psicoanálisis le dio muy poco a ella, y, en cambio, nos ha legado innumerables ideas y sugerencias. Dora es, al final, una ofrenda, como indica la etimología griega del nombre elegido para su seudónimo. El psicoanálisis no sería el mismo sin ella.

La vida de Ida Bauer, su nombre real, fue una acumulación de sufrimientos. En opinión de Decker (1992: 40) la misoginia y el antisemitismo, por una parte, y la autoridad patriarcal del médico y del padre, por otra, confluyeron en la violencia ejercida contra ella tanto por su círculo familiar como por las circunstancias históricas. Su historial es, pues, necesario leerlo dentro de una perspectiva más amplia que la de intentar saber qué significado tenía tal o cual elemento de un sueño, por qué abría o cerraba la cartera durante las sesiones, o si Freud comprendió bien o mal la transferencia. Se trata de no perder de vista el bosque por estar viendo los árboles.

Antes de proceder a la secuencia del caso pareciera útil conocer una cronología de la familia Bauer y la síntesis biográfica de Ida, así como otros detalles del historial y su publicación[28].

Antecedentes.

Los judíos fueron incorporados al Imperio Habsburgo con el Edicto de Tolerancia (1782) que ponía fin a las constantes expulsiones y pretendía su asimilación a la comunidad germánica, la cual se produjo particularmente entre los judíos de la región de Bohemia (hoy República Checa); abandonaron las prácticas ortodoxas, tomaron la lengua alemana, y emprendieron oficios y profesiones urbanas. De vendedores informales y campesinos pasaron a pequeños comerciantes y luego se convirtieron en empresarios, con frecuencia en el ramo textil. En 1868 el emperador

28 Las fuentes son fundamentalmente los libros de Hannah S. Decker y Patrick J. Mahony, así como algunos datos sobre sus últimos años de Appignanesi y Forrester.

Josef II dictó un decreto de emancipación que liberaba a los judíos de los impuestos especiales que debían pagar por sus asentamientos y comercios. La emigración a Viena fue una reacción típica de los judíos checos, así como la asimilación de su clase media a la cultura ilustrada germánica. A mediados del siglo XIX los Bauer (abuelos paternos; el apellido significa «campesino») y los Gerber (maternos; significa «tintorero»), provenientes de esta región, se trasladaron a Viena y se residenciaron en el Distrito Segundo, barrio pobre de la ciudad, en el que vivían la mayoría de los judíos emigrantes de las provincias del Este (Bohemia, Moravia y Galitzia). Los padres de Freud eran de Moravia y se mudaron a Viena hacia 1860, también al Distrito Segundo.

1881.

Los padres de Ida fueron Philip Bauer, nacido en 1853, y Käthe Gerber, nacida en 1862. Se casaron en 1881 y vivieron en el Distrito Segundo donde nació su primer hijo, Otto, el 5 de septiembre. Philip había contraído sífilis antes de casarse (las enfermedades venéreas eran epidémicas en aquella época y con frecuencia las mujeres casadas eran contagiadas por los maridos, como le ocurrió a Käthe). No tenía visión en un ojo, al parecer era una pérdida congénita o temprana. Sus fábricas estaban situadas en el norte de Bohemia, cerca de la frontera con Alemania, en Nachod y Warnesdorf. Era frecuente que los dueños de las fábricas residieran en la ciudad y viajaran a los lugares donde estaban situadas. También Käthe visitaba con frecuencia a sus familiares.

1882, 1 de noviembre.

Nace Ida en la Berggasse 32, calle donde vivirían los Freud nueve años después, situada en el Distrito Noveno, propio de la clase media alta y profesional (20 por ciento del distrito era población judía). Los Freud no sólo residían en el mismo vecindario que los Bauer sino que llevaban su vida social y profesional dentro del mismo entorno, y, a pesar de que entre los judíos ilustrados era frecuente el abandono de las prácticas religiosas, tendían a los matrimonios dentro de su círculo, de modo que era usual el mutuo conocimiento de las familias.

Ida y Otto fueron inscritos en la Comunidad Judía de Viena, aunque no fueron educados en las costumbres judías y celebraban algunas cristianas como los regalos de Navidad y Pascua (también los Freud). Ambos hijos pertenecieron a la primera generación de judíos que nació con un estatuto legal igualitario, pero en ese año comienza a crecer el sentimiento antijudío y surge la palabra «antisemita» como término político.

1888. Edad de Ida: 6 años.

Philip contrae tuberculosis y la familia se muda a Merano, en el Tirol austríaco (hoy Italia), lugar famoso para las vacaciones de los judíos vieneses y recomendado especialmente para los enfermos pulmonares (Minna Bernays, la cuñada de Freud, estuvo un tiempo por una afección tuberculosa, y la joven Anna Freud para mejorar su salud). Los Bauer conocen allí a la familia Zellenka. Hans Zellenka (Herr K) provenía también de Bohemia; su esposa, Peppina Heumann (Frau K), nacida en Italia, era diecisiete años menor que Philip y doce años mayor que Ida. Se casaron en Merano donde Hans tenía una tienda y fueron padres de dos hijos, ambos nacidos en 1891, Otto y Clara; esta última padecía una cardiopatía congénita. Una vez en Merano, Ida recibió educación privada en su casa con una institutriz y se separa de su familia vienesa, particularmente de su tía paterna Malvina, a quien quería mucho. Käthe acudía a Franzensbad, estación termal para las curas, especialmente de enfermedades femeninas, en compañía de Ida (fechas inespecíficas)[29].

1889. 7 años.
Recomienza la enuresis de Ida que tanto Otto como ella habían sufrido anteriormente.

1890. 8 años.
Cesan la enuresis y la masturbación infantil (se chupaba el dedo mientras acariciaba la oreja de Otto). Durante un viaje de Philip a las fábricas Ida sufre un ataque de asma. Comienzan las disneas, tos pertinente, y afonía (duraba de 3 a 5 semanas y luego aparecía la ronquera).

1891. 10 años.
Otto muestra un talento precoz y escribe una obra de teatro («El fin de Napoleón») como regalo de Navidad para sus padres. Poco después entra en el Gymnasium, institución de educación secundaria sólo para varones.

1892. 10 años.
Philip sufre un desprendimiento de retina del ojo sano, y debe permanecer acostado en la oscuridad por varias semanas. Inesperadamente recupera la visión del ojo enfermo (probablemente porque debió ejercitarlo al haber perdido por completo la visión). Durante ese tiempo Ida cumple pequeñas labores de enfermera con su padre y conoce que era sifilítico antes del matrimonio.

1894. 12 años.
Ida conoce la intimidad de Philip con Peppina Zellenka. Philip sufre un ataque confusional, parálisis y trastornos mentales menores. Hans Zellenka acompaña a Philip a Viena para que consulte con Freud, quien diagnostica una «afección vascular difusa», y receta un tratamiento anti-

29 Es el mismo lugar al que acudía Frau Cäcilie M.

sifilítico que lo mejora. Síntomas de Ida: desaparece la migraña, continúa la tos y aparecen dolores de estómago, estreñimiento y descargas vaginales (leucorrea).

1896. 13 años y medio.

Escena de la tienda. Primer intento de acoso sexual de Hans, que lleva a Ida a su tienda bajo engaño con el pretexto de ver desde allí una festividad religiosa.

1897. 15 años.

Escena del lago. Peppina invita a Ida y a Philip a un *resort* donde tiene lugar el segundo acoso sexual de Hans.

1898. 15 años.

En el verano se produce la primera consulta de Ida con Freud. Presentaba tos, ronquera y afonía. Rechazó el tratamiento porque ya había consultado con muchos médicos que le habían aplicado electroterapia e hidroterapia sin mejoría. La electroterapia se producía por medio de la galvanización y consistía en lo siguiente: se sentaba a la paciente desnuda o con ropa muy ligera, con los pies descalzos sobre un electrodo conectado al polo negativo, mientras que el médico sostenía el polo positivo a través del cual la paciente recibía la descarga eléctrica. Los efectos secundarios eran pequeñas quemaduras, sensación quemante, cicatrices. Para la afonía se aplicaba corriente eléctrica en los nervios y músculos de la faringe de modo de producir una contracción en los músculos abductores. La hidroterapia consistía en baños alternados de agua a 5° y 40° centígrados.

1898. 16 años.

Ida presenta un cuadro de fiebre alta y dolor abdominal que se mal diagnostica como apendicitis (probablemente una «neuralgia ovárica» premenstrual). Cuando desaparece el cuadro queda una cojera del pie derecho, que todavía estaba presente al iniciar el tratamiento con Freud.

1899. 17 años.

Fallece su tía Malvina en abril. Viaje de Ida a Viena después de su muerte. Mejoría de Philip y breve mudanza de los Bauer a Reichenberg, cerca de las fábricas. Despedida de la institutriz. Comienzan manifestaciones antisemitas y boicots a los comercios judíos en la región. En contacto con los obreros de las fábricas de su padre Otto desarrolla una conciencia de lucha contra la injusticia social. Cuando pasó el examen para entrar en la universidad fue el primero de su clase y hablaba cuatro idiomas. Decidió dedicar su vida a la causa socialista. Su interés por el socialismo fue despertado por su tío Karl Bauer. El ingreso en el partido socialdemócrata no era extraño en su medio, otros judíos de Bohemia fueron líderes, entre ellos Victor Adler, su mentor.

1900. 17 años.

Regreso de los Bauer a Viena, a la Liechtensteinstrasse (Distrito Noveno)[30], muy cerca de la Berggasse. Los Bauer se sorprenden al encontrar un clima antisemita. Los liberales habían perdido el poder y estaban gobernando los socialcristianos, aliados de la Alemania nacionalista. Otto entra en la universidad de Viena para estudiar Derecho y relata a sus padres y a Ida las manifestaciones contra los estudiantes judíos. A los tres meses los Zellenka también se mudan a Viena. Ida presenta síntomas de depresión, desmayos, dolores en las piernas, ronquera, afonía, sentimientos de insatisfacción, molestia con el padre, malas relaciones con la madre, fatiga y falta de concentración; escribe una nota suicida que sus padres encuentran en su habitación. Cuando los síntomas no se presentan atiende conferencias sobre mujeres y exposiciones de arte (Exhibi-

30 En esta calle vivió Anna O.

ción de los Secesionistas). Philip visita a Freud varias veces y lleva a Ida a consulta. El tratamiento comienza en octubre y dura once semanas, finalizando el 31 de diciembre.

1901. 18 años

Muerte de Clara Zellenka. Ida hace una visita de pésame y le pide a Peppina que le confirme si fue amante de su padre y a Hans si trató de acosarla sexualmente; ambos lo aceptan. Ida ve en la calle un accidente que sufre Hans con un carruaje y desarrolla una afonía de seis meses.

1902. 19 años.

Ida visita a Freud por su propia voluntad a causa de migraña facial. Freud no acepta continuar el tratamiento.

1903. 20 años.

Ida se casa con Ernest Adler, nacido en Budapest, compositor sin éxito, y desempleado, que entra a trabajar en la fábrica de Bauer. Al igual que ella no había sido educado en las costumbres judías y pertenecía a la clase media húngara asimilada a la cultura magiar. Después de su matrimonio Ida abandona las actividades culturales a las que había sido aficionada y se dedicó a su hogar y a las relaciones sociales.

1905. 22 años.

Nace su único hijo, Karl Hubert, que desarrolló una carrera musical como director de orquesta. Ida y su marido se convierten al protestantismo y bautizan a su hijo (en esos años un alto porcentaje de judíos vieneses se convirtió; el alcalde de Viena quería eliminar a los judíos de la vida pública). Freud publica «Análisis fragmentario de un caso de histeria».

1907. 25 años.

Otto inicia su carrera política como secretario del Partido Social Demócrata. Publica su primer libro, *La cuestión de las nacionalidades y la socialdemocracia.*

1912. 30 años.
Muere Käthe Bauer, probablemente de cáncer de colon.
1913. 31 años.
Muere Philip Bauer. Presentó un síndrome cerebral con trastornos psiquiátricos. Ida y Otto fueron sus enfermeros.
1914. 32 años.
Otto se casa con Helene Landau, diez años mayor que él y madre de tres hijos.
1914-1915. 32-33 años.
Estalla la Primera Guerra Mundial. Otto estuvo preso en Rusia hasta 1917. El marido de Ida también fue llamado a filas en 1915 y regresó muy deteriorado física y psicológicamente (pérdida de la memoria). Muere el tío Karl Bauer, quien dirigía las fábricas.
1917-1918. 34-35 años.
Las fábricas de los Bauer se pierden porque, como resultado de la guerra, se derrumba el Imperio Austro Húngaro y quedan en territorio checoslovaco. Ida pasa una vacación en Bohemia y logra con su herencia pagar las clases de música de su hijo. Se instala la república y Otto es asistente de Victor Adler; cuando éste muere le sucede como ministro de Relaciones Exteriores.
1918-1921. 35-39 años.
La situación económica de Austria es desastrosa. Las propiedades pierden su valor. Son tiempos de penuria y desempleo. La herencia de Ida se desvanece por la alta inflación. Los socialcristianos, aliados de los nacionalistas alemanes, gobiernan el país, aunque en Viena gobiernan los socialdemócratas. Los judíos eran aliados de los socialcristianos y no daban importancia a su retórica antisemita porque temían más a los socialdemócratas. Eran frecuentes las manifestaciones públicas antisemitas.

1923. 41 años.

Por presentar síndrome de Meniére y otros trastornos consulta con un otorrino, quien la recomienda al analista Felix Deutsch. Otto Bauer intenta hablar con Deutsch, preocupado por la salud de su hermana y su situación (al parecer su marido le era infiel), pero Deutsch se niega por considerar que ya estaba curada.

1926. 44 años.

Otto abandona a su esposa y se une a una joven casada, Hilda Schiller, militante socialista, con quien permanece el resto de su vida.

1930. 49 años.

En los años 30 Ida y Peppina Zellenka comienzan a dar clases de *bridge* profesional, muy de moda entonces, para mejorar sus ingresos. Los nazis buscan a Ida por ser la hermana de un conocido líder socialista; Ida se refugia un tiempo en casa de Peppina. Su hijo trabaja fuera de Viena, primero con la célebre compañía de ópera de Max Reinhardt en Berlín y luego en el Mozarteum de Salzburgo (junto con Herbert Graf, caso freudiano conocido como «Juanito»).

1932. 50 años.

Fallece su esposo. Ida sufre palpitaciones, ataques de ansiedad y miedo a la muerte.

1933. 51 años.

Hitler llega al poder. En Berlín queman los libros de Freud por ser antigermanos. En Austria el primer ministro Dollfuss anuncia el fin del gobierno parlamentario y su reemplazo por un Estado corporativo autoritario. Otto, como líder del partido socialdemócrata, fracasa en reaccionar a la amenaza de la suspensión del régimen parlamentario. El partido socialdemócrata es declarado ilegal y Otto se exilia en Checoslovaquia; Ida queda sola en Viena y pierde el apoyo que siempre le había brindado su hermano.

1937. 55 años.
Su hijo se casa y se traslada a Checoslovaquia; poco después logra una visa para Estados Unidos gracias a una alumna norteamericana cuyo padre tenía influencia política.

1938. 56 años.
Se produce la anexión de Austria a Alemania y el 14 de marzo Hitler entra en Viena. Otto huye a Francia y a los pocos meses muere en París. Como figura del socialismo internacional a su entierro asistieron altos dignatarios, entre ellos Léon Blum y Friedrich Adler. En Austria se desatan las persecuciones contra los judíos, destruyen sus negocios y propiedades, y se instauran las leyes raciales del Tercer Reich. Ida pierde su casa y vive en la miseria, asiste a los comedores públicos. Fue detenida por la Gestapo para ser deportada a Dachau; se salva porque su nombre no apareció en la lista de deportados. Inicia los difíciles trámites para salir de Austria para lo cual era necesario pagar grandes sumas, renunciar a los bienes que tuviese en el país, y obtener una visa en los quince días siguientes de haber sido concedido el permiso de salida. Finalmente Ida logra una visa para Francia y desde allí, con unos pocos efectos personales, viaja a Estados Unidos.

1939-1944. 57-62 años.
Vive sola en Nueva York. Su hijo trabajaba en Chicago, donde se casó de nuevo y se nacionalizó; posteriormente se muda a San Francisco donde fue director general del San Francisco City Opera. Probablemente un año antes de la muerte de su madre se trasladó a Nueva York.

1945. 63 años.
Ida muere de cáncer de colon en el Mount Sinai Hospital.

Mucho se ha especulado acerca de las razones por las cuales Freud esperó cinco años para la publicación del historial (7:

3-122). Masson (1985a: 458) piensa que la causa principal fue el deterioro de la amistad con Fliess, su mejor receptor. Gay (1989: 247) considera que temía ser criticado por el gremio médico a causa de la cantidad de detalles sobre la vida sexual de una joven contenidos en el caso; probablemente ambos tengan razón. El Prefacio (7: 7-14), en parte posterior a la primera redacción, es un memorial justificatorio en el que Freud advierte que muchos lo leerán «no como una contribución a la psicopatología de las neurosis, sino como una novela en clave (*roman á clef*) para su entretenimiento»; defiende la necesidad de hablar con claridad de los problemas sexuales aunque se trate de una joven, pero sabiendo que ha desafiado las convenciones morales se adelanta a una lectura voyerista, argumentando que, si fue criticado antes por no haber suministrado suficientes datos acerca de los pacientes, ahora «los mal intencionados y de mente estrecha» lo acusarán de brindar información que «no debe darse». Apoyado en que «la elucidación completa implica revelar intimidades y secretos», considera que el deber del médico es responder no sólo al paciente sino a la ciencia. En una nota añadida en 1923 (7: 13-14, n. 1) vuelve a insistir en que no fue culpable del fracaso del tratamiento, ya que, por su brevedad, no fue suficiente para protegerla de la enfermedad. Es recurrente el tema de lo completo e incompleto y son notorias las repeticiones de que se trata de un fragmento, tal como lo titula —aunque, de hecho, es uno de los más extensos—, y en otras ocasiones, al contrario, se muestra satisfecho de que pudo completar *todos* los detalles de un síntoma o de un sueño. Esta preocupación por lo fragmentario, lo que falta o lo que se llena, que ha sido frecuentemente interpretado como un discurso histérico (y por lo tanto femenino), es también la expresión de una inconformidad, el síntoma de una deuda no saldada. Como si no todo hubiese sido dicho o entregado, y lo embargara un sentimiento de quedar en falta con Ida, de no haber recibido todas sus quejas (que ahora teme vengan de los críticos), o no haber devuelto todo lo que ella esperaba (como él también espera una frustración de sus lectores); como si algo «mal intencionado» hubiese permanecido en su conciencia.

Sus justificaciones y reproches anticipados parecieran responder a un sentimiento de culpa que le hace temer ataques que quizá procedían de sí mismo. Dirá —a propósito de los reproches de Ida contra su padre— que «todo lo que hace falta es voltear cada reproche contra el que los dice» porque ocultan autorreproches. Por otra parte es necesario consignar un lapsus repetido que señala el editor inglés, y ha sido posteriormente documentado. En tres menciones diferentes fecha el tratamiento en 1899, cuando en verdad fue en 1900 y, además, sistemáticamente aumenta en por lo menos un año la edad de Ida, como si necesitara presentarla más adulta. Mahony (1996; 13) añade que en algunos párrafos Freud dice que tenía «casi diecinueve», cuando en las primeras semanas del tratamiento tenía diecisiete. Parecieran ser síntomas de la psicopatología cotidiana que expresan un conflicto con la edad de la paciente. Al quitarle un año a la fecha del tratamiento delata que hay un error cronológico, y al desplazar hacia atrás el error simboliza la edad de Ida, que tenía un año menos. A veces se refiere a ella como «niña», otras como «muchacha», o como «persona», «paciente», «histérica». «El propósito retórico del momento decide la elección de Freud entre las diferentes designaciones evolutivas» (Mahony, 1996: 97). En realidad Ida tenía todavía diecisiete años cuando comenzó el tratamiento, y de acuerdo con Jules Glenn (1980: 25) la edad promedio de la menarquia para las jóvenes europeas de su época era dieciséis años, lo que la coloca cercana a su primera menstruación. Es de hacer notar, sin embargo, que en aquellos tiempos no existía el concepto de adolescencia como lo entendemos hoy. Las niñas de su condición social pasaban del cuidado y vigilancia de la institutriz al matrimonio, y era frecuente que las adolescentes se casaran con hombres mucho mayores para asegurar la economía de la joven y de la familia (Decker, 1992: 81); es decir, salían directamente de una infancia prolongada a la adultez, sin el período adolescente transicional que nosotros consideramos normal. Fue Erik Erikson (1985: 52) el primero en establecer que se trataba de un tratamiento en edad adolescente y las diferencias en cuanto a las necesidades psicológicas y terapéuticas en este período de la vida[31].

Más que en ningún otro caso se disculpa también de los riesgos de delatar la identidad de la paciente y el daño que esto pudiera causarle, detallando las precauciones tomadas para resguardar su identidad, entre ellas la demora de la publicación, y la espera de que se presentara alguna circunstancia que cambiara los acontecimientos psicológicos (pudieron ser su matrimonio y el nacimiento de su hijo ocurrido el mismo año de la publicación). Contradictoriamente con el propósito de ocultar su nombre explica que situó los acontecimientos en una ciudad remota y no en Viena, pero al añadir que se trataba de una localidad al sur, adonde se mudaron por problemas pulmonares del padre, daba pistas para su identificación, ya que, como se dijo, Merano era un lugar muy conocido. Además, señala que el padre era un industrial. La protección de los Bauer no pareciera haber sido la principal razón para retener el manuscrito, como podemos colegir de su correspondencia a Fliess (Masson, 1985a: 432, 436, 437, 440, 441, 455).

1901, 10 de enero.

Diez días después de finalizado el tratamiento, escribe comunicándole que está terminando «Sueños e histeria» (primer título del trabajo) y que aún no ha decidido su publicación (al situarlo en 1899 diera la impresión de que esperó un año completo).

31 Erikson había estudiado pedagogía en el Instituto Montesori y fue profesor en la escuela de orientación psicoanalítica fundada por Eva Rosenthal, en la que participaron Dorothy Burlingham y Anna Freud. Posteriormente emigró a Estados Unidos y fue psicoanalista de niños y adolescentes.

A fines de enero lo propone a una revista (*Monatsschrift für Psychiatrie und Neurologie*) que ya había publicado algunos de sus artículos. Después lo envía a otra (*Journal für Psychologie und Neurologie*), y es rechazado; el editor inglés (7: 332) señala que la razón fue probablemente la ruptura de discreción.

1901, 15 de febrero.

Informa que ambos ensayos (*Psicopatología...* y éste) serán enviados pronto a publicación, y que han sido escritos con «cierto pesimismo».

1901, 3 de marzo.

Le anuncia que está corrigiendo el caso y que intentará publicarlo junto con *Psicopatología de la vida cotidiana.* También que se lo dio a leer a Oscar Rie (su íntimo amigo y pediatra de sus hijos) y «obtuve poca alegría de ello. No intentaré más romper mi aislamiento. Por otro lado estos tiempos son muy poco hospitalarios, verdaderamente poco hospitalarios». En junio lo envía a la primera revista y luego lo retira.

1901, 8 de mayo.

Después de comentar que *Psicopatología...* «contiene toda suerte de cosas prohibidas» (e irónicamente marca tres cruces en señal de protección del mal), dice que no está demasiado seguro de publicarlo (ambos trabajos habían sido escritos y corregidos simultáneamente, de modo que las «cosas prohibidas» evidentemente se refieren al material sexual).

1901, 9 de junio.

Menciona que *Psicopatología...* aparecerá en el número de julio en *Monatsschrift* y que «Sueños e histeria» ha sido enviado y probablemente saldrá en el otoño.

1902, 11 de marzo.

Escribe: «mi consulta casi se ha desvanecido; retiré mi último trabajo de la publicación porque un poco antes perdí contigo mi última audiencia. Preveo que esperar mi reconocimiento puede tomar una buena parte de mi vida y que mientras tanto ninguno de mis contemporáneos se ocupará de mí» (la publicación de *La interpretación de los sueños* tuvo una escasa recepción, su consulta no iba bien, y recientemente había sido rechazado para el nombramiento de profesor, lo que atribuía al antisemitismo; por otra parte, como se desprende de sus comentarios, la amistad con Fliess había entrado en su fase terminal). Finalmente el caso se publicó en *Monatsschrift* en 1905. Esta demora le permitió completar el Prefacio y escribir el Epílogo, así como varias notas a pie de página.

Otro detalle que no puede ser pasado por alto es el seudónimo escogido para Ida. Más allá de algunas hipótesis que se han tejido con relación a la contratransferencia de Freud (Ida era el nombre de la esposa de Fliess, y Dora el de la última hija de Breuer, ambas figuras de enorme significación para él, y con quienes se había producido una ruptura), hay un detalle revelador que tuvo la honestidad de confesar en *Psicopatología de la vida cotidiana* (6: 24). Cuando vivía en casa de sus padres entró a trabajar una empleada de nombre Rosa. Una de las hermanas de Freud se llamaba Rosa, y para evitar confusiones se le exigió a la empleada que a partir de entonces sería llamada Dora. «Pobre gente —dijo— no pueden ni conservar sus nombres». Pensó entonces que la paciente era también «alguien que no podía conservar su nombre» y le puso como seudónimo Dora. Dos situaciones quedan claramente marcadas con esta asociación: por un lado, la situación de poder y autoridad que se atribuye con respecto a la paciente, unida a cierta conmiseración para quien deja de ser alguien que solicita y paga por su ayuda profesional y se convierte en una empleada a quien se le pueden dar órdenes sin derecho a su propia identidad. Pero, además, si fuera una empleada sería él quien dispondría del dinero para pagar los servicios, y su situación era la inversa; la necesidad de clientela lo hacía dependiente de los acomodados padres de sus jóvenes pacientes, que, finalmente, eran los que pagaban la cuenta.

UN RÍO INNAVEGABLE

Así metaforiza Freud su encuentro con Ida. «Un río innavegable cuya corriente choca con masas de rocas y se divide y se pierde en bancos de arena y bajos de agua» (7: 16). Sin duda una navegación difícil pero finalmente transitada de la que ambos llegan exhaustos. Ida tuvo conciencia de la significación de su tratamiento cuando, años después, se identificó ante Felix Deutsch. «Soy el caso Dora» dijo con orgullo[32]. Identidad de enferma, identidad vicaria la de ser famosa por otro, el hombre sabio, pero también contraria a la identidad vengativa que se le ha atribuido. Y recordó con Deutsch el folletín que marcó su vida (1985: 38, ss.).

En breve: su padre tenía un *affaire* con una mujer casada, Peppina Zellenka, esposa de un íntimo amigo de la familia. Ida lo sabe (lo sabe todo el mundo) y acepta en silencio la situación hasta que un nuevo capítulo se abre en la «novela de entretenimiento». El esposo engañado abre un acoso sexual sobre la hija de quien lo engaña, que tiene para entonces trece años y medio. A los quince el acoso se convierte en propuesta abierta. Ida comprende que ha sido trocada, ella para Hans y Peppina para su padre. Decide hablar y todos niegan los hechos (regalos, paseos,

32 Mahony comenta que Sergei Pankejef atendía el teléfono diciendo «habla el Hombre de los Lobos».

invitaciones, situaciones); son las fantasías de una muchacha obsesionada por el sexo que lee lo que no debiera, precisamente con Peppina. Se produce la primera consulta con Freud que Ida no acepta continuar.

Cuando es llevada por segunda vez, dos años después, ha tejido cuidadosamente la red que acusa a su padre. Sabe cuándo visitaba a Peppina mientras Hans estaba en su tienda, porque pasaba muchos ratos en su casa ocupándose cariñosamente de los niños, a quienes sacaba a la calle con discreción; los costosos regalos a su amante, que luego eran duplicados para su madre y para ella; los hoteles de vacaciones en los que se producían enigmáticos cambios de habitaciones; los síntomas de Peppina cuando su marido regresaba de sus viajes de negocios (por cierto, menos prósperos que los de Philip); la mudanza simultánea de ambas familias a Viena; las circunstancias de un *affaire* bastante notorio en su círculo social (años después todavía Ida escuchará comentarios de los curiosos). Pide a su padre que esto termine. Su padre tiene argumentos para negar lo que ocurre, su madre también. Los síntomas histéricos aumentan, aparece una nota suicida, un desmayo. Philip Bauer le pide a Freud que «la haga entrar en razón», él no puede abandonar a Peppina, con quien lo une una «honorable amistad». Freud sabe —lo dirá más adelante— que Philip no es un hombre sincero y que apoyó el tratamiento para que convenciera a Ida de que no era amante de Peppina, pero, por el momento, tiene un caso que levanta su ánimo.

A Fliess, el 14 de octubre le escribe: «Ha sido un tiempo muy activo que ha traído una nueva paciente, una muchacha de dieciocho años, un caso que se ha abierto suavemente gracias a la existente colección de ganzúas» (Masson, 1985a: 427). Una epistemología falocéntrica, comenta Toril Moi (1985: 198). «El macho tiene el conocimiento, sólo él tiene el poder de penetrar a la mujer y el texto; el rol de la mujer es dejarse penetrar por la verdad». Falocéntrica y en símil sexual que denota una penetración forzada, aunque la ganzúa abra «suavemente». «Si la Naturaleza, el objeto de estudio de Freud, era femenino, su medio de investigación —la penetración analítica— estaba ligada a lo masculino» (Mahony, 1996: 107).

En «El cuadro clínico» (7: 15-63) Freud apunta en sus primeros comentarios que el fracaso de estos tratamientos la había convertido en «una joven madura, de juicio muy independiente, que había crecido acostumbrada a reírse de los médicos, y al final renunciar por completo a su ayuda. Cualquier propuesta de consultar a un nuevo médico despertaba su resistencia, y fue sólo la autoridad de su padre lo que la indujo a venir a mí». Es decir, la presenta como una joven que se atreve a desafiar la autoridad médica, sin mención de los efectos secundarios dolorosos de los tratamientos anteriores, además de su ineficacia. Pudiéramos pensar que esto indica una inicial contratransferencia negativa, o al menos una falta de empatía por parte de Freud, buen conocedor de estos métodos, que precisamente él había ido sustituyendo por otros menos traumáticos como la hipnosis, la sugestión y finalmente la interpretación simbólica de los síntomas. Además, en los comentarios siguientes en los que describe su sintomatología, la califica como inteligente y bonita, pero no estaba satisfecha con su familia, rechazaba el contacto social, y se dedicaba —en la medida en que la enfermedad no lo impedía— a asistir a conferencias de mujeres y a estudios «más o menos serios». Como se anotó en la cronología Ida no tuvo nunca educación formal en un colegio, ni podía acceder a la universidad, de modo que estas actividades de conferencias y exposiciones de arte eran las únicas vías de aproximación a un conocimiento ilustrado. La situación de una joven que, según su propia calificación, tenía altas dotes intelectuales sin poder hacer uso de ellas, no es para Freud un motivo de consideración. Piensa como un hombre de su tiempo, y a ello se une una barrera teórica. Está convencido de que «la sexualidad provee el motivo de cada síntoma y cada manifestación de un síntoma» (7: 114). Ida, envuelta en el folletín familiar, y atravesando momentos depresivos con falta de interés vital (*tedium vitae*), sólo puede tener una explicación sexual.

«Las circunstancias humanas y sociales» que había destacado como elementos importantes en la comprensión de los pacientes, son completamente omitidas. Como anotan Dimen y Harris (2001: 27) el problema de la feminidad no es solamente la sexualidad. Detrás de los síntomas aparecen los conflictos de libertad, acción, sufrimiento, falta de poder, desesperanza, culpa, pero todos ellos quedan oscurecidos. En términos de la lucha sufragista, Gay (1989: 510) piensa que Austria se encontraba en una posición más atrasada que otros países europeos y Estados Unidos. Decker (1992: 126) señala la omisión por parte de Freud del problema judío en éste y otros casos. ¿Cuál podía ser el estado de ánimo de una joven que había sido testigo de los boicots en las fábricas de su padre, y que había escuchado a su hermano relatar las manifestaciones antisemitas en la universidad? Insiste en que no sólo ser mujer era una condición secundaria en la Viena de 1900. En la última década del siglo XIX, aunque representaban un importante movimiento de masas, los socialdemócratas no defendían el voto de las mujeres. Ser una mujer judía sumaba una permanente desvalorización en un medio que asignaba las cualidades «masculinas» e ideales a los hombres de la cultura germánica, y las «femeninas» y despreciadas a las mujeres, los eslavos y los judíos (engañosos, mentirosos, sin principios).

Veamos el cuadro de familia (7: 17, ss.). El padre es descrito como «una figura dominante, por su inteligencia, su carácter, y las circunstancias de su vida; de actividad, agudeza y talento nada usuales, era un gran empresario con circunstancias muy cómodas». Es alguien con quien sin duda comparte una cultura y origen comunes; en realidad para ese momento es ya el médico de familia. Curó con éxito a Philip de sus síntomas sifilíticos, quien por esa «intervención afortunada» trajo después a su hija; atendió a su hermana Malvina que sufría una «severa psiconeurosis» y a su hermano Karl, un «solterón hipocondríaco»[33]. Freud entra en el cuadro con una misión muy definida: transformar en síntoma la denuncia de Ida y, una vez logrado esto, curar el síntoma. Philip Bauer le ha dicho muy claramente lo que quiere:

> Estoy unido a Frau K. por lazos de honorable amistad y no deseo causarle daño. La pobre mujer es muy infeliz con su marido, de quien, por cierto, no tengo muy buena opinión. Ella ha sufrido mucho por sus nervios y soy su único apoyo. Con mi estado de salud, le aseguro que no hay nada malo en nuestras relaciones. Somos dos pobres infelices que nos damos mutuamente consuelo. Usted sabe que no obtengo nada de mi esposa (7: 26).

Philip relata con detalle las circunstancias que en la literatura psicoanalítica se conocen como la «escena del lago», un paseo en el que Hans hace a Ida una «proposición»[34] diciéndole que «no obtiene nada de su mujer», pero en su recuento no hay ninguna duda de que su amigo es incapaz de una «sugerencia inmoral». Todo es producto de la fantasía de su hija. Hans Zellenka es llamado a dar explicaciones y declara ante él y su hermano Karl que la lectura perniciosa de *Fisiología del amor* de Paolo Mantegazza (1877) —según se lo ha relatado su mujer— es la causa de este malentendido. Ida debe curarse de su odio terco a los Zellenka y, sobre todo, de su insistencia en que él termine la relación con Peppina. Freud, sin embargo, observa que, contradiciéndose,

33 Algunos indicios no suficientemente documentados apuntan a que también Otto consultó con Freud más adelante.

34 El término alemán utilizado por Freud es «Liebesantrag», que significa proposición amorosa (o sexual), y no «Heiratsantrag», que significa propuesta matrimonial.

argumenta que la razón por la que Ida debe tratarse es su mala relación con la madre; por ello —dice— «decidí suspender mi juicio del verdadero estado de cosas hasta conocer a la otra parte». Pero, antes de eso, veamos quién era la madre de Ida.

Freud admite que no la conoció personalmente, el tratamiento fue un acuerdo entre caballeros. La describe como alguien «sin educación, tonta, sólo interesada en lo doméstico», especialmente después de la enfermedad del marido, incapaz de entender los intereses de sus hijos, y entregada a la limpieza, sufría una «psicosis de ama de casa». Su marido «no obtenía nada de ella», su hija la despreciaba, era una persona retraída, y al parecer únicamente su hijo estaba de su lado. Esto es poco más o menos lo que sabremos de ella. Hay que añadir algunos detalles. Ciertamente, la obsesión por la limpieza de Käthe era patológica. No sólo de los objetos, sino al extremo de cerrar de día las habitaciones que se limpiaban, y de noche el comedor y la sala —donde Philip guardaba sus cigarros—, lo que hacía que la habitación de Otto quedara incomunicada.

Käthe sufría una enfermedad venérea crónica, contagiada por Philip, y frecuentaba las curas en Franzensbad, acompañada por Ida, pero curiosamente Freud no vincula los síntomas obsesivos de Käthe —la necesidad de «encerrar» a los hombres, de separar su contacto, y la obsesión de limpieza— con su enfermedad venérea. Atribuyéndole a Ida esta vinculación, comenta brevemente: «ella parecía comprender que la manía de su madre por la limpieza era una reacción contra esta suciedad» (las descargas genitales). Ida sabía que las enfermedades venéreas eran contagiosas y temía que su leucorrea fuera causada por herencia paterna (Freud también consideraba la herencia sifilítica como un factor que contribuía a la neurosis). No podemos encontrar otra razón para esta omisión que la necesidad de disculpar a Philip, de no «ensuciarlo»; en contrapartida Käthe queda anulada como interlocutora válida, es sólo un ama de casa enloquecida, no se sabe por qué razón. Nunca hay tampoco un comentario acerca de cómo se sentía ante el adulterio de su marido. Muy curiosamente, todo el mundo está enfermo de los nervios en esta historia, pero la única que debe tratarse es Ida; también, curiosamente, sólo a Ida le interesa la sexualidad. El resto de los protagonistas permanece ausente de tales asuntos. La situación evoca las teorías del «chivo expiatorio» en la dinámica familiar y la asignación de uno de los miembros como enfermo designado. Freud concluye que «era una niña completa y totalmente histérica», y queda asignada a la posición de acusada, desde la cual todo lo que diga o haga puede ser utilizado en su contra, y será una demostración de su enfermedad. Y él queda colocado en la posición de domar a esta joven rebelde («hacerla entrar en razón») que se atreve a desconfiar de la tortura de la galvanización y se siente deprimida por la situación de su familia, en vez de considerar perfectos a sus padres, y, más aún, pierde el tiempo tratando de estudiar en vez de socializar para buscar un esposo.

El primer retrato de Ida se dibuja en la ambivalencia. La describe como inteligente, de apariencia atractiva, una niña muy unida al padre de quien ha heredado sus «dones naturales y precocidad intelectual» (ya sabemos que la madre era «tonta»), y con un gran poder crítico que «ofendía sus acciones y particularidades»; su acercamiento al padre aumentó cuando éste enfermó de tuberculosis y ella lo cuidaba (Philip prefería que lo hiciera Ida). Muy unida también a su hermano, con quien compartió las enfermedades infantiles, la enuresis y la masturbación, para después «quedarse detrás en los estudios» (no logramos imaginar cómo hubiese podido acompañarlo sin recibir educación formal). Su *tedium vitae* no era sincero; la nota suicida que los padres encontraron en una gaveta de su escritorio fue dejada a propósito, y, en resumen, era «fuente de duras pruebas para ellos» (7: 23). Freud sabe que en este tratamiento no todo es «sincero», que hay cosas dejadas «a propósito», y que él también está en una «dura prueba», al reconocer que la experiencia con Hans Zellenka había sido «un insulto a su honor y el trauma psíquico como prerrequisito de la histeria». El caso es que hace lo que dijo, escucha a la otra parte, y no duda de la versión de Ida. Son demasiados datos: los constantes regalos costosos, las flores, los paseos a solas, la escena de la tienda.

Cuando Ida tenía trece años y medio, sin decirle que estará solo (y lo está porque ha despedido a los empleados), Hans la invita a ver una procesión que pasaría por el frente de su tienda. Cuando Ida se sorprende de no encontrar ni a Peppina ni a los niños, Hans baja las persianas, le dice que lo espere en las escaleras, la estrecha contra sí y la besa. Ida sale corriendo a la calle, evita durante un tiempo los paseos con los Zellenka, y no vuelve a mencionar el asunto hasta que ahora se lo cuenta a Freud, que cree en su versión, pero ¿qué hacer?

> Cuando un paciente trae una argumentación sólida e incuestionable durante el tratamiento, el médico puede sentir un momento embarazoso, y el paciente tomar ventaja de esto preguntando: Todo esto es perfectamente correcto y cierto, ¿qué quiere que cambie en todo lo que le he contado? (7: 35).

¿Y qué hacer con su teoría traumática? Hasta hace dos años había firmemente defendido que la causa de los trastornos histéricos era una seducción sexual en la infancia y en la pubertad, y que con la mayor frecuencia la situación de seducción se producía en el círculo íntimo de la familia. Ahora la ha olvidado. Si tiene traumas sexuales son infantiles, muy anteriores a todos los acontecimientos actuales, y causados por su situación edípica y sus masturbaciones. Christine Froula (1989: 119-121) plantea que la evidente razón por la que Freud no podía acreditar la verdad de la versión de las hijas era el hecho de que eran los padres quienes pagaban a Freud su modesta vida. Es la validación de la verdad por la autoridad masculina lo que pudo incidir en su abandono de la teoría de la seducción que, por cierto, tiene muchos vaivenes en su obra.

> Había mucho en juego en mantener la acreditación del padre, la «inocencia», no sólo de los padres particulares [...] sino de la estructura cultural que acredita la autoridad masculina a expensas de la femenina, reproduciendo una jerarquía política y social de padres e hijas metafóricos (1989: 121).

Fue Erikson (1985: 48) el primer analista en calificar las situaciones con Hans como «aproximaciones sexuales traumáticas» y en distinguir la verdad histórica, la cual Ida quería que le fuese reconocida, y la verdad genética, que contenía la explicación de los síntomas a la que Freud quería llegar y no pudo por la súbita interrupción del tratamiento a las once semanas.

Se han dado mil y una explicaciones acerca de esta terminación, él mismo propondrá varias que veremos más adelante. La crítica feminista insiste en que Freud resistía su deseo por Dora y su identificación con ella; que Freud repudiara lo femenino en él es, a mi juicio, una hipótesis plausible pero innecesaria. Se coloca desde el principio en una posición masculina, desde la cual ejerce su autoridad patriarcal, y desde ella la antipatía (o al menos falta de empatía) va transformándose en rabia porque no se somete a sus deseos —para algunos sexuales, pero con seguridad terapéuticos. Su contratransferencia se va tiñendo de un malestar que no cede y se extiende a la última visita de Ida, quince meses después de terminado el tratamiento, en la que pide ayuda, esta vez por su propia iniciativa. «Lejos de disolver su contratransferencia hacia Dora, Freud la puso en acto con el lector, a quien también trató de persuadir y seducir en su acuerdo cómplice» (Mahony, 1996: 113). ¿Cuál es ese acuerdo? En realidad son dos. Uno es con Philip, de quien tácitamente acepta su pedido de curación (que básicamente consiste en que su hija lo deje en paz); otro es con él mismo.

Está frente a un caso diagnosticado como *pettite histerie*, no demasiado interesante por lo común del cuadro, dice, pero con el que puede «iluminar todos los detalles del síntoma», y convencer a sus críticos interlocutores de que la histeria es una enfermedad de base orgánica pero de elaboración psíquica, susceptible de curarse con el método que ha inventado: la interpretación de los contenidos inconscientes que subyacen a los síntomas, los sueños, la transferencia y los actos de la vida cotidiana. Freud tenía en aquellos años el interés fundamental de comprobar sus teorías acerca de la sexualidad infantil y la relación de los contenidos sexuales con la producción de la neurosis. Probablemente todo analista tiene la necesidad de comprobar con sus pacientes sus propias teorías, y esa necesidad es hasta cierto punto un mal inevitable del tratamiento, un efecto iatrogénico que lo acompaña («sin memoria y sin deseo», la consigna de Bion es difícil de seguir). Sin embargo, en el caso Dora la situación tomó un carácter francamente perturbador.

Lo que quiero sugerir en cuanto a la contratransferencia perturbada y perturbadora es que el doble acuerdo con que Freud iniciaba el tratamiento lo colocaba en una posición insincera con la paciente, y la consiguiente culpa que eso le provocaba era constantemente proyectada sobre ella. Freud reconoce explícitamente que los reproches de Ida eran justificados, en tanto se sabía entregada a Hans como precio para que tolerara la relación de su padre con Peppina, aunque «ambos hombres no tenían un acuerdo formal en que ella fuese tratada como un objeto de intercambio»; eso hubiera horrorizado a Philip, comenta, y se pregunta qué hubiera pasado si él le hubiese señalado que «había un peligro para una muchacha en crecimiento al estar en la compañía constante y no supervisada de un hombre que no obtenía satisfacción con su esposa». Lo curioso es que anota las imaginarias excusas de Phlip a este señalamiento, y la hipótesis de que los dos —Hans y Philip— evitarían sacar conclusiones porque hubiera sido «incómodo para sus planes» (7: 34).

De acuerdo con Decker (1992: 110), «para el momento en que Freud empezó a tratar a Dora, llevaba catorce años tratando pacientes del rico mundo burgués [...] por su contacto con esta gente había desarrollado una aceptación e, incluso, un cinismo acerca de este tipo de relaciones laberínticas», probablemente muy diferentes a sus propias costumbres morales. Es lícito suponer que no permitiría esa situación con una de sus hijas, pero él, como tercer caballero en el acuerdo, tampoco quiere sacar conclusiones porque «sería incómodo para sus planes», que no son sexuales sino de otra naturaleza. Steven Marcus (1985: 85) sugiere que el *daimon*, el espíritu de la ciencia, «el demonio de la interpretación ha tomado posesión sobre él y es este poder el que preside el caso de Dora». La verdad (o la realidad) que le interesa no es la misma que la que le interesa a Ida. «En vez de permitir que Dora se apropie de su historia, Freud se apropia de ella». En esas condiciones, señala Erikson (1985: 52), Ida «como mujer no tenía ninguna oportunidad de ser la mujer intelectual que su inteligencia prometía y establecer las coordenadas de su identidad como una joven de su clase y de su tiempo antes que obtener más *insight* de sus realidades internas». En esas condiciones, podríamos añadir, el tratamiento estaba desde el inicio condenado.

Lo normal, o al menos lo frecuente, es que ambos protagonistas de la pareja analítica busquen verdades diferentes, aunque no necesariamente opuestas o irreconciliables, y de ese modo el analizado trae una versión de su enfermedad, y el analista ofrece otra. Esta polaridad es común a todo análisis, pero en el caso Dora las cosas van más lejos. La paciente debe no sólo restarle importancia a su posición en el folletín sino hacerse cargo de que ella es la responsable, porque Freud, si bien inicialmente parte de la aceptación de la verdad histórica, en la medida en que transcurren las sesiones va modificando esta aceptación hasta su total negación. Para Mahony

> Dora quería que Freud validara sus percepciones de las maquinaciones eróticas de su entorno inmediato; esto lo hizo. También quería que estuviera de su lado en su oposición a la relación de su padre; esto no lo hizo. Más bien, trató de mostrarle que ella estaba tan eróticamente comprometida como lo estaban su padre y los Zellenkas e incluso trató de que ella complaciera su plan casándose. Esto ella no lo hizo (1996: 42).

Para resolver la «dura prueba» a la que está sometido, Freud acepta la versión histórica de Ida, pero, al mismo tiempo, la desacredita porque no la reconoce como traumática y en ese sentido la vacía de contenido emocional, la invalida, y luego voltea la carga. Es ella la culpable, ha seducido a Hans y no acepta su seducción. «La realidad de la seducción desaparece», dice Catherine Clement (2001: 47, ss.), y añade más adelante: «El circuito de la seducción es un eco de la estructura familiar que Freud obviamente no podía cambiar». No lo puede cambiar pero lo invierte y convierte en el eje interpretativo; para sostenerlo es necesario demostrar que la paciente es una histérica (lo que no es difícil dada la proliferación de síntomas); que su sexualidad infantil la conduce a entrar en el folletín que le proponen los adultos que la rodean (lo que obviamente es cierto); que se siente llena de rabia y deseos de venganza (lo que es una reacción bastante esperable); y que si ella acepta sus interpretaciones se curará (lo que hubiese sido deseable, pero no ocurrió). En cierta forma la propuesta freudiana inicial es que Ida cambie el folletín familiar por el folletín psicoanalítico. Después la propuesta terapéutica tomará otros caminos.

Si bien el análisis no puede sustentarse en la utilización de la verdad histórica como corroboración y exculpación de los problemas del analizado, la denegación de sus percepciones contribuye a minar el sentimiento de autoestima y la credibilidad del Yo en su propia autonomía y consistencia. Un Yo frágil puede sucumbir a esta maniobra, pero no era el caso de Ida. Por el contrario, acepta la comprensión de las interpretaciones que le propone Freud (aunque no siempre esté de acuerdo), y ofrece su material de sueños y asociaciones durante casi tres meses. Ese ofrecimiento tuvo un límite. Mi sugerencia es que en un cierto momento de su tratamiento Ida comprende que Freud está decidido a cumplir con el mandato paterno, «hacerla entrar en razón», así sea la razón inconsciente.

Las quejas de Ida acerca de que su padre es insincero y sólo piensa en su placer («no podía discutirlo», dice Freud) comienzan después de la escena del lago. Es posible que sea entonces cuando ve claramente su posición en el intercambio de mujeres, o simplemente ha crecido y la situación le resulta menos ingenua. Mi hipótesis es que esta escena adquiere un valor traumático porque resignifica sexualmente lo que hasta el momento hubiera podido ser una suerte de novela romántica popular (las confidencias de Peppina, el enamoramiento de su padre, los cortejeos de Hans). A partir de entonces comprende que su padre está dispuesto a entregarla con tal de tener el campo libre para sus deseos. Señala Jane Gallop (1989: 106) que «el patriarcado se basa en la honestidad vertical del padre. Si no fuera franco y confiable no tendría el poder de legislar. La ley debe ser justa, esto es, imparcial, indiferente, libre de deseo». Pero esto no es lo que está ocurriendo. La histérica, dice Clement, «sufre de una transgresión simbólica tanto como sufre de sus recuerdos. En sus relaciones de parentesco sufre porque el padre, el hermano, el cuñado actúan como transgresores sexuales» (2001: 44).

En este período Freud todavía estaba muy cercano a la «etiología paterna», aunque la había explícitamente rechazado, y el abuso sexual de las niñas por parte de los padres o miembros de la familia había sido convertido en fantasías. David Willbern (1989: 76) señala que Freud era resistente a culpar al padre como ofensor sexual. En al menos dos casos (Kätherina y Rosalie) reportados en *Estudios sobre la histeria*, prefiere achacar el abuso a los tíos, y posteriormente, en las notas de 1924, confiesa que eran los padres, y advierte que esas distorsiones deben ser evitadas porque no son irrelevantes. Otro caso (sin nombre) en el que describe a una joven con severas perturbaciones para caminar, y que era hipnotizada por él en presencia del padre, va en la misma línea:

> [...] le dije que algo más había sucedido que no había mencionado. Entonces dejó caer una sola y significativa frase; pero apenas dijo la palabra se detuvo y su anciano padre, que estaba sentado detrás, comenzó a sollozar. Naturalmente no llevé mi investigación más adelante, pero nunca volví a ver a la paciente (2: 100-101).

En el caso de Ida no adjudica el abuso como una fantasía, sino como el resultado de sus propias acciones. Sin embargo, no son solamente los hombres quienes mantienen la complicidad.

La teoría más común y aceptada es que la niña, en su relación preedípica con la madre, se ve envuelta en un nudo del que solamente puede soltarse con la acción del padre que la conducirá del vínculo homosexual hacia la heterosexualidad. Ésta pudiera ser una situación clínica particular pero no es la única opción a considerar. Christine Froula (1989) cuestiona la idea de que el padre o el falo sean necesariamente una liberación de la madre porque pueden llevar a la niña a otras formas de dependencia y encerramiento, y este caso es quizás el mejor ejemplo. Ida, en cualquiera de las dos versiones —histórica o genética— está en un camino sin salida con el padre (Philip, Hans o Freud). Está encerrada en la situación planteada por tres hombres —su hermano Otto no parece participar del folletín salvo por sus consejos de que los hijos no deben mezclarse en los asuntos de los padres, y por la opinión de que su padre, si encuentra en otra mujer lo que su madre no le da, merece comprensión—, pero hay al menos tres mujeres en la novela: Käthe, Peppina y la institutriz, cuyo despido Ida reclama y al fin logra. Ni Käthe ni Peppina están en disposición de ayudarla. Dice también Froula (1989: 112) que el guión cultural histérico dicta a hombres y mujeres la necesidad de silenciar el discurso de la mujer cuando amenaza el poder del otro y describe las características de la situación familiar incestuosa que coinciden con las de la familia Bauer: a) padre autoritario y dominante; b) madre ausente, enferma o cómplice; y c) hija que no puede sortear los sentimientos de amor y terror por el padre: desea terminar la situación pero tiene miedo de que si habla se destruya la estructura familiar que es su única seguridad.

Käthe y Peppina acatan la ley patriarcal, cada una a su manera y por distintas razones. Ante las quejas de Ida por la conducta pública de su padre con la señora Zellenka, la explicación de su madre es que Philip, en profundo estado depresivo, entró en un bosque con la intención de suicidarse y fue rescatado de tan lúgubres propósitos por Peppina, que ahora necesita su solidaria compañía; «un cuento de hadas», ironiza Freud. De los reclamos de Hans Zellenka ante Käthe Bauer por la relación de sus consortes, no conocemos la respuesta. Cuando Ida relata a su madre la escena del lago, sabemos que Käthe habla con su esposo y que después de esta conversación sigue una carta a Hans y una posterior conversación entre hombres con Philip y su hermano Karl, pero la acusación de Hans contra Ida como tergiversadora de la relación entre ellos pone fin al asunto, e ignoramos qué más pensó o dijo su madre. No pareciera haber apoyado la versión de su hija, o quizá su opinión quedó subregistrada, y en cuanto a Peppina, por cuya iniciativa se produce la invitación de Ida y Philip al lago —de la cual está excluida Käthe— también guarda silencio. Como señala Moi (1985: 194) los prejuicios patriarcales de Freud «lo fuerzan a ignorar las relaciones entre mujeres y a centrar toda la atención en sus relaciones con los hombres». Pero algo se escapa en el discurso.

Freud señala que Ida se identificaba con la madre, lo que le daba la oportunidad de una conducta intolerable, se colocaba en la posición de Käthe con sus quejas obsesivas, y se identificaba con Peppina en algunos de sus síntomas, comportándose como una mujer celosa. Ida dice lo que su madre calla, su voz reclamante sustituye el silencio de su madre ante su humillación y la de su hija. El desprecio hacia su madre, que Freud atribuye a la desvalorización fálica de las madres por parte de las hijas, adquiere aquí una significación más particular. Ida ve cómo su madre acepta una posición rebajada y la obliga a ella a negar sus propias percepciones, y al mismo tiempo se coloca como bisagra del conflicto entre sus padres. Käthe no necesita reclamarle nada a su marido porque su hija lo hace por ella. Probablemente Käthe sabe que la estabilidad familiar, y quizás económica, de ambas depende de ese silencio.

El silencio de Peppina tiene obviamente un interés menos defendible, que su marido se distraiga con la muchacha es útil a su relación con Philip. Ida también hace función de balancín entre la pareja Zellenka. Peppina toma como confidente a Ida, la invita a quedarse en su habitación mientras Hans duerme en otra, aconseja a Philip los regalos que debe comprar para su esposa y su hija, y le explica sus inconformidades conyugales, además de tenerla como acompañante para sus hijos pequeños. Un comentario llama la atención: «Medea estaba bien contenta de que Creusa fuera amiga de sus hijos» (7: 61). En el mito Medea, ciega de celos porque Jasón la va a abandonar por Creusa, le regala a la joven un vestido que la mata, según una versión porque se enciende en llamas, según otra porque está envenenado. En esta historia Peppina es una Medea diferente, le regala su propio marido, para que se incendie de pasión o se envenene la vida.

Queda bastante claro que Ida no puede esperar nada de ellas, pero hay otras tres figuras a considerar: su institutriz, la cuidadora de los niños Zellenka, y la Madonna Sixtina. La primera era una mujer soltera, ya no joven, bien leída, encargada de la educación de Ida. Al principio la relación entre ambas era buena, y, a escondidas de los padres, le proporcionaba ilustración sexual a la muchacha. Pero resultó demasiado activa en el folletín. Es ella quien le hace ver a Ida las relaciones de su padre con Peppina, e incluso se atreve a sugerirle a Frau Bauer que no debe tolerarlas. La institutriz no cumple del todo bien con la ley patriarcal que la obliga al silencio, y es sacada violentamente de la historia. Ida pide que sea despedida porque en un cierto momento observa que no tiene interés genuino en ella sino en su padre, ¿Ida de nuevo actuando en vez de su madre?

En cuanto a la Madonna Sixtina, el célebre cuadro de Rafael, que Ida contempla largamente en la Gemäldegalerie de Dresden, Freud no compartía el interés por la obra, porque le parecía representar a «una muchacha de dieciséis años, muy mundana, con una expresión inocente, que sugiere una encantadora y simpática niñera» (cit. en Decker, 1992: 233, n. 47). Precisamente las cualidades que quizá cautivaron a Ida. La común interpretación, sugerida por Freud, y continuada después, nos dice que la larga contemplación del cuadro era un índice de homosexualidad. Una joven de dieciséis años, que parece una niñera, como ella lo era voluntariamente para los niños Zellenka, o en todo caso que sostiene a un niño en sus brazos, nos hablaría más bien de una apropiación de su identidad femenina en la imagen de una bella mujer. Mahony (1996: 73) considera que era esencial para ella tener a la Virgen María como modelo, para retener su virginidad, al mismo tiempo que era una madre para los niños Zellenka. La contemplación también nos habla de la búsqueda de una madre, atribuida de mayores poderes que Frau Käthe, para que la proteja y la cuide, necesidad que las mujeres de su entorno parecen haber descuidado. No puede dejarse de lado que Ida sufre un primer ataque de disnea a los ocho años, cuando Philip se ausenta por un viaje de trabajo. La angustia respiratoria, frecuentemente asociada al vínculo con la madre y a su separación, se manifiesta en este caso con relación al padre, lo que pareciera sugerir que Ida se sentía más protegida por él que por ella, y en consecuencia temía que su *affaire* pusiera en riesgo su permanencia en el hogar (la posibilidad de un divorcio había sido manifiestamente planteada en el matrimonio Zellenka).

Es evidente, por su omisión del lado femenino de la historia, que Freud no repara en la falta de preocupación de Käthe por la seguridad sexual de su hija, lo que resulta sorprendente a la luz de sus códigos morales. Para ilustrar mejor este tema es necesario tomar en cuenta las implicaciones de la posición de Ida en la familia. De acuerdo con Lynda Boose (1989: 21) es el padre quien transmite al hijo varón la autoridad paternal, de la cual la madre es mediadora; la hija está «específicamente ausente en la narrativa patriarcal».

> En la narración antropológica de la familia el padre es la figura que controla el intercambio de mujeres. La mujer más disponible para el intercambio no es la madre, que pertenece sexualmente al padre, ni la hermana que está bajo los derechos del propio padre. La figura intercambiable es la hija (1989: 19).

Jessica Benjamin (2001) coincide al señalar que el comercio sexual entre hombres, en el cual las mujeres se intercambian, está al servicio de las relaciones de poder entre hombres. Si el padre deseara a la hija, sería una amenaza para ese comercio porque se le haría insustituible y el deseo por la hija produciría una segunda economía sexual, entre padre e hija, además de la ya existente entre el «niño fálico» y «la madre fálica», de modo que la hija queda en la posición de intercambiable y en situación desvalorizada.

> La hija funciona no solamente como la que encarna el objeto pasivo escindido del padre sino también como el continente materno faltante en el cual el padre descarga y expele la tensión inmanejable. La función dual de encarnar la pasividad y contener la tensión inmanejable proyectada forma la feminidad; esta feminidad forma a la hija, no a la madre, como figura definida. La estructuración de la posición de la hija puede ser el eslabón perdido para explicar la ecuación entre histeria y feminidad (2001: 58).

Su conclusión es que la falta de discurso en la histeria es una alegoría de su renuncia a la actividad y su absorción en la pasividad.

De acuerdo con Gallop (1989: 102), ocurre que, siendo la paternidad corporalmente incierta, la patriarcalidad queda compensada por la ley que marca la propiedad de los hijos. En el caso de la hija, la ley vela la seducción, y señala una condición paradójica de la feminidad: al colocarse la hija como objeto del deseo del padre, al mismo tiempo, se le somete. «El único modo de seducir al padre, para evitar espantarlo, es agradarlo, y para agradarlo debe someterse a la ley que prohíbe la seducción sexual». De este modo, «el amor está mezclado con la complicidad de la mujer; puede ser el chantaje que la ha persuadido a aceptar su propia exclusión». En la paradoja de someterse a la autoridad y al amor del padre, para alcanzar la posición femenina, la hija debe seducirlo, pero, al mismo tiempo, queda atrapada en un «insaciable deseo de complacer al padre, que es finalmente más poderoso y dañino que la seducción real». Luce Irigaray (cit. en Gallop) afirma que «el padre legisla para defenderse de la seducción de la hija», y a la vez que niega su atracción por la hija, niega su existencia. La desvalorización de Ida por parte de su padre, de Hans, y del propio Freud, se sostiene en esta denegación de su existencia. Si para Philip su hija es un objeto intercambiable, que puede usar en beneficio de su felicidad, para Freud es un objeto recibido de otro hombre, en un intercambio comercial, que puede usar en beneficio de sus descubrimientos.

RELATO DE UN JUICIO

Martin Bergmann (2001: 349) comenta que los interrogatorios a los que Ida fue sometida durante las sesiones muestran que Freud no se había alejado mucho de la técnica utilizada en los casos de los *Estudios...*, y que aunque la paciente no estaba bajo hipnosis se encontraba lejos de asociar libremente. A pesar de ello Freud despliega en este caso una extraordinaria potencia interpretativa en cuyos hallazgos ya pueden reconocerse una gran parte de las líneas teóricas y clínicas que constituyen el cuerpo psicoanalítico. La palabra *potencia* no ha sido utilizada por casualidad. Moi (1985: 194) señala una rivalidad en la cual Freud, como hombre, debe vencer, tener todo el poder-conocimiento porque si no será castrado. No quiere aceptar huecos en su conocimiento.

Lakoff y Coyne (1993: 81, ss.), estudiando los patrones de comunicación en las sesiones, consideran que desde el principio Freud toma una postura adversa, antagónica, polémica. «La narrativa [parece] la transcripción de un juicio en el que Freud actúa como fiscal, juez, jurado, quien hace la ley, y frecuentemente los hechos, según va procediendo». Si bien la reconstrucción de una sesión analítica no responde en forma exacta a lo ocurrido, el texto que escribe el analista recoge el clima en que transcurre y los elementos que privilegia, así como sus puntos de vista conscientes y su contratransferencia. En el caso Dora Freud utilizó una técnica de *verbatim*, que se hizo usual en la enseñanza analítica, aunque él mismo no la usará después con tanta profusión en otros reportes. Para Lakoff y Coyne el estilo de registrar el diálogo vivo pretende asegurar al lector que «esto es lo que ocurrió, esto es lo que dijo», y consideran que «las palabras escogidas para describir la conversación notablemente denotan oposición y conflicto». Algunos de los ejemplos que consignan son éstos [énfasis nuestros]:

a) se vio *obligada* a *admitir* («admitir» y «confesar» son, sin duda, términos frecuentes en el historial);
b) un hecho que *no dudé en usar en su contra*;
c) fue muy fácil *disipar* esa objeción; y
d) Dora *no discutió más el hecho*.

Freud, concluyen, encuentra siempre una manera de demostrar que tiene la razón, e Ida queda siempre en la posición de «una persona cuya autonomía es sistemáticamente negada».

Ciertamente los diálogos entre Ida y Freud pueden ser leídos como el intento permanente y abusivo de alguien por convencer a otro de la verdad de sus planteamientos, y de persuadir al lector de que quien relata es el poseedor de esa verdad que una muchacha terca no quiere admitir. ¿Cuál es esa verdad? Ida tiene un secreto, que es su deseo inconsciente, y el propósito de Freud es develarlo. Ese secreto está escondido en la escena edípica y para comprenderlo Freud traza varios triángulos:

a) Peppina y Philip se desean. Ida (y su madre) están excluidas. Ida, por lo tanto, se siente traicionada y humillada en identificación con la madre.
b) Ida desea a su padre. Su madre y los Zellenka están excluidos.
c) Ida desea a Hans y quedan excluidos Peppina y sus padres.

c) La institutriz desea a Philip y las otras mujeres quedan excluidas.
d) Ida desea a Peppina y quedan excluidos todos los demás.

La red de triángulos permite todas las combinaciones porque se sustenta en la doble faz del Edipo, no sólo en cuanto a sus versiones hetero y homo, sino también en actual y pasado. Así Ida está enamorada de Hans porque revive la relación infantil con el padre, pero también la relación actual con el padre la defiende de su deseo por Hans, que, en realidad, viene a sustituir su deseo por Peppina (aunque en este caso curiosamente no representa su deseo por la madre). Otro tanto ocurre con las identificaciones. Freud la sitúa identificada con la madre, con Peppina, con el padre, con su institutriz, con la institutriz de los Zellenka, con la tía Malvina, con un enamorado que le escribía desde Alemania. Pareciera como si hubiera ensayado toda la gama posible de circuitos identificatorios, deseantes y excluyentes, generalmente sustentados en los síntomas, que, además, obedecen a la obtención de beneficios secundarios; por ejemplo, sus síntomas pueden expresar la ausencia de Hans, pero también el malestar de Peppina por la presencia de Hans. Si bien los síntomas a lo largo del tiempo reciben distintos desplazamientos simbólicos y representan distintos momentos del conflicto, llama la atención que Freud los coloca siempre en tiempo actual, sin vincularlos con la neurosis infantil, o atender a su aparición cronológica. La mencionada tos nerviosa, interpretada como una conversión de la escena de sexo oral que Ida supone tiene lugar entre su padre y Peppina, era un síntoma manifestado desde los ocho años. ¿Qué significaba dentro de la neurosis infantil?, ¿por qué cambió su significado? Jacqueline Rose (1996: 133) comenta que Freud resuelve las contradicciones apoyándose en que en el inconsciente pueden circular pensamientos contradictorios.

Es consistente con la teoría psicoanalítica la noción de que el sistema inconsciente alberga contradicciones (deseo *vs.* represión; afirmación *vs.* negación/denegación; amor *vs.* odio; heterosexualidad *vs.* homosexualidad, etc.), pero el conjunto de las hipótesis, cada una de las cuales individualmente puede ser válida o sustentable, representa un abuso interpretativo que, en once semanas, conduce más a la confusión que a la restauración de la verdad genética. Ida, del mismo modo en que está entrampada en el folletín familiar, entra en un círculo vicioso de interpretaciones del que no puede salir porque todas coinciden en apuntarla como culpable. Es ella, son sus deseos, sus emociones vengativas, la causa de sus síntomas. De ese modo aparece envuelta en una gama de subrogados identificatorios y no se presenta como sujeto hasta tanto Freud la determina como culpable. Bajo esa condición accede a ser la protagonista. Al respecto señala Catherine Clement:

> Enredada (la histérica) en temas que no son los suyos, repitiendo sus parlamentos [...] ella no es ella sino a través del juego de identificaciones, es exitosamente uno de los otros. La van a ayudar a convertirse en sujeto: la van a hacer culpable (2001: 46).

La culpable que oculta sus culpas, sus secretos; uno de ellos, que Freud triunfantemente descubre, es la masturbación infantil, y la prueba es la leucorrea[35]. Otro ejemplo, también relacionado con el tema del secreto, ocurre en una sesión en la que Ida esconde precipitadamente algo en su bolso, una carta de su abuela en la que ésta le pedía a Ida que le escribiera con más frecuencia. Freud interpreta que esconde su secreto (la masturbación) para que no le sea arrancado. ¿No pudiera expresar que

35 Una de sus causas es la excitación sexual, aunque también se produce por razones fisiológicas, infecciosas y parasitarias, lo que probablemente Freud ignoraba.

una figura materna la quería, necesitaba de ella, y la protegía como objeto interno?

Sin embargo, cuando el abuso interpretativo adquiere la condición de maltrato se revela en la lectura de las escenas traumáticas con Hans Zellenka. Y es coherente que fuese así porque en ellas Freud debe enfrentar el dilema central del tratamiento, que era deslindar la participación inconsciente de la paciente del abuso real de los adultos (la acusación de la mujer abusada como causante del abuso no es, por cierto, un tema decimonónico; continuamos viéndolo en las denuncias por violación y maltrato). Que Ida hubiese experimentado un sentimiento amoroso por Hans no es descartable; que por sus sentimientos amorosos hacia Peppina aceptara ser cómplice del *affaire* con su padre, es también plausible. El abuso permanece en ambos casos. La utilización de los sentimientos y deseos de un menor por parte de un adulto es un abuso sexual. Naturalmente, esta concepción no existía en 1900, pero tampoco Freud quiso aplicar su código ético victoriano. Comenzó por aceptar la versión de Ida, la vació de contenido traumático, la convirtió en una versión contraria (ella la seductora, Hans el seducido), y al final, en un acto terapéuticamente inconcebible, la transformó en una seria y conveniente propuesta matrimonial rechazada sin motivo. Veamos la secuencia.

En la escena de la tienda concluye: «la conducta de esta niña de catorce años era completa y totalmente histérica». Aunque Ida no había cumplido esa edad, es evidente el reconocimiento de que es una «niña» —diríamos hoy una adolescente temprana—, que, de acuerdo con las estadísticas de la época, como ya se mencionó, probablemente no había menstruado. La interpretación de Freud supone que, cuando Hans intenta besarla y apoya su cuerpo sobre ella, Ida percibe el pene y se excita, convirtiendo su excitación en disgusto. Lo que debería haber sentido una muchacha sana era excitación sexual, y su rechazo de Hans indica un síntoma histérico. La respuesta queda patologizada, y descartada la pregunta de por qué un hombre adulto, amigo de su padre, la invita bajo engaño y de una vez pretende apropiarla sexualmente.

Ida tenía quince años cuando los Zellenka la invitaron junto con su padre a pasar unas semanas en un hotel frente a un lago en los Alpes (probablemente el lago de Garda, según Mahony). Philip sólo pasaría unos días. Cuando está listo para irse, Ida manifiesta determinadamente que se va con él, y efectivamente lo hizo. Unos días después le cuenta a su madre —para que se lo transmita a su padre— lo ocurrido en un paseo en el lago con Hans. La historia es negada y atribuida por Hans al libro de Mantegazza, lectura que, en su opinión, la hacía desmerecedora del respeto de un hombre, de acuerdo con los valores en curso[36].

Hasta esa escena Ida había cooperado con el *affaire* de su padre, pero a partir de entonces cambia su actitud. Freud interpreta que ella, al igual que su institutriz, no estaba interesada en los niños Zellenka sino en Hans. Ida no aceptó esto. Sin embargo añadió que una prima suya le había dicho «estás loca por él», aunque ella no recordaba ningún sentimiento parecido. «Más adelante —insiste Freud— cuando la cantidad de material que había surgido hacía difícil que persistiera en su negación, admitió que quizás estuvo enamorada de Hans, pero manifestó que desde la escena del lago todo había terminado». Freud ha triunfado. La acusada ha confesado su culpa.

Lo que más amargaba a Ida era que su padre considerara que la escena del lago fuese un producto de su imaginación. Este reproche al padre, piensa Freud, debe devolverse a su origen, es decir, un autorreproche. Por otro lado, cuando Ida comprende

36 En «La moral sexual 'civilizada' y la enfermedad nerviosa moderna» (1908), Freud explica que la educación de las niñas no solamente prohibía la actividad sexual prematrimonial sino restringía la información y conocimiento acerca de la vida sexual; la curiosidad en estas materias era considerada «poco femenina y signo de una naturaleza pecaminosa» (9: 198).

la intención de Hans —continúa Freud— «sin dejarlo terminar lo que tenía que decir, le dio una cachetada y huyó». Esto debió ser sorprendente para Hans, lo mismo que lo es para nosotros —comenta— porque seguramente ella le había expresado detalles que le aseguraban el afecto de la muchacha. Aquí, sin pudor, Freud coloca a Ida como seductora.

Su amor por Hans fue reprimido, y como defensa reactivó su amor al padre, pero estaba llena de remordimientos por haber rechazado «la propuesta del hombre», y deseaba su compañía, aunque ese deseo era combatido por su orgullo. «Ida persistió en negar mi argumentación por un tiempo hasta que hacia el final del análisis la prueba conclusiva de su veracidad se aclaró». Argumentaciones, negaciones, pruebas, aclaraciones; Freud está ganando el juicio, sin embargo, cambia el delito.

Cuando Hans la acusa de leer a Mantegazza, Ida comprende que Peppina la ha traicionado, sólo ella podía saber de esa lectura. Luego, no la amaba por ella misma sino por su padre, y había sido sacrificada por ambos. La conclusión es que los pensamientos contra las relaciones de su padre y Peppina tenían un propósito doble: suprimir su amor consciente por Hans y su amor inconsciente por Peppina. Sus celos eran también dobles, «como mujer» tenía celos de la amante de su padre; «como hombre» tenía celos de su padre. «Estos sentimientos masculinos, o más propiamente *ginecofílicos*, son típicos de la vida erótica inconsciente de las muchachas histéricas». ¿Qué pasó entonces con el amor por Hans? ¿Era un señuelo? ¿Un falso síntoma? ¿No eran ciertas las señales de su amor? La crítica feminista ha respaldado siempre la teoría del enamoramiento de Ida por Peppina, argumentando que Freud no le dio suficiente representatividad a la mujer lesbiana y a su deseo. Judith Roof (1991: 178, ss.), por ejemplo, incluye a Dora entre los tres casos de lesbianismo reportados por Freud, y considera que éste reprime, desplaza y difiere el lesbianismo de Dora porque, a pesar de que menciona la corriente homosexual en el historial clínico, no la acepta sino en el epílogo escrito cinco años después[37].

La conclusión del deseo homosexual de Ida por Peppina pudiera representar una construcción retrospectiva de Freud como coartada para el fracaso del tratamiento. Desde una lectura típica del pensamiento patriarcal la transferencia negativa (que él mismo contribuyó a generar) sólo tiene una explicación: es lesbiana. Así como el rechazo por Hans tiene una causa: es histérica. Si una mujer rechaza a un hombre es porque hay algo malo con ella. No comparto la coincidencia de la mayoría de los estudiosos del caso en la homosexualidad de Dora, en mi opinión no queda claramente sustentada en el material clínico. Cuando se hace la exégesis de un caso no estamos tratando acerca de una «persona», es decir, de un paciente en vivo, sino de un texto. Saber qué sentía Ida por Peppina, y viceversa, es imposible. Para algunos autores, como Octave Mannoni (1980: 13, ss.), el sentimiento era mutuo y describe literariamente una escena amorosa entre ambas cuando, durante los años 30, se ganaban la vida dando juntas clases de *bridge* (dato que ignoró Freud). Conocemos por Decker (1992: 175) que las clases de *bridge* eran una actividad muy frecuente en Viena en aquel tiempo y constituían un modo de empleo para mujeres que no tenían preparación para el trabajo. ¿Es prueba de un amor lésbico que dos mujeres judías, que se conocían desde años atrás, y vivían la situación de acoso por la persecución antisemita y la pérdida económica, intentaran sobrevivir haciendo juntas lo único que sabían hacer?

Todo lo que podemos encontrar acerca del texto, y en el texto, son los siguientes índices:

---

37 Los otros dos casos son «Un caso de paranoia contrario a la teoría psicoanalítica de la enfermedad» (1915) y «Psicogénesis de un caso de homosexualidad en una mujer» (1920) que comentaremos más adelante.

a) Que admiraba su cuerpo muy blanco.
La admiración y/o envidia de las mujeres por los rasgos físicos del canon estético de la época no puede considerarse como un deseo homosexual. La mujer está construida como cuerpo imaginario que debe responder a una imagen erótica, y la busca en sí misma y en sus semejantes. Decir que la admiración por la belleza de otra mujer es un signo de homosexualidad, desvirtúa totalmente la especificidad del deseo lésbico.
b) Que Frau K. le brindaba ilustración sexual.
Toda adolescente necesita ser ilustrada sexualmente. ¡Cómo sería en el caso de una joven victoriana, hija de una mujer que padecía una grave neurosis obsesiva, y que, además, vivía una situación de acoso sexual! Por otra parte Sprengnether (1985: 273, n. 6) aclara que, aun cuando las lecturas de Ida y Peppina nunca podrán ser completamente elucidadas, de la lectura de *Fisiología del amor* (1877) no pudo extraer conocimientos específicos acerca de las prácticas sexuales ya que se trata de una loa romántica a la reproducción humana; si hubiera leído otro de los textos de Mantegazza (por ejemplo *Las relaciones sexuales humanas*) entonces sí hubiese adquirido un vocabulario sexual completo.
c) Que Frau K era su objeto admirado. ¿No era la amante de su padre? No le quedaba sino repudiarla, o desear ser ella.
d) Que Ida no se enojara con Peppina por haber delatado sus lecturas.
La solidaridad entre mujeres es un tema difícil de aceptar para Freud.
e) Que Ida sentía celos por el *affaire* de su padre con Peppina.

Desde la constelación edípica obviamente la relación de su padre con Peppina reactualizaba la escena primaria, que, por cierto, Ida parece haber escuchado, y en esa medida los celos son la primera emoción derivada. Sin embargo, la vinculación edípica con ambas figuras parentales es común a todos los sujetos, y es diferente a la constitución del fantasma sexual que posteriormente encauzará el deseo (Torres, 1998a: 88).

Lo interesante no es, en definitiva, probar o no su vínculo homosexual con Peppina, sino deslindar un deseo sexual de la búsqueda de una madre ideal (bella, joven, sin la «psicosis de ama de casa», atractiva para los hombres) que le permitiera una identificación femenina que no encontraba en su madre. Esta búsqueda, si bien es homosexual en cuanto al objeto, no puede ser automáticamente igualada a un deseo lésbico. Se afirma que Freud fracasa porque está enfocado en el objeto incorrecto (Hans), y que si hubiera a tiempo identificado cuál era el objeto correcto (Peppina) el resultado hubiese sido otro. Pero, ¿qué cambiaría realmente si Freud interpreta el deseo lésbico por la señora Zellenka? Ida, descubierta en su más profundo secreto, ¿sometería su rebeldía a la superioridad de Freud?, ¿comprendería cómo en realidad no le afectaba que su padre tuviera una amante sino el hecho de que ella también estaba enamorada de la misma persona? En mi lectura del caso, Freud fracasa porque está emocionalmente enfocado en el sujeto incorrecto (la histérica cuyos síntomas debe develar) y desprecia al sujeto correcto (una joven histérica perdida en un folletín incestuoso y abusador), y contratransferencialmente repite la escena de la tienda y la del lago. Quiere, a toda costa, que Ida acepte su beso interpretativo y su violenta propuesta terapéutica.

También se ha especulado mucho en torno a la posible contratransferencia erótica. Ciertamente, una frase, dejada sin continuidad, pareciera revelar más un deseo del analista que de la analizada: «Llegué a la conclusión de [...] que ella quería que yo la besara». Podríamos acompañar la especulación deduciendo que Freud estaba permanentemente sometido a ser espectador de una doble escena primaria (Philip y Peppina; Ida y Hans), en un tiempo en que tampoco «obtenía nada de su mujer», ya que existe la opinión de que el sexto embarazo de Martha los había conducido a una abstinencia forzada, probablemente definitiva, pero mi hipótesis se inclina más por una contratransferencia identificada con Philip y Hans en términos de representar la autoridad patriarcal contra la que se rebela la hija. Ida debe «entrar en razón» dentro del acuerdo masculino que dirige el tratamiento.

Freud, al igual que Zellenka, hace dos proposiciones. La primera, como ya vimos, es la develación de los síntomas basada en la teoría según la cual la sexualidad infantil es la causa general de las neurosis. La segunda es que, si Ida, en vez de darle una cachetada, hubiera aceptado la «proposición» de Hans cuando paseaban en el lago, las cosas se hubiesen resuelto favorablemente. Esta salida terapéutica pareciera sostenerse más bien en la teoría de las neurosis actuales (posteriormente abandonada), es decir, en la etiología sexual de causas actuales (insatisfacción, coito interrumpido, masturbación, etc.) y no históricas (conflictos inconscientes infantiles), propias de las psiconeurosis (histeria, obsesiones y fobias). Durante un cierto tiempo Ida comenzó a hacerse algunas preguntas en su análisis, ¿por qué esperó varios días antes de decir lo que había ocurrido?, ¿por qué después decidió contárselo a sus padres? Freud no acompaña las preguntas, sabe las respuestas: «comencé a darme cuenta de que Herr K. no había considerado su proposición como un mero intento frívolo de seducción». La razón por la cual Ida les contó a sus padres el episodio fue «un deseo mórbido de venganza». Y añade: «una muchacha normal, me inclino a pensar, hubiera resuelto una situación de esa naturaleza por sí misma» (7: 95). Aquí se produce un cambio radical en Freud. Ya no considera que hubo un acoso por parte de Hans, ni que existía en los hechos un acuerdo entre él y Philip. Hans es un pretendiente, no un seductor, y la «muchacha normal» debe arreglárselas sola con la proposición. Curiosamente le produjo bastante molestia que su hija Sophie a los diecinueve años se comprometiera para casarse sin su aprobación; Ida, a los quince, debería por su cuenta saber qué hacer cuando el mejor amigo de su padre le «propone».

Una breve digresión acerca de la relación entre conocimiento, sexualidad y clase social. En 1916 (16: 352-354) Freud considera que las diferencias de clase social afectan la relación de las niñas —y por lo tanto, de las mujeres— con la sexualidad. Supone que las hijas de los proletarios tienen en su infancia un acceso más libre a los juegos sexuales y a la masturbación, y que esto les permitirá acceder a una sexualidad más sana en su vida adulta, en contraste con las hijas de la burguesía que reciben una educación mucho más restrictiva, lo que las llevará posteriormente a conflictos neuróticos con su sexualidad. Si bien este comentario sociológico está localizado en una sociedad y tiempo que no son los nuestros, lo que resulta interesante destacar es la contradicción de Freud. En el caso de Kätherina (2: 125-134), hija de unos posaderos que vivían en el aislamiento de la montaña, y ella misma trabajaba en el establecimiento, ve una «ansiedad virginal» ante el trauma por el abuso sexual del padre a los catorce años; por el contrario, en Ida, la hija de unos burgueses, supone que debería comportarse con libertad ante la seducción de una figura paterna y aceptar como posible esposo al mejor amigo de su padre.

«Su exordio había sido bastante serio; pero no le dejó terminar lo que tenía que decir». Freud quiso saber qué dijo Hans exactamente; Ida sólo recordó esto: «sabes que no consigo nada de mi esposa». Acto seguido Ida trata de regresar al hotel a pie, pero cuando le pregunta a un desconocido por la distancia y éste le contesta que dos horas y media desiste, regresando de nuevo al bote donde encuentra a Hans, quien le pide excusas y le ruega no mencionar el incidente. Al día siguiente, temerosa de que quisiera entrar en su habitación, se encierra durante la mañana, pero, por la tarde, quiere hacerlo de nuevo y la llave no aparece. A partir de entonces se produce un alejamiento y no sabemos más de la situación con Hans. Nueve meses después Ida sufre un dolor abdominal intenso mal diagnosticado como apendicitis y una cojera del pie izquierdo, interpretados por Freud como la consecuencia de la escena del lago: dio un «mal paso» y de allí derivó una fantasía de embarazo que prueba su amor por Hans.

El tema del embarazo es interesante. En la interpretación del primer sueño (la casa en llamas) Freud conecta el peligro del cual su padre debe salvarla con el amor por Hans, y el joyero que la madre quiere salvar con su collar de perlas, de «gotas blancas» que simbolizan el semen. No hay, sin embargo, ninguna alusión al temor del embarazo asociado con el acto sexual, sino la posibilidad de contraer una enfermedad genital. Es curiosa la omisión porque los embarazos indeseados eran una preocupación irresuelta en la época.

Las asociaciones de su última sesión llevan a la cuidadora de los niños Zellenka —la quinta figura femenina de la historia—, una joven con quien Hans mantuvo relaciones sexuales con el mismo argumento de que «no conseguía nada de su mujer». Poco después se olvidó de ella. Cuando la joven se lo comunicó a sus padres, «gente respetable», éstos le dijeron que debía salir de allí inmediatamente, pero como no lo hizo rompieron con ella para siempre. Freud interpretó que Ida se identificaba con esta joven, y su orgullo había sido herido al sentirse tratada igual que una subordinada. No sólo eso. Hélène Cixous (2001: 153) comenta que cuando Zellenka dice «mi mujer no es nada para mí» (la misma frase que utiliza Philip en su entrevista con Freud), Ida comprende que ella será «todo», para después, igual que la cuidadora, pasar a ser «nada». Ida es la mujer que no tolera que la familia y la sociedad se asienten en el cuerpo de las mujeres. «Cuerpos despreciados, rechazados, cuerpos humillados, una vez que han sido usados», como el de la madre. También Froula (1989: 176) advierte que «en su identificación histérica con la institutriz Ida actúa el drama de la feminidad, la creencia inconsciente de que la feminidad, el sometimiento y el rebajamiento son sinónimos».

Freud no escuchó su deseo de tener unos padres que fueran «gente respetable» y la obligaran a dejar esa situación inmediatamente. Fue ella, identificada con esos padres respetables, quien decidió romper con Freud, pero él hizo caso omiso del anuncio de interrupción y continuó su análisis. Ida había esperado que el afecto de Hans volviera a ella y le propusiera las enmiendas ofrecidas, es decir, el divorcio de Peppina. Anhelaba que Hans se divorciara para casarse con ella, y sentía deseos de venganza por su alejamiento. «No tiene derecho de afirmar que el señor Zellenka no tenía esas intenciones con usted», añade Freud, «me ha contado suficiente de él como para apuntar directamente a esa intención. Después de todo no le dejó terminar de hablar y no sabe qué quería decirle». La acusada ha sido sentenciada. No tiene derecho a la demanda porque su demandado es inocente y ella culpable de no haberlo dejado presentar la prueba de su inocencia. Luego añade: «el plan no era de ninguna manera imposible», Peppina aceptaría el divorcio para quedarse con Philip y ella podía «obtener lo que quisiera de su padre». Esto, afirma, hubiese sido «la única posibilidad para todos los involucrados» (7: 108).

Sorprende verdaderamente escuchar esta propuesta de Freud. Interesado en la verdad genética, y no en la histórica, propone ahora, como remedio para las neurosis de todos, una solución pragmática: el divorcio de los Zellenka, el matrimonio de Ida con Hans, y quizás el de Peppina con Philip. Una suerte de *swapping party* que no pareciera ser demasiado cónsono con la moral de Viena en 1900. Si bien, de la misma manera que en el caso de Peppina, no es posible afirmar o negar la posible vinculación erótica de Ida con Hans, lo que no sólo sorprende sino cuestiona la conducta del analista es que insinúe, sugiera, afirme, que «el plan no era de ninguna manera imposible», sin tomar ni siquiera en cuenta las consecuencias familiares. Aquí Freud pone el peso del lado del acuerdo entre Bauer y Zellenka y definitivamente toma partido. Pero, ¿hasta qué punto coincidía con el plan de Philip?

Philip Bauer, obviamente el dueño del tratamiento, después de la interrupción visitó a Freud varias veces diciéndole que Ida estaba muy entusiasmada por volver. Freud no le creyó. Si tantas hipótesis han sido hechas, hagamos una más: ¿Fue ella la que no quiso volver al tratamiento? ¿No sería que hizo algún comentario sobre las posibilidades de divorcio y matrimonio insinuadas por Freud, y a Philip la idea de un escándalo le pareció más allá de sus planes? Lo cierto es que Ida regresó por su propia voluntad quince meses después para encontrar a un Freud demasiado herido como para aceptarla de nuevo.

CINCO AÑOS DESPUÉS

Freud escribe el epílogo (7: 112-122) en el que vuelve a explicar sus motivos para publicar el caso y a insistir en lo fragmentario y breve del mismo, concluyendo que el fracaso se debió a que «no logró dominar la transferencia a tiempo». En tanto Ida lo comparaba conscientemente con el padre y trataba ansiosamente de saber si era sincero con ella, y también lo comparaba con Hans, Freud se recrimina no haberle preguntado si había observado algo que la llevara a sospechar en él malas intenciones; no lo hizo —argumenta— porque pensó que «tenía mucho tiempo por delante», y ella se vengó abandonándolo, del mismo modo en que Hans la había abandonado a ella. Esta explicación de la interrupción prematura del tratamiento ha sido infinitamente repetida a lo largo de los estudios posteriores del caso. Si Freud mismo dio cuenta de la causa de su fracaso, los analistas estaban obligados a aceptarla. Que Ida transfiriera sus sentimientos y temores en una figura paterna no parecería sorprendente, lo que queda preguntarse es si la única razón por la cual Freud no los señaló era porque «tenía mucho tiempo por delante». En la última sesión, cuando Ida le anuncia que no volverá, Freud continúa con el análisis de los contenidos del sueño, que había relatado al empezar la sesión, y que aparece en el historial como el capítulo «El segundo sueño», omitiendo por completo el hecho de que la paciente le acaba de comunicar que el tratamiento terminaba en aquella hora. No había en ese momento razones para pensar que «tenía tiempo por delante», y, sin embargo, desatendió por completo la situación. «Quizás hubiera retenido a la muchacha en el tratamiento si hubiese representado un papel, si hubiese exagerado la importancia para mí de que permaneciera, y hubiera mostrado un cálido interés personal en ella». No lo hizo así porque prefirió contentarse con las «humildes artes de la psicología» y respetar «los límites de la influencia psicológica» (7: 109).

¿Era ésta la verdadera situación? Freud no dudó en extender «los límites de la influencia psicológica» con otros pacientes (Elisabeth von R, el Hombre de los Lobos, Loë Kann, por nombrar algunos). ¿Por qué en este caso mostró tan severo respeto de la técnica? Decir que hubiera debido «exagerar» la importancia o «representar un papel» ¿no equivale a confesar que verdaderamente la muchacha no le interesaba demasiado, a no ser como portadora de un cuadro clínico que quería explicar en todo detalle?

Por otra parte, la transferencia de Ida no fue negativa desde el comienzo. Freud comenta que descuidó los primeros signos de la misma «a causa de la rapidez con que Dora puso una parte del material patógeno a mi disposición». Ciertamente la lectura del material de las sesiones muestra claramente que Ida expone sus síntomas, sus sueños, y responde a los pedidos de asociación que el analista le demanda, todo lo cual indica una transferencia dirigida a un sujeto-supuesto-saber, en otros términos, una transferencia positiva que no logra sostenerse en la medida en que la paciente no se siente ayudada. Y, sin embargo, no podría aseverarse que Ida no percibió algún alivio con el tratamiento. Cuando regresa lo hace voluntariamente, lo que hubiese constituido un elemento muy favorable para la continuidad del análisis. Su preocupación constante por la relación de su padre y Peppina así como sus ataques habían cesado, su estado de ánimo era mucho mejor y estaba concentrada en su trabajo (no sabemos a qué se refería, probablemente a las conferencias y otros estudios que había abandonado durante la fase aguda de los síntomas). Tenía un nuevo síntoma, una migraña facial que se manifestó poco después de haber presenciado un accidente de tránsito que sufrió Hans (ocurrió que se encontraron en la calle y él quedó absorto mirándola, de modo que se distrajo y fue derribado por un carruaje). Freud está de nuevo más interesado en él mismo que en la paciente. Lo que aparentemente ha movido a Ida a esta nueva consulta es el hecho de que leyó en la prensa una noticia acerca de su nombramiento como profesor. De este modo la migraña cumple un doble papel, es el síntoma con el cual se castiga por haberle dado a Hans una cachetada y por transferir a Freud sus sentimientos de venganza.

Una vez más Ida aparece como sujeto en tanto culpable. Son sus sentimientos vengativos los que inducen su regreso. Sorprendentemente, después de haber construido las hipótesis de la transferencia negativa paterna, el amor por Peppina, y su complejo vengativo, Freud rebaja los motivos de la interrupción a un problema de celos con otra paciente, o quizás a un asunto de dinero, explicaciones en las que no ahonda, y terminan por ser un alegato banal. ¿Qué problema económico tenía Ida con un padre solvente y aparentemente muy interesado en el tratamiento? Sin embargo, añade un comentario que no puede dejarse de lado.

> Un factor inherente a la naturaleza del caso impidió que los resultados fueran como los que se logran en otros casos [...] El curso de los acontecimientos es muy diferente cuando los síntomas se han alistado al servicio de motivos externos, como ocurrió con Dora durante los dos años precedentes (7: 115).

Esta afirmación permite dos interpretaciones: por un lado la que ya fue consignada por él mismo como los beneficios secundarios que los síntomas le proporcionaban, entre otros, lograr su propósito de separar a su padre de Peppina. Pero también es una afirmación indirecta de que los sufrimientos de la paciente no obedecían exclusivamente a sus conflictos internos sino a su posición en el folletín familiar, que durante más de dos años había estado presionando sobre ella.

Quisiera sugerir que el tratamiento, a pesar de todo, ayudó a Ida a enfrentar esos «motivos externos». En el epílogo Freud relata la visita de pésame que Ida hace a los Zellenka con motivo de la muerte de su hija Clara. En ese encuentro, que transcurrió «como si nada hubiera sucedido en los últimos tres años», Ida confrontó a ambos con lo ocurrido. A Peppina le dijo: «sé que tuviste una relación con mi padre», sin que ella lo negara; a él le exigió que admitiera lo ocurrido en la escena del lago. Entonces «llevó a su padre las noticias de su reivindicación». Después no volvió a verlos hasta que ocurrió el accidente de Hans, que le produjo un «susto violento» derivado en una crisis de afonía por seis semanas. Benjamin (2001: 39) considera que el sujeto que habla debe por un momento identificarse con el otro sufriente, y la adquisición del discurso por parte del otro sólo puede proceder por identificación con el sujeto que habla. No pareciera Freud, en este caso, haberse identificado con el otro sufriente, pero sí Ida con el que habla.

Cuando Ida *habla* con los Zellenka y pone en simples frases la médula del folletín, es decir, el círculo de seducciones en el que había estado entrampada, se apodera del discurso, y al obtener de ellos una confirmación se siente autorizada y reivindicada. Este empoderamiento de Ida fue rechazado por Freud y por los analistas posteriores que vieron este acto como una venganza más. Ida debe permanecer como objeto de discurso, no es un sujeto de palabra. Sin embargo, fue probablemente el diálogo analítico, aunque a veces perturbador y frustrante, lo que le permitió ejercer la palabra, identificarse con Freud, y ser así ella misma la que puso palabras a los síntomas. Probablemente, al ver el accidente de Hans, pudo, efectivamente, sentir culpa: su palabra había sido dañina, ella no tenía derecho a *hablar*, y se autocastigó con una crisis afónica. Para Erikson (1985) este diálogo con los Zellenka es una llegada a términos entre la verdad histórica y la verdad genética. En su opinión Ida regresa a Freud porque su confirmación de lo ocurrido era una necesidad frente a la denegación que los adultos habían hecho de su propio juicio de realidad. Ahora, dueña de la palabra, podría analizarse. Pero Freud no la perdona. Para él su interrupción del tratamiento fue un despojo, una venganza con la cual le arrebataba lo más preciado. Convencido de que Ida comprendía la importancia que su caso representaba para él, decidió abandonarlo para vengarse. ¿Sabía ella que Freud consideraba que su caso constituía un suplemento a su libro de los sueños?

Aquí revela el analista la intensidad narcisista de su contratransferencia. Revela también que Ida lo había dejado en una posición intolerable: sin palabras. Del mismo modo en que él no había tomado en cuenta su verdad histórica, Ida había despreciado su verdad genética. Después de saldar las cuentas con su propia verdad y por sus propios métodos, es cuando pudiera haber estado dispuesta a escuchar su verdad genética, pero era muy tarde. Por el relato de Deutsch sabemos que Ida continuó su vida aquejada por los síntomas, más bien derivados hacia lo psicosomático y la hipocondría. ¿Hubiera tenido un mejor destino de seguir el tratamiento? Freud no la aceptó porque «una mirada a su rostro fue suficiente para decirme que no era una petición honesta». Quizá fue al contrario, ver a Ida frente a frente lo colocaba de nuevo en la situación de no poder responder con honestidad a su petición.

LA MUJER SIN NOMBRE

En 1920 Freud publica «Psicogénesis de un caso de homosexualidad en una mujer» (18: 147-176). En la introducción comenta que la homosexualidad femenina ha sido descuidada por el psicoanálisis, a pesar de ser su ocurrencia tan frecuente como la masculina. Curiosamente este historial sufrió un destino similar. Es llamativo el absoluto anonimato de la joven y la escasa información que de ella debió proporcionar Freud, al punto que no hemos podido encontrar ninguna referencia en sus principales biografías ni en las crónicas históricas del psicoanálisis.

Aun en brevísimas viñetas clínicas, Freud utilizaba un seudónimo o una inicial para identificar el caso —tradición que se ha mantenido en la discusión psicoanalítica—, pero no en éste. «La joven homosexual», como ha sido comúnmente denominada, aparece reseñada en el Índice de Casos de las Obras completas dentro del apartado llamado «Casos Aislados (sin nombre)» (24: 164-166). El artículo tiene veintisiete páginas, razón por la cual también se incluye en la lista temática correspondiente a «Casos Extensos» (17: 123), así como en la de «Sexualidad» (7: 244-245), y es, por consiguiente, más largo que el estudio de Miss Lucy (veintiún páginas) o Kätherina (diez), y desde luego mucho más que el de Félida X (dos), Fraülein Rosalia H (cinco) o Fraülein Mathilde H (una nota a pie de página), y el joven Arpád (cinco), todos los cuales fueron conocidos con un seudónimo y posteriormente con su verdadera identidad.

Otra particularidad es que Freud no hizo referencia del mismo en ninguno de sus siguientes artículos acerca de la sexualidad de la mujer, ni recurrió a él para ilustrar las observaciones acerca de la homosexualidad femenina, tema bastante tratado como puede verse en el Índice General Temático de sus Obras completas. Únicamente encontramos una nota del editor que, al comentar el artículo de Freud «Construcciones en análisis» (1937b), señala que la técnica reconstructiva histórico-genética fue ampliamente utilizada en el caso (23: 256). Por otra parte, era su costumbre añadir notas o referirse a casos clínicos anteriores para consignar la experiencia que había adquirido con relación a un cierto tema o para apoyar sus hipótesis, y nada de ello ocurrió aquí. No podemos menos que concluir que la joven homosexual no tuvo fortuna a la hora de pasar a la historia del psicoanálisis. Freud no quiso concederle a esta joven ni siquiera una inicial para nombrarla y esta ausencia de nominación se ha perpetuado en la escasa relectura del historial que de él han hecho posteriormente los psicoanalistas, con pocas excepciones. ¿Es acaso que los psicoanalistas pensaron no sólo que se trataba de un caso menor sino que Freud no lo condujo acertadamente? Sin embargo, ¡cuántas páginas no se han dedicado a mostrar sus errores en el manejo de la transferencia con Dora!

Algunas de las menciones son las siguientes: Lacan le dedica varios seminarios en 1957 y en 1963 y 1964, apreciándolo como «uno de los textos más brillantes de Freud, incluso diría que uno de los más inquietantes» (1994: 194). En el capítulo sobre homosexualidad de *Psicología de las mujeres* Helene Deutsch (1974, I: 280-281) se refiere al artículo de Freud con una breve alusión en la que curiosamente relaciona el caso con uno que ella había estudiado y que resultó ser un hermafrodita, lo que la lleva a preguntarse si la joven homosexual de Freud lo era por razones psicológicas o constitutivas. Jones, en su biografía (1964: II: 297-299; III: 51), considera el caso «notable» y «uno de sus grandes historiales clínicos», pero no incluye tampoco ningún dato que nos amplíe el conocimiento acerca de la paciente. Otto Fenichel (1971: 381-385) también consigna una somera referencia en la que considera que la paciente responde «al desengaño en sus deseos edípicos con una identificación con el padre», y, repitiendo más o menos lo ya descrito por Freud, subraya que «utilizaba la homosexualidad como agresión contra el padre».

La escasa bibliografía acerca del caso en la literatura psicoanalítica (no tanto así en los estudios de género) despertó mi curiosidad y me comuniqué con Patrick Mahony, analista de la Sociedad Psicoanalítica Canadiense y erudito investigador de los casos freudianos (ampliamente citado en el capítulo acerca de Dora), en busca de alguna clave, pero su respuesta fue que no tenía información especial. Años después, revisitando la casa de Freud en Viena llamó mi atención una serie fotográfica, desconocida para mí en la iconografía freudiana, que había sido recientemente incorporada a la colección del museo. Estas pistas me condujeron al libro *Sidonie Csillag. «La joven homosexual» de Freud* de Ines Rieder y Diana Voigt (2004), que contiene una documentadísima investigación sobre la larga vida de Sidonie Csillag (1900-1999), elaborada en sucesivas entrevistas durante los últimos años de la protagonista[38]. El psicoanalista lacaniano Jean Allouch advierte en el Prefacio que cuando las autoras quisieron presentar su obra en la Sociedad Psicoanalítica de Viena, si bien el libro tuvo una buena acogida, la propuesta de una discusión pública fue rechazada. La hipótesis de Allouch apunta a que los miembros de la Sociedad de Viena no quisieron discutir sobre lo que Freud no había hecho bien. Interesante también es saber que las biógrafas prometieron a la entrevistada cambiar su nombre, el de su familia, y el de algunas personas próximas, y

38 Todos los datos de su biografía han sido tomados de ese libro.

recurrieron al seudónimo de Sidonie Csillag. La mujer sin nombre permanecerá así por su propia voluntad durante largo tiempo[39].

En la escritura del historial se observa también otra diferencia en el tratamiento narrativo. A pesar de su considerable extensión, Freud introduce un número mucho menor de ilustraciones clínicas que el acostumbrado, anteponiendo la discreción médica que le impide mostrar en amplitud un caso reciente. Jean Allouch (2004: 102) destaca la «apreciable diferencia de presentación clínica, esto es la evacuación de la literalidad», al compararla con otros casos clínicos. El argumento de la discreción no es muy convincente como ya sabemos. La confidencialidad no se hubiese roto por un seudónimo, ni tampoco menciona razones por las cuales fuese más delicada aquí que en otros casos, ni tuvo ninguna cortapisa para hablar de la homosexualidad de muchos de sus pacientes, hombres o mujeres. Desde el punto de vista de la importancia social de la familia, se limita a mencionar su «buena posición», pero Freud tuvo pacientes de mucha mayor jerarquía social. Baste recordar a la baronesa Anna von Todesco (Frau Cäcilie), a la baronesa Fanny Sulzer-Wart (Emmy von N), o a Sergei Pankejef (el Hombre de los Lobos), hijo de grandes terratenientes rusos; y dentro de la comunidad judía, a la que esta joven pertenecía, hubo personas de mayor importancia afectiva y profesional para él como Bertha Pappenheim (Anna O), paciente de su colega y mentor Joseph Breuer; Anna Hamerschlag (Irma), hija de su maestro en cultura judaica; Herbert Graf (Juanito), hijo de su amigo el musicólogo Max Graf; y la propia Dora, de la cual, como sabemos, dio detalladísimas descripciones no sólo de su sexualidad sino de la de sus padres.

39 Allouch (2004: 70) afirma que Kurt Eissler, discípulo de Freud y fundador de los Archivos de Freud en la Biblioteca del Congreso de Washington, mantuvo con ella una extensa correspondencia durante los años 50 y 60, que guardó en los archivos y quedó sellada hasta 2049.

Caben varias hipótesis para explicar el desvanecimiento del caso, por otra parte frecuentemente desvirtuado, ya que su inclusión en los pensa psicoanalíticos suele aparecer bajo el tema de las perversiones y no como parte de los estudios que Freud dedicó a la sexualidad femenina. Con este trabajo orienta de nuevo su interés hacia la sexualidad femenina. Desde Dora (1905b) no había publicado un historial de una mujer, y quizás esta vuelta sobre el tema, que se fue pronunciando en los años siguientes, tenga alguna relación con sus propias hijas; particularmente con el hecho de que su primer análisis de Anna transcurrió paralelamente, de 1918 a 1922. Sophie murió en enero de 1920 y durante ese mes finalizó la redacción del caso, publicándolo en marzo en el *Zeitschrift* (carta a Ernest Jones, 8 de febrero, 1920).

Una conjetura sería que fuese a toda costa indispensable ocultar cualquier elemento que condujera a la identificación de la joven, ya que, como veremos más adelante, el problema de la reputación indeseable de la misma era la causa principal de la consulta. Ciertamente, Freud no quedó contento con el resultado del tratamiento, pero no sería ésa una razón para clandestinizar el historial porque siempre tuvo la honestidad de confesar los fracasos terapéuticos. Es bastante probable que el caso al que se refiere en su correspondencia con Lou Andreas-Salomé (Andreas-Salomé, 1978: 120) sea este del que venimos hablando. Cuando ella le pide ayuda con relación a la homosexualidad de una joven pariente, Freud contesta:

> Justamente he sido incapaz de analizar un caso semejante. Las neurosis obsesivas no son particularmente accesibles a un tratamiento insuficientemente intensivo (9 de marzo, 1919).

Esta mención pareciera sugerir que el tratamiento tuvo lugar entre fines de 1918 y comienzos de 1919, y efectivamente podemos hoy corroborar que se inició en febrero de 1919, con cinco sesiones por semana, y terminó siete meses después (Rieder y Voigt, 2004); de modo que apenas iniciado el tratamiento Freud preveía su imposibilidad. Ya publicado el historial, Lou le comenta que lo ha leído y lamenta su interrupción pues, según su opinión, tras la transferencia negativa se ocultaba la transferencia positiva primaria al padre, a la vez que insiste en la condición *neurótica* (énfasis en la carta) de la paciente (20 de julio, 1920). Volveremos sobre esto más adelante.

Otra hipótesis del silenciamiento sería que Freud no le hubiese adjudicado importancia, lo que es improbable porque el tema de la sexualidad tan manifiestamente presente en la clínica del caso no podía resultarle insignificante, y más tomando en cuenta que, si bien acepta su fracaso terapéutico con respecto a la homosexualidad, declara que «fue posible trazar su origen y desarrollo con absoluta certeza y casi sin ningún vacío y, por lo tanto, reclama cierta atención» (18: 147).

Aunque hay algunas similitudes entre Elisabeth von R, Dora y la joven homosexual, no se observa en la narración de esta última el malestar creciente que experimenta con Dora, cuando echa por tierra sus estrategias de curación, ni la preocupación por conseguir la felicidad para Elisabeth, sin duda su preferida. Jessica Benjamin (2001: 45) comenta que Dora y la anónima joven «revelan más de lo que Freud pretende, un conflicto en el que Freud trata de penetrar la sexualidad de la mujer pero la mujer se resiste o se rebela». En este caso, de entrada, abandona toda esperanza; expresa sus dudas no sólo a los lectores, sino a los mismos padres, a quienes les ofreció «estudiar» a la joven por unas semanas, a lo sumo unos pocos meses, para entonces pronunciar un pronóstico, no tanto de curación como de analizabilidad. En 1919 Freud era un analista experimentado y había perdido la inocencia terapéutica de los primeros años. Como dice André Green (2001: 82), «con Emmy von N era un poco de ciencia y mucha coerción moral». Ahora sabe que el poder moral no es suficiente y que la joven no se ofrecerá tan sumisa a sus sugerencias.

UNA JOVEN DE BUENA POSICIÓN

Antal y Emma Csillag, sus padres, eran judíos, ambos de condición modesta. Emma nació en Viena pero fue huérfana y en su infancia tuvo que emigrar a Lemberg (capital de Galitzia, entonces Polonia) para vivir con unos parientes. Allí conoció a Antal, hijo de un comerciante de Budapest, que trabajó como empleado de los Rothschild, y luego hizo una fortuna importante en la industria petrolera y minera que se acrecentó considerablemente durante la Primera Guerra Mundial. No quería que sus hijos fuesen considerados «judíos del Este», y sufrieran una condición de desprecio o minoridad, por lo que le pidió a su esposa cristianizarlos y encubrir su origen. Después de un período gobernado por los liberales, y en el que se eliminaron las medidas segregacionistas contra los judíos, llegó al poder el partido socialcristiano y aparecieron, a partir de 1882, tanto el establecimiento del antisemitismo como declaración política, como las manifestaciones públicas contra los judíos. La conversión al catolicismo fue muy frecuente entre los judíos, en parte para ganar aceptación y también porque existía la opinión de que era necesario erradicar la identidad judía, como fuente de todos sus males[40]. De acuerdo con Decker:

> Los judíos de clase media habían aceptado la tesis de que la identidad judía era indeseable. En su deseo de integración y aceptación no

---

40 Ésta era la tesis del famoso periodista Karl Kraus, editor de *Die Fackel*, periódico de lectura obligada entre los judíos vieneses ilustrados; Kraus combatió duramente al partido sionista fundado por Theodor Herzl, antiguo editor de *Die Fackel*.

> querían ser recordados que eran judíos, y los Ostjuden [judíos del Este] llamaban la atención por su lenguaje y sus costumbres. Una vez occidentalizados y secularizados, la mayoría de los judíos quería borrar las indicaciones externas de sus orígenes (1992: 155).

Los Csillag llegan a Viena en 1902, y nunca vivieron en el distrito judío; en 1909 se mudan a una de las zonas más elegantes de la ciudad. A pesar de su alta posición económica, por su origen no pertenecían a las familias tradicionalmente renombradas de Viena, y deseaban asimilarse a ellas. En esas condiciones es fácil comprender que anhelaban para sus tres hijos varones, y particularmente para Sidonie, uniones que definitivamente los incorporasen a la alta sociedad vienesa, lo que, finalmente, nunca ocurrió. Antal, por razones de sus negocios, tenía muchas relaciones; Emma, por el contrario, llevaba una vida un tanto aislada. Sidonie, sin embargo, hizo amistades dentro de esos círculos en el colegio y en los lujosos lugares que frecuentaban durante el verano, y fue muy bien aceptada dentro de estas familias notables, sin sentir nunca la menor segregación; fue también amiga de otras jóvenes de origen judío, igualmente cristianizadas (entre ellas una sobrina de Karl Kraus, Marianne, con quien Sidonie tuvo su primera relación erótica).

Por estas razones para Sidonie fue muy difícil aceptar su condición judía, negándose tercamente a abandonar Viena (igual que Freud, por cierto) cuando los nazis tomaron el poder. No parecía comprender que, de acuerdo con las leyes raciales del Tercer Reich, aunque fuese católica, y posteriormente conversa al protestantismo, no era aria. No atendió a los ruegos de su madre y hermanos hasta que se vio obligada a entregar sus joyas y utilizar el nombre común de «Sara», y salió después de su familia, en 1940, iniciando lo que sería a partir de entonces una vida nómada. Vivió en Cuba, adonde emigraron dos de sus hermanos, luego en Estados Unidos, volvió a Europa en 1949, y después, entre

1960 y 1976, residió en Tailandia y Brasil, regresando finalmente a Viena. Durante el exilio, y perdida la alta posición económica que disfrutó en sus primeros tiempos, sobrevivió con la herencia que su padre había colocado fuera de Austria, hasta que se vio en la necesidad de trabajar —algo que siempre rechazó— y desempeñó diversos oficios como dama de compañía, cocinera, institutriz de niños y empleada en una agencia de espectáculos. Una vez de vuelta en Viena vivió como huésped en casa de amigas, y finalmente una de ellas logró situarla en un hogar de mujeres de la asociación católica Caritas. A los noventa y seis años el Fondo de Reparación del Consejo Nacional Austríaco le concedió una pensión en su condición de desplazada por el Holocausto.

Cuando Freud la conoció tenía dieciocho años y acababa de terminar el bachillerato. Fue llevada a la consulta por sus padres a causa de su sentimiento amoroso por una mujer diez años mayor, definida como de «mala reputación» (en el libro de Rieder y Voigt es Leonie von Puttkamer, baronesa perteneciente a la alta nobleza prusiana). Descubierta la situación, la joven no cedía a las amenazas del padre para que abandonara su actitud y buscaba a Leonie permanentemente, enviándole flores y provocando acercamientos con ella en las calles céntricas de Viena donde podía ser escandalosamente vista. De hecho, un año antes de la consulta (Freud anota seis meses), la joven paseaba con esta mujer por una calle cercana a su casa y a la oficina del padre, y se produjo un encuentro. Al respecto hay dos versiones. Freud afirma que la joven vio la mirada encolerizada de su padre, al sorprenderla en compañía de Leonie; Sidonie dice que evitaba cuidadosamente encontrarse con él cuando paseaban juntas, y, al darse cuenta de la presencia del padre, huyó. Luego regresó y le dijo: «Quiero estar día y noche junto a ti, y que lo sepan todos, pero...». La baronesa, molesta por su actitud, no quiso saber más de ella y se alejó. La joven continuó su camino y de pronto se precipitó por un muro que separaba el terraplén de la vía del tranvía. Este accidente, del que se recuperó sin secuelas, la mantuvo en cama varios meses. De acuerdo con Freud fue la mirada furiosa del padre lo que la hizo arrojarse, y según sus biógrafas el padre no la vio, pero ella sí a él, y fue la molestia de Leonie por su cobardía lo que la llevó a saltar. Resulta difícil decidir cuál de las dos versiones es más veraz, pero no resultan incompatibles. Sidonie tenía diecisiete años; se vio apresada entre dos fuegos, la prohibición del padre y el abandono de la mujer de quien estaba enamorada, y la desesperación la llevó al intento suicida. No sería el único; años después, cuando comprendió que la relación con Leonie era imposible, tuvo una actuación similar, ingiriendo veneno, y posteriormente, cuando se comprometió para casarse con un hombre por el que no sentía nada, se disparó con un arma de caza; el proyectil quedó a dos centímetros del corazón. El médico que la atendió en ese tercer intento suicida dijo de ella: «es la típica asexuada».

Después del intento suicida, y de repetidas promesas por parte de Sidonie de que no verá más a Leonie, la madre se entera a través de una infidencia de que la relación continúa y el padre decide la consulta. Freud comenta que «el tratamiento de su única hija [mujer] estaba muy influenciado por la consideración hacia su esposa [...] la pobre estimación de la que el psicoanálisis gozaba en Viena no le impedía buscar ayuda» (18: 149). Su propósito era, en el caso de que el tratamiento fracasara, casarla rápidamente.

Tenemos en este caso uno de los mejores diagnósticos acerca de las probabilidades de curación que deben ser tomadas en cuenta antes de iniciar un análisis. El primer elemento desfavorable que señala Freud lo constituía el hecho de que eran los padres quienes querían el tratamiento y no ella. Un analista, dice, no sin cierto sarcasmo, no es un arquitecto que puede diseñar una *villa* de acuerdo con los gustos y requisitos del propietario, ni tampoco un artista a quien un donante piadoso encomienda pintar un cuadro sagrado, en cuya esquina debe aparecer un retrato de sí mismo en adoración. Por otra parte, estos arquitectos o piadosos donantes eran bastante inconsistentes. La madre «no era fácil de comprender [...] y lo único claro es que no había tomado el enamoramiento de su hija tan trágicamente como el padre ni estaba tan encolerizada»; incluso pareciera que la hija le había hecho confidencias con respecto a su pasión, y se sugiere que no le molestaba la orientación sexual de la hija en tanto eliminaba así a una rival (18: 149-150).

Freud no nos invita a pasar al salón de este hogar, ni añade nada más que nos permita conocer las impresiones de un observador tan agudo de las relaciones domésticas, y tan buen narrador de los retratos de familia. Sabemos poco de la dinámica familiar. Era la segunda de cuatro hermanos, de los cuales no conocemos nada, a excepción de sus edades. Se trasluce una antipatía de Freud hacia la madre, por sus gestos seductores y la ambivalencia para con la hija. El padre, de cuyas actividades profesionales sugiere apenas algunas pinceladas —tenía «una oficina»—, no recibe la misma simpatía y admiración que Freud con frecuencia solía obsequiar a aquellos hombres de mayor ascendencia económica y social que él; se limita a decir que era honesto, valioso, y en el fondo tierno, aunque su dureza con los hijos lo había apartado de ellos. Resalta un comentario con respecto a que la madre vigilaba muy de cerca las relaciones del padre con la hija, lo que sugiere celos de una mujer que Freud considera excesivamente coqueta. Sus comentarios en cuanto a que su acercamiento al padre incomodaba a la madre son corroborados en la biografía.

> Flirtea y coquetea tanto que su hija se consume en vergüenza ajena y repugnancia. Los hombres revolotean alrededor de ella como polillas. Sea como fuere, merienda, cena y se pasea con sus pretendientes como si fuera libre y no estuviera casada [...] E incluso su madre pone trabas a la relación tan cuidadosa y dulce de ella con él [...].

> Tan es así que Sidi se resignó a no acercarse a su padre para no verse en problemas serios con la madre (2004: 57-58).

A propósito es muy significativa una anécdota sucedida en un hotel de verano en la cual Emma negó ser su madre para disminuir su edad frente a un hombre que la cortejaba.

Freud se enfrenta a unos padres que ni están demasiado interesados en el psicoanálisis ni parecen creer mucho en sus bondades. Lo que los tiene a ambos unidos en la misma preocupación es que la joven va a producir un escándalo público de un momento a otro, paseándose por las calles concurridas de Viena con «su indeseable amiga», y molestos porque la joven ha subvertido completamente su autoridad y miente e inventa excusas constantemente para poder encontrarse con su amada. Sidonie, por su parte, promete absolutamente dejar de ver a la Puttkamer, y, para complacer a sus padres, particularmente a su padre, dice estar dispuesta a seguir el tratamiento, aunque le aburrían mucho las sesiones. Por otra parte, Sidonie no había hasta el momento mostrado atracción por ningún hombre y suponían que había estado enamorada de otras mujeres anteriormente. Lacan (1994: 106) da por sentado que se trataba de mujeres mayores, sustitutas de la figura materna, pero no hay sobre ello ninguna alusión concreta en la biografía. El caso actual era más desconcertante porque se trataba de una *cocotte* (prostituta de lujo), al decir de Freud, y no una *cocotte* cualquiera sino «una mujer de sociedad [...] de nombre distinguido [...] y que siendo de buen nacimiento como ella [...] conservaba su nobleza de carácter» (18: 153). Es decir, alguien muy conocido en la sociedad vienesa que, como temían los padres, ponía en juego la reputación de la joven y arriesgaba seriamente la posibilidad de un matrimonio en las altas esferas.

Leonie von Puttkamer no era una persona de carácter tan noble. Había hecho de su belleza y seducción un medio de vida, y vivía con un matrimonio como amante de ambos, lo que le proporcionaba el lujo con el que había estado acostumbrada a vivir y había perdido. Posteriormente dejó a esta pareja y fue la protegida de un conde que le facilitó un apartamento, en el cual ella recibía a sus amantes, a algunas de las cuales les pagaba sus servicios; posteriormente se casó con un hombre de negocios con el que mantenía una relación sadomasoquista, y que más adelante la acusó de intento de homicidio. Cierto o falso estuvo presa, y cuando fue liberada por falta de pruebas se fue de Viena por un largo tiempo con una mujer. Sidonie, la persona que más la ayudó en los problemas judiciales para salir de la cárcel, y luego del país, continuó su pasión un tanto unilateral hasta que la constante promiscuidad de su amada la llevó a la desesperación. En 1924, ya Leonie de regreso en Viena, Sidonie le envió un telegrama, fingiendo que el remitente era el padre, en el cual le pedía que no volviera a verla. Pareciera que, comprendiendo el daño que le causaba aquella situación, hubiese apelado a la autoridad paterna para alejarse de ella. Ocurrió entonces su segundo intento suicida y la relación terminó definitivamente. Sólo la volvió a ver en 1940, cuando en su huida de Europa pasó por Berlín y la buscó. Fue la primera vez que se consumó entre ellas una breve y apresurada relación sexual, que tuvo que ser interrumpida porque la compañera de Leonie las amenazó con denunciarlas a la Gestapo.

Las otras mujeres de las que la joven había estado antes enamorada eran «coquetas, en el sentido común de la palabra», dice Freud, de las que nadie sospechaba una tendencia lésbica, y estos *affaires* habían sido sobrellevados tolerantemente por los padres, que al principio consideraban su inclinación como «una molestia no demasiado seria». La cólera, las amenazas y la preocupación sobrevinieron con el peligro de escándalo y Freud lo sabe muy bien. Comprende que el padre, cuyo breve retrato es el del rico propietario que quiere un arquitecto para diseñar su *villa* de acuerdo con su gusto, es alguien que se siente dueño de su hija y la quiere remodelar. Es el mecenas que ha pagado al artista para ser eternamente recordado con su esposa, inclinado en adoración piadosa, en ejemplo de honestidad, distinción y ejemplaridad. Y todo esto se va al traste porque le ha tocado una hija «viciosa, degenerada o enferma mental». Freud se ve a sí mismo contratado para ser el espejo de la dignidad burguesa, y no dice nada pero es evidente que éste es un padre en el que no cree. Tampoco mucho en la madre, «una mujer todavía joven que evidentemente no estaba dispuesta a renunciar a su propia capacidad de atracción» (18: 149). Indudablemente, en ese breve pero ácido comentario acerca de Emma Csillag, Freud nos muestra una vez más su ideal femenino. Joven o no, una mujer casada debe mostrar otra compostura. Pero, más allá de que, en el fondo, él coincide con la desesperación de estos padres, sabe que su alianza es efímera porque no está basada en la solidez del amor parental. ¿Por qué, si no, hace el siguiente comentario?:

> En resumen, no es indiferente si alguien viene al análisis por su propio convencimiento o si es traído —es decir, si es él quien desea cambiar, o sólo sus familiares, que lo aman (o que uno supondría que lo aman) (18: 150).

Supone, en principio, que los padres aman a los hijos, pero nadie parece haber mencionado alguna preocupación por el destino de esta joven, y el intento de suicidio sólo ha servido para «demostrarles que sus fuertes medidas de disciplina son impotentes» (18: 148). Sabe muy bien las dificultades de un análisis por encargo. O bien el paciente no está interesado, o bien quienes lo encargan pueden no quedar satisfechos con el resultado. Ha analizado mujeres, traídas por el esposo que desea renovar la paz conyugal, y el desenlace ha sido que, cuando ellas se liberan del sufrimiento neurótico, deciden separarse. Freud se ve a sí mismo ridículo pintando la imagen de este hombre en un cuadro sagrado. Muy lejos de intentar convencerlos de las bondades del tratamiento analítico, comunica lacónicamente que va a estudiar el caso, y, cuando poco después se convence de que no hay avance posible en la transferencia, lo finaliza voluntariamente, aconsejando que si «le dan importancia al tratamiento» su continuación debía ser llevada a cabo por una mujer analista, sin tener ninguna confianza en que su consejo será seguido (18: 164). Esta terminación no era una renuncia fácil. En aquel año de posguerra los Freud pasaron un invierno sin calefacción, y él se vio en la necesidad de cobrar en especies (papas o tabacos por psicoanálisis). Los pacientes extranjeros eran su mejor fuente de ingresos, y Antal Csillag, aunque no lo fuese, pagaba en divisas. ¡Diez dólares la hora!, una fortuna.

No podemos saber por qué recomienda la continuación con una analista, pero es sin duda interesante el consejo, cuyas razones considera «obvias», aunque no lo son tanto[41]. Por el momento estamos en el inicio del tratamiento, cuando el analista hace un pronóstico en el que encuentra pocos elementos favorables. No cree en el profundo deseo de los padres de curarla, y la posición de la joven lo descorazona aún más. La han pintado como mentirosa y dispuesta al engaño, y Freud tiene que reconocer que a él no trató de engañarlo. «Es una joven bella e inteligente, de buena posición [...] y no trató de engañarme diciendo que sentía una necesidad urgente de liberarse de la homosexualidad. Por el contrario me dijo que no concebía otra forma de amor», pero, como le duele el sufrimiento de sus padres, está dispuesta a ayudar sinceramente al tratamiento (18:

41 De acuerdo con la investigadora Elke Mühlleitner (2000), en 1919 había cinco, de las cuales solamente Hermine Hug-Hellmuth y Helene Deutsch vivían en Viena (www.querencia.psico.edu.uy).

153). Es tan sincera que le confiesa a Freud que quiere casarse para liberarse de la coerción familiar, y que está segura de que llegará a un acuerdo con su esposo, porque, al fin y al cabo, muchas personas tienen relaciones bisexuales. Freud toma esta disposición sumisa como un elemento positivo, al que puede sumar otros dos: que es genitalmente casta y que la otra mujer no le ha correspondido, sino, al contrario, es más bien fría y le recomienda que se aparte de ella y de las mujeres en general (esto último no lo corroboran las biógrafas). Es decir, no se ha producido una fijación homosexual suficientemente fuerte, y lo que Freud espera es poder descubrir residuos y vestigios de la elección heterosexual de objeto. Ésta es la única posibilidad de recuperar la bisexualidad para poder confrontar al paciente ante la posibilidad de escoger y, por lo tanto, abandonar «el camino prohibido por la sociedad». De resto, no hay conflicto, y sobre todo no hay síntomas ni angustia. «La muchacha no estaba de ninguna manera enferma, no sufría de nada interno, ni se quejaba de su condición» (18: 150-151).

A pesar de la puntual y obligada asistencia de Sidonie a las sesiones la continuación del tratamiento es imposible. Freud considera que es tan difícil volver heterosexual a un homosexual, como lo contrario. Lo único que pudiera intentar, si fracasara la recuperación de la vertiente heterosexual en Sidonie —como supone ocurrirá— sería ayudarla a encontrar mejores vías para su deseo que la pasión por alguien tan desconsiderado como Leonie von Puttkamer. Pero entonces el propietario de la villa no quedaría satisfecho. Lo mejor es enterrar el caso y consignar lo que será posteriormente una de sus grandes interrogantes, ¿qué quieren las mujeres?

Freud escribe con todas las letras:

> [...] la tarea a realizar no consistía en resolver un conflicto neurótico sino en convertir una variante de la organización genital de la sexua-

> lidad en otra [...] Debemos recordar que la sexualidad normal depende también de una restricción en la elección de objeto (18: 150).

Éste es el Freud muy por delante de su tiempo, el Freud que siente el ridículo de ser el empleado eficiente a los fines del buen burgués que paga; el mismo que muchos años atrás, en *Tres ensayos acerca de la teoría sexual* (1905a), había establecido la elección de objeto homosexual como una *variante*, el que acaba de decir que la joven no tiene un conflicto neurótico. Y, si no es neurótica, ¿cuál es su diagnóstico? La palabra *perversión* no ha sido mencionada ni una sola vez. ¿Qué tipo de diagnóstico es uno en el que la curación propuesta es invitarla a «abandonar el camino prohibido por la sociedad»? Freud se encuentra en esta situación como Pilatos: no ve nada malo en esta joven, pero si la sociedad se opone él no será un obstáculo. Quizá cuando le escribió a Lou había llegado a la conclusión de que se trataba de una neurosis obsesiva, pero en el momento de redactar el caso, anuncia que «solamente puede presentar un resumen muy conciso de la historia sexual», y eso es lo que hace. Una historia sexual no es la descripción de una neurosis. Otro tanto había hecho con Dora, aunque con ella no cabían dudas diagnósticas: enamorada o no de la Sra. K., nadie podía negar el intenso sufrimiento sintomático de la paciente.

Desde Dora han transcurrido veinte años y ya ha concluido la epidemia histérica. La mujer sin nombre es una joven vanguardista que vive en un ambiente conservador, pero la audacia que muestra en su pretensión de la mujer de la que está enamorada, las amigas lesbianas que cooperan con ella en su cortejo de Leonie, el futuro que prevé en el cual probablemente se case y llegue a «un acuerdo» con su marido, nos hablan de una personalidad fuera del perfil victoriano para el que Freud sin duda estaba mejor preparado. O mejor dicho, uno de los Freud, porque el otro ha dicho claramente que cambiar una variante sexual por otra no puede hacerse más que apelando al instinto de preservación del paciente y a sus deseos de abandonar el camino que la sociedad considera intolerable. Y, en esa sociedad, él, por supuesto, está incluido. Para uno de los Freud es intolerable que una joven haya aceptado sin ambages una orientación homosexual; para el otro, la mujer sin nombre es la prueba viviente de lo que afirmó años atrás acerca de la independencia entre la libido y el objeto, la prueba de que el objeto sexual no es *ready made*, la prueba de que la elección homosexual de objeto es una de las variantes de la organización sexual, la prueba de que dicha variante no conduce a un ser «vicioso, degenerado o enfermo mental», como piensa el padre, y probablemente la mayoría de sus colegas. La prueba, en fin, de que tenía mucha razón, pero una cosa es tener razón y otra estar dispuesto a defenderla en contra no sólo del consenso social sino de su propia mentalidad. No es lo mismo rogarle a Frau von R que le permita a Elisabeth casarse con su cuñado, que decirle a Antal Csillag que deje en paz a su hija lesbiana. Quizá le hubiese gustado aconsejar que la enviaran a estudiar a otro país (solución que los padres habían pensado pero no era posible por el conflicto bélico).

Ante la desenfadada aceptación de su preferencia erótica, Freud no puede menos que preguntarse por la identidad de la joven, utilizando el recurso retórico muy común en sus escritos de colocar la pregunta en los lectores. ¿Es una mujer con rasgos físicos masculinos? Su homosexualidad ¿es congénita o adquirida? Freud se contesta que, «en ambos sexos, *el grado de hermafroditismo físico es independiente del hermafroditismo psíquico* [énfasis del texto], pero este grado de independencia es más evidente en los hombres» (18: 154). Dicho de otra manera, si un hombre tiene rasgos femeninos, esto es independiente de que su elección sea hetero u homosexual, y puede ocurrir que un hombre de completa mentalidad masculina sea homosexual; en la mujer esta independencia es menor: si tiene rasgos masculinos, lo más probable es que su elección sea homosexual. Avanza aquí su opinión general sobre el asunto: no puede entender que una mujer femenina sea homosexual; la homosexualidad debe comportar una identificación masculina. En el caso concreto de esta joven, Freud no encuentra ninguna desviación evidente del tipo físico femenino ni tampoco problemas menstruales. El comentario, sin duda, expresa que está buscando algún tipo de anomalía en la identidad sexual, pero la muchacha «es bella y bien conformada, aunque, es verdad, es alta como el padre, y sus rasgos faciales eran más bien agudos y no suaves y de niña, rasgos que podían indicar una masculinidad física». Ciertamente, resulta poco convincente la definición de masculinidad basada en estas características. Más interesante es el perfil psicológico en el cual Freud define su ideal de cómo no debe ser una mujer: «Algunos de sus atributos intelectuales también podrían conectarse con la masculinidad: por ejemplo, su agudeza de comprensión y su objetividad lúcida»; aunque inmediatamente añade que «estas distinciones son más convencionales que científicas» (18: 154).

Para uno de los Freud, las mujeres deben mostrarse más cándidas, más enredadas con sus sentimientos, menos capaces de esa comprensión y objetividad racional que él supone características exclusivamente masculinas. Precisamente, las mismas que ya observó en Elisabeth y en Dora, y que evidentemente no le gustaron. Eran mujeres problemáticas.

Con respecto a la identidad de género, su respuesta no es conclusiva. La joven parece femenina, aunque algunos rasgos se salen del perfil, pero, con respecto a la elección de objeto, lo curioso de su conclusión es que la considera masculina, no tanto por la naturaleza del objeto elegido, sino por la manera de amar:

> [...] lo que es de mayor importancia en su conducta hacia el objeto amado es que ha asumido completamente un rol masculino; es

> decir, despliega la humildad y sobrevaluación del objeto sexual, tan característico del amante masculino, la renuncia de toda satisfacción narcisista, y la preferencia por amar antes que ser amado (18: 154).

Queda la tentación de preguntar ¿cuáles son esos amantes que renuncian a todo por el único beneficio de amar a su idealizada heroína?, ¿quién es el caballero que se conforma con amar a su dama, despreciando cualquier satisfacción? Y es que Freud siempre conservará la idea de que la mujer es egoísta, narcisista, infantil, incapaz de renuncia, más débil en sus soportes morales. Curiosamente, no parece haber sido ésta la actitud de su propia madre, ni mucho menos la de su esposa. Es un perfil que pareciera surgir de claves más remotas que la experiencia cotidiana. ¿Un perfil literario? ¿Una idealización del ideal masculino al que se le atribuye todas las virtudes, hasta las amorosas? Virtudes, ¿de qué naturaleza? La idea de que el hombre sobrevalora el objeto de amor, mientras que la mujer no, se trueca en un reclamo que en principio resulta injustificado. ¿No fue el hijo absolutamente preferido de su madre? ¿No fueron sus hermanas sacrificadas a sus propias conveniencias? ¿No le dedicó su esposa una absoluta devoción y sumisión? ¿No contó con la solidaridad e interés permanente de su cuñada Minna? ¿No fue su hija Anna la más fiel Antígona? ¿No fue Lou Andreas-Salomé —la mujer que quería Nietzsche, la mujer que tuvo Rilke— su más consistente admiradora? ¿Qué mayor idealización puede haber recibido un hombre de su propio entorno de mujeres?

Lejos de pensar que Freud es un hombre insaciable en su necesidad de estimación, vemos aquí una marca de cómo están repartidas las cartas en el juego de los géneros que él conoce. Es un hombre educado en una cierta concepción según la cual el hombre elige, el hombre dispone, el hombre es amo en el mercado de los objetos sexuales, pero es también víctima de sus propias prerrogativas. Si la mujer ha sido convertida en objeto por el discurso que le han enseñado a hablar, ha perdido la condición de sujeto deseante. Y es ésa la condición que Freud reclama: las mujeres no parecen desearnos. Nos hemos convertido en objetos de protección, de mantenimiento, obligados a cuidar de ellas. Son egoístas, lo que buscan es un proveedor que las ame y les dé lo que necesitan. Han perdido la idealización del objeto, sólo quieren las más prosaicas virtudes de su hombre providencial. ¿No es eso lo que le dio a entender Frau von R cuando él acudió a rogarle la autorización para que Elisabeth se casara con el cuñado viudo?

La mujer sin nombre le plantea un enigma que ya no abandonará. Las mujeres sí desean, sí pueden comportarse con desprendimiento hacia el objeto de amor, sí pueden idealizarlo. Freud no puede aceptar esto como característico de la feminidad, ni en una elección heterosexual, y mucho menos en una elección homosexual; concluye:

> Ella había, pues, no sólo escogido un objeto de amor femenino, sino también desarrollado una actitud masculina en relación con ese objeto (18: 154).

Pero hay más. La mujer sin nombre habla su deseo. Las mujeres deseamos, le dice, y estoy dispuesta a aceptar los inconvenientes de mi deseo. De todas las mujeres que Freud ha tratado, y son unas cuantas, ésta habla «sin pelos en la lengua». Está acostumbrado a mujeres que sufren intensamente por no poder decir su deseo, ha descubierto qué hacer cuando una mujer es una inválida, atormentada por síntomas histéricos, sumida en una angustia intolerable. Allí, el caballero Freud sale a la salvación de la dama, pero he aquí que esta joven es el resultado, en cierta forma, de su propio discurso. Esta mujer no tiene síntomas a ser aliviados, no tiene secretos encarnados en los síntomas conversivos, no ha utilizado su cuerpo para escribir su sufrimiento. Esta mujer dice exactamente lo que quiere.

Sin embargo, ignora, como todo el mundo, el origen de su deseo, y Freud se dedica con el mismo entusiasmo de siempre a explicárselo; el problema es que ella, por ahora, no está interesada en saberlo.

> El análisis avanzaba casi sin signos de resistencia, la paciente participaba activamente con su intelecto, pero totalmente tranquila emocionalmente. Una vez, cuando le exponía una parte especialmente importante de la teoría, que la tocaba muy de cerca, contestó en un tono inimitable, «¡Qué interesante!», como si fuera una gran dama que, llevada a un museo, contempla con su monóculo objetos que le son completamente indiferentes (18: 163).

Con un tono que parece asomar la ironía por la clase que representan los Csillag, Freud compara esta resistencia a la «inconquistable» táctica rusa. Todo esto estaría muy bien —parece pensar Sidonie, incluso conscientemente— si estuviera obligada a creer lo que este hombre dice, pero la paciente «vuelve inútiles todos los esfuerzos», «me ha transferido su repudio por los hombres». Decide finalizar el tratamiento (18: 164).

Ciertamente, Freud está describiendo la resistencia imposible, la del sujeto que no coloca al analista en la posición de sujeto-supuesto-saber. Si el sujeto en análisis no *cree* en la palabra del analista, no le supone un conocimiento sobre sí mismo, no hay transferencia posible, y por consiguiente no hay análisis. Freud está pensando en la transferencia ambivalente, la del amor-odio, y supone que le ha sido transferido el odio hacia el padre. El asunto aquí es que para que un sujeto *crea* en la palabra del analista necesita demandar un conocimiento del Otro sobre sí mismo, y esta joven, como bien percibió Freud desde el principio, no ha demandado nada. A diferencia de una Dora sufriente que lucha apasionadamente por hacer aparecer su verdad —y cuyo relato es también un diálogo apasionadamente escrito por su analista que lucha por imponer la suya—, Sidonie, por el contrario, sólo ha aceptado aliviar el sufrimiento de sus padres y cooperar con el tratamiento; y eso es lo que hace, desde una fría y educada distancia que Freud registra en una narración igualmente tolerante pero poco comprometida. Pero, por supuesto, eso no es suficiente. Sin la demanda de ayuda no hay análisis, y es imposible esta demanda porque la joven no sufre de síntomas que el analista pueda aliviar; sufre, en todo caso, por la indiferencia de la mujer que ama.

El síntoma a curar, en el que desde luego en este caso no hay un acuerdo entre el analista y la analizada, es el amor homosexual. Freud no trata de combatirlo, sólo quiere explicárselo, y he aquí que la joven tampoco está interesada en la explicación. Ahora bien, ¿está una persona enamorada obligada a conocer las causas de su amor? ¿Le plantearía Freud a una joven enamorada de un hombre que debe, a todo evento, conocer las causas de su deseo? ¿Llevarían los padres a una hija a consulta para que averigüe las causas de su amor por un novio aceptable? Evidentemente no. Cuando esto ocurre es porque el novio, por alguna razón, parece indeseable, y detrás de la búsqueda de explicación late el deseo de que lo abandone. Freud sabe muy bien qué papel ocupa en el cuadro sagrado que el piadoso donante le ha encomendado, pero sabe también mucho de sexualidad, y que «uno no puede convencer al paciente de que si hace el cambio (de objeto) encontrará en el otro objeto el placer al que ha renunciado» (18: 151). Tras el intento de reconstruir la historia sexual de la paciente, se encuentra, por supuesto, el deseo de que abandone la elección homosexual, y se muestra el Freud dividido, que, a pesar de haberla considerado «una variante de la organización genital», no puede menos que tomarla como un síntoma, quizá no con la connotación de vicio, degeneración y enfermedad con que lo ve la sociedad en que está inmerso, pero sí como «la anormalidad de la paciente», y para desentrañarla intenta la reconstrucción que tan poco interés despertó en la protagonista.

No obstante nosotros sí estamos interesados en conocer la teoría que Freud elabora en medio de una misión imposible en la que lleva a cabo lo único que le queda: una autopsia de su vida sexual, que vale la pena releer porque contribuye a delinear su perfil de la condición femenina.

UNA INSUFICIENTE HISTORIA SEXUAL

Aun cuando no puede garantizar que sea una historia completa, Freud encuentra los siguientes elementos en su vida erótica infantil (18: 155, ss.):

a) Actitud normal característica del complejo edípico femenino.
b) Ausencia de traumas sexuales tempranos.
c) Descubrimiento de la diferencia de los sexos en la edad usual (cinco años) con pronunciada envidia del pene.
d) Ausencia de signos de masturbación compulsiva.
e) Nacimiento del segundo hermano cuando tenía cinco o seis años sin consecuencias significativas.
f) Reacción usual (lascivia y aversión asustada) a la información sexual en la prepubertad.

Toda esta información, que considera insuficiente, lo lleva a concluir rotundamente una vez más «que nunca estuvo neurótica y vino al análisis sin un solo síntoma».

A continuación establece la historia de sus elecciones de objeto:

a) Hacia los trece años desarrolla una afición, juzgada exagerada por la opinión general, hacia un niño de tres años, de la cual se infiere un intenso deseo de maternidad (este dato no aparece en la biografía).

b) A los dieciséis años nace el tercer hermano, evento que Freud considera traumático y produce un cambio de elección, dirigiéndose ahora hacia mujeres de treinta a treinta y cinco años, madres y amigas de la familia[42].

c) Poco después comienza la relación con Leonie. Freud considera que reúne características físicas y psicológicas similares a las del hermano mayor, y reúne, por lo tanto, un ideal masculino y femenino, a la vez que una elección hetero y homosexual[43].

La psicogénesis de la orientación homosexual remite al evento traumático del nacimiento del último hermano que ocurre cuando la joven está reeditando la situación edípica con el padre, lo que la lleva a experimentar una grave decepción por no ser ella la mujer elegida. Esta decepción causa un repudio general a la masculinidad, que incluye la transferencia, y por esta razón Freud aconseja una analista mujer. A ello se añaden dos factores significativos en el mantenimiento de la elección homosexual: con respecto al padre, un sentimiento de venganza y desafío; con respecto a la madre, una retirada de la rival en favor de las apetencias de la madre por seducir a los hombres.

Freud considera que en el cambio de elección de objeto se ha operado un desplazamiento de la libido en varios sentidos. Primero, una identificación con el padre como objeto amado y

42 Lacan dice que tenía quince y Fenichel atribuye gran importancia a que este nacimiento ocurrió durante la pubertad. La insistencia en rebajar su edad parece obedecer a la teoría freudiana de que el Edipo se revive en la pubertad. En realidad Sidonie había cumplido diecisiete.

43 No podemos encontrar ninguna descripción que indique que las características físicas de su hermano mayor fuesen similares a las de Leonie von Puttkamer. Por el contrario, en cuanto a las psicológicas este hermano fue un hombre muy consistente y fiel con sus afectos familiares, a diferencia de la utilización emocional que Leonie hizo de la relación con Sidonie.

perdido, y, segundo, la sustitución del padre como objeto de amor por la madre, pero, dado que la madre real era muy hostil con ella y abiertamente prefería a los varones, «surgió de esta transformación de los sentimientos la búsqueda de una madre sustituta a la que pudiera vincularse apasionadamente». Estos desplazamientos son comunes en la vida erótica temprana de los neuróticos.

> [...] con nuestra paciente, que no era *de ninguna manera neurótica*, tuvieron lugar en los años siguientes a la pubertad, aunque, fueron igualmente inconscientes (18: 158, n. 2) [énfasis nuestro].

Es verdaderamente notable la insistencia de Freud en negar la neuroticidad de la paciente, punto que ya vimos fue discutido por Lou Andreas-Salomé, y con toda razón, ya que el hecho de que no hubiese una neurosis clínica no indica la ausencia de una estructura neurótica. Lo que Freud probablemente quiere señalar es que los desplazamientos de la libido que observa en el examen de su historia, tanto en la elección de objeto como en las identificaciones, son los que ya había descrito dentro de su teoría general de la vida erótica, y que no necesariamente conducen a la formación de síntomas. La otra hipótesis que explicaría esta insistencia pudiera estar en razón de su fracaso terapéutico. Como expresa al final:

> No le corresponde al psicoanálisis resolver el problema de la homosexualidad. Debe contentarse con revelar los mecanismos psíquicos que determinan la elección de objeto y con reconstruir los caminos que, a partir de las disposiciones pulsionales, conducen hasta ellos. Ahí termina su trabajo, y deja el resto a la investigación biológica (18: 171).

Y eso fue lo que hizo, y aún más, porque, en la medida en que no encontró que los elementos de la historia sexual eran suficientes para determinar la homosexualidad, concluyó que existían «factores especiales que movieron la balanza, factores extraños al trauma, probablemente de naturaleza interna» (18: 168). En cierta forma, no parece quedar muy convencido con su propia hipótesis de que el nacimiento del hermano fuese el acontecimiento traumático que desencadenó aquella pasión. La predisposición constitucional de la joven era no sólo una causa general del problema que siempre Freud había señalado en su teoría de las series complementarias, sino la mejor razón por la cual no le era posible hacer nada por ella. Pero no es el éxito o fracaso terapéutico, siempre tan azaroso, el interés de esta relectura, sino la visión de la condición femenina que se sugiere, y para completarlo es necesario avanzar en otros aspectos del caso.

La historia sexual termina siendo insuficiente porque lo que Freud traza es el diseño de sus relaciones de objeto y las identificaciones. El deseo que mueve la elección de objeto sexual se encarna en el fantasma. Es a partir de la constitución del fantasma de donde podemos inferir la elección erótica, y del caso en estudio nada sabemos. Sólo tenemos el resultado manifiesto, lo que la joven dice de sí misma.

En su historia sexual lo que Freud describe es el establecimiento de las dos corrientes eróticas, y el balanceo de una a otra, de acuerdo con las vicisitudes que se van planteando. Finalmente, la homosexualidad femenina queda como resultado de una decepción amorosa con el padre, como un fenómeno vicario, secundario y restituible. Pero estos dos elementos, la duplicidad de la corriente erótica y la decepción edípica, no parecen ser elementos suficientes para establecer un deseo homosexual. En primer lugar por su generalidad. El complejo de Edipo completo, en ambos sexos, supone la doble corriente y la decepción edípica, que en las niñas, tal como Freud lo señala, es muy frecuente. Hace falta algo más para establecer el deseo, hetero u homo, y eso que falta no es otra cosa que el fantasma, a qué objeto se dirige, con qué objeto está construido.

En este caso, al igual que en Dora, el deseo sexual se intenta explicar a través de las relaciones de objeto y las identificaciones, muy a diferencia del Hombre de las Ratas, el Hombre de los Lobos y Juanito, casos donde Freud describe el fantasma masculino. Si bien el desarrollo del concepto de fantasma es un aporte de Lacan, su origen está en Freud. Precisamente en «Pegan a un niño» (1919), artículo simultáneo a este caso, describe los fantasmas de una niña (atribuido al análisis de su hija Anna). Es el fantasma de la joven homosexual el que no queda representado, apresado en su particularidad, y cuando lo intenta, como veremos más adelante, lo hace desde el modelo masculino.

SIEMPRE ESTUVE ENAMORADA DE LA BELLEZA

En la explicación de la decepción traumática sobrevenida a consecuencia del nacimiento del hermano, Freud describe su repudio del padre, y de la masculinidad en general, como un rasgo que ya había observado en algunos hombres cuando se sentían despechados, e incluso en la causación de la homosexualidad masculina. Esta pérdida imaginaria del padre que la joven experimenta al comprobar que es la madre, y no ella, quien tiene relaciones sexuales con él, y quien recibe el hijo, se resuelve aquí en la identificación con el objeto. Para explicar el tipo de elección, recurre a su artículo «Un tipo especial de elección en el hombre» (1910)[44]. De momento lo que resulta significativo es cómo, al no poder establecer una explicación que le resulte satisfactoria para comprender la homosexualidad en la mujer, necesita hacer surgir en ella la identidad masculina. Ésta es, por otra parte, una de las problematizaciones mayores de la teoría

44 Este artículo es fundamental para comprender el juego de los géneros que Freud sostenía y será considerado extensamente más adelante.

freudiana de la mujer, como es la de partir de un solo sexo, el masculino, para explicar ambos. La ausencia de representatividad propia del sujeto femenino, que lo lleva recurrentemente a delinear a la mujer «como si» fuera un hombre, aparece muy dramáticamente expresada en este caso.

En síntesis, en el artículo acerca de la elección masculina de objeto, Freud plantea que algunos hombres sólo pueden desear a mujeres que tienen mala reputación sexual, prostitutas o de costumbres rechazadas por la sociedad, y que esta condición se imprime como necesaria en su elección, cuando, por el contrario, en la mujer la condición necesaria del deseo es la prohibición. Siguiendo al pie de la letra estas ideas, llega a la conclusión de que éste es el caso de la joven, ya que la mujer de la que está enamorada es de mala reputación. La vida sexual de esta mujer, dice Freud, incluía el «vivir a costa de sus favores corporales», hecho éste que la joven llega a conocer posteriormente, y que le produce «una gran compasión y planes y fantasías de 'rescatarla' de tan innobles circunstancias» (18: 161). Éste es precisamente el fantasma fundamental que Freud encuentra en la dinámica de los hombres que eligen mujeres de mala reputación. Para apoyar su hipótesis, anota que una de las mujeres de las que había estado enamorada la joven era una actriz que había conocido en un *resort* de verano (este dato no es corroborado en la biografía). Hay en esto mucho que releer.

En primer lugar, Freud omite que, en las elecciones de objeto de la joven, el interés por mujeres, de edad similar a la de su propia madre, era dirigido hacia amigas de la familia, de las cuales no había ninguna sospecha de mala reputación. En segundo lugar, las mujeres «no especialmente celebradas por su estricta decencia» incluyen a las «coquetas», y muy especialmente a la que motivó la primera protesta del padre: la actriz. Es bastante fácil ver aquí un prejuicio hacia ciertas profesiones o ciertas actitudes de libertad sexual que entra muy bien dentro del perfil victoriano de las costumbres morales. Freud trata de hacer calzar «la condición necesaria para amar» en el hecho de que la mujer fuese una mujer caída a los ojos de la moral pública, lo cual efectivamente coincide con Leonie pero no con sus posteriores elecciones. Naturalmente, Freud no supo de ellas. Lo más significativo es que considera como típicamente masculinos los deseos de rescatarla del comercio sexual, «al que estaba forzada por adversas circunstancias familiares», según Sidonie (18: 153). He aquí el comentario más revelador del pensamiento freudiano en cuanto a la valoración moral de las mujeres: no pueden amar sino de una manera egoísta, narcisista, y esperando ser amadas. No concibe que una mujer, homosexual o heterosexual, sea solidaria con otra, que quiera ayudarla a salir de circunstancias adversas, que encuentre en ello una causa. Sólo a un hombre se le ocurre ese tipo de acción noble. Coherente con su teoría social expresada en *Tótem y tabú* (1913), los lazos de solidaridad son homosexuales masculinos, entre hombres. Si la joven quiere ayudar a su amada, es porque está identificada con un hombre.

En esta identificación masculina Freud retrotrae la historia sexual para buscar sus antecedentes y concluye que «había arrastrado desde su infancia un marcado complejo de masculinidad». Las características para ilustrar esta afirmación son: «una niña llena de energía, siempre dispuesta a retozar y luchar, no estaba preparada para ser segundona de su hermano ligeramente mayor» (18: 169). La energía, la actividad, la capacidad de lucha son cualidades masculinas para Freud. El principio de la feminidad es el principio de la pasividad; el principio de la masculinidad es el principio de la actividad. La mujer es un ser desvitalizado, desde luego no competitivo, no disponible para el riesgo o la rivalidad. Como hemos visto en los casos de Elisabeth y Dora, la actitud activa por parte de la mujer recibe siempre una connotación masculina y, por lo tanto, desacreditadora de su identidad.

> Había desarrollado una pronunciada envidia del pene y los pensamientos derivados de esta envidia continuaban llenando su mente. *En realidad era una feminista*; consideraba injusto que las niñas tuviesen menos libertad que los varones y se rebelaba contra el destino de las mujeres en general. En la época del análisis la idea del embarazo y el parto le era desagradable, en parte, *conjeturo*, que a causa del desfiguramiento corporal vinculados con ella (18: 169) [énfasis nuestros].

Encontramos, sin embargo, un cambio en la apreciación de la educación de las mujeres. Tanto Dora como la hermana del Hombre de los Lobos solamente pudieron acompañar a sus hermanos, de los que tan cerca estuvieron en la infancia, por un corto tiempo, ya que no les era permitido continuar otros estudios, como hubiese sido su deseo. También Elisabeth von R tuvo que frustrar sus aspiraciones musicales. En esos casos Freud no menciona nada acerca de la educación discriminatoria de las jóvenes. En cambio en éste nos dice que el enamoramiento había absorbido por completo su mente y no se preocupaba por continuar adelante sus estudios. El paso del tiempo había marcado una diferencia en las expectativas educacionales de las mujeres, y Sidonie tuvo más oportunidades que sus antecesoras; sin embargo, una vez terminado el colegio, fue ella quien no tuvo interés en emprender actividades educativas o laborales. Aceptó, años después, realizar unos cursos de comercio, pero sin el menor empeño, y de nuevo para complacer a su padre. Trabajó por primera vez a los cuarenta y cinco años, en Cuba, cuando los hermanos le hicieron comprender que había agotado la parte de su herencia, y lo hizo a disgusto porque sentía un gran rechazo a no disponer de su tiempo. No fue una feminista reivindicadora de su derecho a realizarse en el mundo público, sino más bien una mujer que quería disponer de la máxima libertad posible. Sus quejas con respecto a sus hermanos no eran a causa de que no podía continuar estudiando sino porque ellos gozaban de mayor libertad para salir a la calle.

La actividad de la mujer, la actitud combativa, aquella que busque un cambio de situación, tiene para Freud una condición moralmente negativa, opuesta a las virtudes de la conquista y la superación que adjudica al género masculino. La mujer que no quiere aceptar su destino, tal como está trazado, es porque envidia un pene. Por otra parte, el repudio de la maternidad tiene para él una sola suposición: el daño narcisista que la mujer teme en su cuerpo. Cabe, desde luego, esta conjetura, pero cabe otra también: el rechazo a una condición que impida su libertad, muchos años antes igualmente expresado por Elisabeth. Esta conclusión a la que llega Freud, de que «en realidad era una feminista», es, si se quiere, una triste conclusión para él. No fue un analista que ocultase fácilmente sus sentimientos hacia sus analizados, y el retrato de la mujer sin nombre es quizá problemático desde nuestro punto de vista, pero idealizado desde el punto de vista freudiano:

> Era después de todo una muchacha bien educada y pudorosa, que había evitado las aventuras sexuales y que consideraba antiestéticas las demostraciones crudas de la sexualidad (18: 161).

Freud se apoyaba aquí en las palabras de la joven que rotundamente negaba querer un contacto sexual con la mujer que amaba, rechazo que su vida posterior confirmó. Lou Andreas-Salomé estaba en lo cierto cuando mencionó la corriente amorosa hacia el padre y la neurosis de la paciente. Aunque educada, al igual que sus hermanos, con mucha distancia de los padres, Sidonie quería mucho a Antal, y su muerte en 1931 fue un duro golpe para ella. Por otro lado, su deseo homosexual estuvo siempre coartado por una intensa fobia sexual. Otros amores posteriores, particularmente el que Sidonie consideró el más importante, se dirigieron a mujeres que no necesitaban para nada ser «rescatadas», y se vieron frustrados porque, como señala Jean Allouch, «... la relación debía mantenerse en un registro que era aquel donde Sidonie Csillag ejercía ejemplarmente y de manera excelsa su dominio, en el registro del amor» (2004: 76).

Su gran motivo era la belleza sin sexo. Las biógrafas comentan que sentía asco y repugnancia por el encuentro sexual más allá de un leve roce, y que sabía que «se vio privada de placer en muchos sentidos».

> Siempre que todo estaba por funcionar, se me pasaba. Llegué a ser así por mi madre. Todas las mujeres eran enemigas para ella. Recién cuando se dio cuenta de que algo en mí no estaba bien, fue más amable conmigo. Cariñosa fue recién al final, cuando tomaba pastillas, ahí hasta llegó a decirme que tengo ojos bonitos.
> [...] Siempre estuve enamorada de la belleza. Una mujer bella es siempre un placer para mí, y eso seguirá siendo así hasta el fin de mi vida (2004: 389).

Su primer encuentro con Leonie von Puttkamer ocurrió cuando tenía diecisiete años y Leonie veintisiete, en una estación de verano donde Sidonie y sus hermanos pasaban una temporada con la institutriz mientras su madre se recuperaba del último parto. Quedó deslumbrada por su belleza y emprendió, junto a una amiga, una investigación para averiguar quién era. Supo entonces que Leonie mantenía relaciones con mujeres, pero ignoraba las condiciones de su vida. Una vez en Viena, con la complicidad de otra amiga, precisó dónde vivía y comenzó a seguirla hasta que finalmente se presentó ante ella como su admiradora. El cortejo platónico fue la característica principal de su realización amorosa, como si hubiese buscado en otras mujeres la belleza que reflejara la suya, y encubrieran así el vacío narcisístico que la madre había dejado. Esa seducción pura (puritana, pudiéramos decir) que cultivó hasta sus últimos años fue también la causa de que ninguna de sus relaciones se estabilizara, y propició el abandono de sus enamoradas.

Freud no pudo saber de su intensa fobia sexual. Atribuyó su inocencia a su edad y a la actitud despreciativa de Leonie, ambas cosas ciertas en aquel momento. No observó que la interpretación según la cual deseaba un hijo del padre le produjo a Sidonie un absoluto rechazo, porque se sintió ofendida y maltratada por lo que le pareció una conclusión aberrante. Sus últimos recuerdos del profesor Freud fueron muy negativos. Rabia y desprecio hacia alguien que no la había entendido. «¡Era un cretino, no tendré remordimientos en decirlo!».

COMENTARIOS A LOS COMENTARIOS

Ya señalamos que Lacan revisó el caso de la joven homosexual en distintas oportunidades (en 1957 le dedica tres seminarios; vuelve en 1963 en el seminario «La angustia», y lo comenta brevemente en un seminario de 1964). En «La primacía del falo y la joven homosexual» (1957) apoya la teoría freudiana de que la homosexualidad se instala como consecuencia de la decepción de la joven cuando es su madre, y no ella, quien recibe un hijo del padre.

> Cuando la chica cae puente abajo hace un acto simbólico, que no es sino el *niederkommen* de un niño en el parto. Este es el término en alemán para decir ser parido (1994: 108).

La palabra utilizada por Freud para «caer» en la vía del tranvía es *niederkommen*, que, efectivamente, significa «parir», «dar a luz» en sentido metafórico y más común (aunque ya poco usado), y «llegar abajo» en el sentido más literal. Su antiguo uso se relacionaba con «caer del cielo», o «caerse del caballo», o «caer en cama», y de allí pasó al eufemismo de parir, y poéticamente «caer en el olvido» (como pareciera haber ocurrido con su historial). La interpretación freudiana sigue la acepción de dar a luz; Sidonie quisiera ser la parturienta del hijo del padre, lo que la colocaría en una posición edípica femenina: desear ser la mujer del padre, pero, a través del acto suicida, también expresa su odio hacia los padres, y cambia su identificación como mujer del padre por la de ser ella misma el padre. Para Lacan, en «Dora y la joven homosexual» (1957):

> Lo que la chica demuestra aquí a su padre es cómo se puede amar a alguien, no sólo por lo que tiene sino literalmente por lo que no tiene, por ese pene simbólico que, como ella sabe muy bien, no lo va a encontrar en la dama, porque sabe perfectamente dónde está, o sea en su padre, que no es por su parte impotente (1994: 147).

Aunque esta interpretación nos recuerda la utilizada en el caso Dora, más adelante en «El sujeto de la certeza» (1964) precisa algunas diferencias:

> Freud no podía ver entonces [...] que el deseo de la histérica —legible de modo clarísimo en la observación— es sostener el deseo del padre, en el caso Dora sostenerlo por procuración [...] es en el deseo del padre donde la homosexual encuentra otra solución —este deseo del padre lo desafía (1973: 38).

Estas interpretaciones coinciden, efectivamente, con Freud en cuanto a que el deseo sólo puede sustentarse fálicamente, en identificación con el padre. Lacan en «La primacía del falo y la joven homosexual» (1957) corrobora:

> Cuando dice que esta elección objetal responde al tipo propiamente *mannliche* (masculino) y explica lo que quiere decir con esto, Freud

> subraya admirablemente y articula con un relieve extraordinario que se trata del amor platónico en su mayor exaltación. Es un amor que no pide más satisfacción que servir a la dama. Es verdaderamente el amor sagrado, por así decirlo, o el amor cortés en su aspecto más devoto [...]
> Es el punto más extremo del amor; en el amor más idealizado, lo que se busca en la mujer es lo que falta. Lo que se busca más allá de ella misma, es el objeto central de toda la economía libidinal, el falo (1994: 111-112).

Hay en esta argumentación una cierta reverberación. Desea un hijo del padre porque desea el falo-hijo, pero, en tanto no lo obtiene ella sino su madre, se identifica con el falo. Es decir, que si busca al hombre busca el falo, y si busca a la mujer también. No podemos menos de subrayar una vez más el carácter falocrático con que queda inscrita la mujer dentro del deseo. Por otro lado es necesario considerar también el episodio de los sueños mendaces. Freud relata que Sidonie relató algunos sueños cuyos contenidos expresaban la alegría de encontrar el amor de un hombre y sus futuros hijos. Le interpretó que pretendía engañarlo del mismo modo que lo hacía con el padre y los sueños desaparecieron; dice Freud «los sueños expresaban parcialmente el deseo de ganar mi buena voluntad, quizá para decepcionarme más adelante» (18: 165). Encontraba en ellos dos intenciones: traicionar y agradar al padre al mismo tiempo, y a él en la transferencia. La versión de Sidonie es un tanto diferente. De acuerdo con sus biógrafas no recordaba sus sueños, pero ante la insistencia del analista, «le cuenta a Freud sus encuentros con Leonie en forma de sueños». De modo que, en cualquiera de los dos casos, eran sueños mendaces con el propósito de complacer a Freud y ser liberada del tratamiento. No constituye esto necesariamente una transferencia negativa, pareciera obedecer más bien a una ausencia de transferencia; a una resistencia por parte de la paciente a reconocer un sujeto-supuesto-saber y situarse en la posición de demanda de ese saber. Lacan (1994: 105) enfatiza el carácter desafiante y provocador de Sidonie: «El hecho de que eso enfurece absolutamente al padre constituye sin lugar a dudas un motivo para la chica». En nuestra opinión Sidonie pretendía algo imposible, satisfacer al padre (y a Freud, por lo tanto), al mismo tiempo que sentirse libre para hacer como quería.

Pero la noción de desafío es fundamental para la interpretación lacaniana, opinión que ya había sostenido desde 1964 en «El sujeto de la certeza»:

> Realicen la observación y verán el carácter de provocación evidente que ofrece la conducta de esta joven, que, uniéndose a esta *demi-mondaine* [sinónimo de *cocotte*], muy conocida en la ciudad, no cesa de establecer los cuidados caballerosos. Lo que hace la homosexual en su sueño, al engañar a Freud, es también un desafío que concierne al deseo del padre [...] Es el desafío bajo la forma de la irrisión (1973: 38-39).

Luce Irigaray (1977) expone el caso en términos de economía libidinal, y del mercado de mujeres, considerado por Lévy-Strauss como la primera operación económica: el intercambio de mujeres que da origen al intercambio cultural («He recibido una mujer, debo una hija»). Esta tesis se emparenta con la freudiana acerca del protopadre y la lucha por la dominación de las mujeres expresada en *Tótem y tabú*. La aproximación de Irigaray se sitúa en el ángulo de la crítica marxista según la cual la mujer aparece bajo el signo de la mercancía, como valor de cambio. La homosexualidad, concretamente, interviene en el mercado como mercancía «prostituida al fantasma masculino». A ello opone una idea no sólo utópica sino innecesaria, la visualización del libre intercambio erótico entre mujeres como un medio de erosión del orden del comercio capitalista puesto que

> [...] se intercambiaría, sin trabajo; se donaría —a resguardo de las transacciones masculinas— para nada: placeres gratuitos, bienestar sin penas, goces sin posesiones. Ironía para los cálculos, los ahorros, las apropiaciones más o menos violadoras-apropiadoras, las capitalizaciones laboriosas (1977: 193).

Plantear la subversión del orden capitalista a través del lesbianismo es más o menos equivalente a pensar que las mujeres pueden, por el hecho de que se amen sin que nadie pague por verlas, sustraerse del sistema en el cual viven. Más interesante es su crítica de la teoría freudiana. Destaca en primer lugar la visión masculinizante de la mujer según la cual la mujer que desea a otra lo hace en tanto hombre, y las «pruebas» que Freud da de la virilidad de la joven, que consisten en algunas irrelevantes características físicas como la alta estatura o los rasgos faciales acentuados. En segundo lugar, lo que Freud demuestra, piensa Irigaray, es que la homosexual está determinada por un «complejo viril», sea infantil o una regresión al originario, insistiendo en la idea de que, para comprenderla, Freud la ve como un hombre.

> La homosexualidad femenina aparece como un fenómeno tan extranjero a su «teoría», a su imaginario (cultural), que no puede sino descuidar la interpretación psicoanalítica (1977: 192).

Irigaray considera que, para comprender el caso, Freud debería haber aceptado ser en la transferencia la mujer amada por la paciente, posición que su Superyo no le permitía. Es de suponer que, a lo largo de un análisis, el analista puede ocupar, o ser ocupado, por el fantasma sexual del analizado, mas no es ésta una condición absoluta para comprender el caso, ni necesariamente un hecho clínico irrecusable, si bien coincidimos en que Freud se coloca transferencialmente en su lugar preferido, que es el de padre. Finalmente concluye que «nada de la homosexualidad *femenina* es abordado» [énfasis del texto].

Diana Fuss (1995), aludiendo a la «mujer caída» de la que Sindonie estaba enamorada, y a su propia caída suicida, introduce el paradigma cognitivo de la «caída», como figura retórica para explicar la teoría freudiana de la homosexualidad, y particularmente de la homosexualidad femenina. El acto de caer es, sin duda, una metáfora en la que se integran diversos sentidos del caso, de los cuales el más significativo es la crítica de Fuss, con la cual coincidimos, a la concepción mecanicista newtoniana para explicar la orientación sexual, en la cual hay cuerpos que «caen» a lo preedípico, y cuerpos que «suben» a lo edípico[45].

La revisión de Fuss se centra en dos aspectos. El primero es la teorización freudiana según la cual la organización psíquica fundamental del sujeto homosexual es preedípica y «nunca, parece, accede plenamente a la posición de sujeto, permaneciendo en el ambiguo espacio de lo precultural» (1995: 59). Esta «caída» en lo preedípico tiene consecuencias teóricas fundamentales ya que

> Para Freud, toda caída en la homosexualidad es *inherentemente suicida* ya que la «retirada» de lo edípico comporta no sólo la pérdida del deseo sino la pérdida de una relación fundamental con el mundo en la que el deseo permite la entrada —el mundo de la sociabilidad, la sexualidad, y la subjetividad (1995: 77) [énfasis del texto].

En ese sentido, Fuss considera que Freud sitúa la homosexualidad como «no esencial»; «ya que el deseo de la criatura por el padre del mismo sexo [...] es un ingrediente de deshecho, un componente dispensable del deseo que finalmente debe ser repudiado y reprimido» (1995: 60).

---

45 Acerca de esta visión mecanicista de la teoría libidinal, véase «Territorios eróticos» (Torres, 1998a).

El vínculo homosexual masculino para Freud es edípico, se trata de una relación desviada con el padre; el vínculo homosexual femenino, en cambio, es preedípico, una relación infantil con la madre. Es un vínculo imaginario, presimbólico, fuera de discurso. El orden patriarcal no lo quiere nombrar, o, en todo caso, como hace Freud al explicar el caso, si una mujer ama a otra es porque previamente ha sido decepcionada por el padre. Su decepción la ha hecho «caer» en la madre, caída de la cual debe ser levantada.

> Freud mantiene a lo largo de toda su obra que el deseo de una mujer por otra sólo puede ser pensado en términos de la recaída del sujeto en una identificación con el padre (1995: 68).

Sin embargo, la teoría del vínculo preedípico para sustentar la homosexualidad femenina encuentra tropiezos en la casuística. Muchas mujeres con vínculos preedípicos, simbióticos con la madre, son heterosexuales; muchas mujeres edípicas, con vínculos eróticos con el padre, son homosexuales. Esto proviene de la confusión entre relación de objeto, identificación, deseo y fantasma, que son articulaciones distintas de la elección sexual, que, como dijimos, finalmente reposa en el fantasma. Por otro lado, hay una degradación en esta visión de la homosexualidad femenina, ya que el hecho de que sea una relación mujer-mujer, la sitúa en lo infantil, primitivo, precultural, y no así en el caso de la relación hombre-hombre.

El segundo aspecto comentado por Fuss es la dialéctica identificación-deseo.

> El deseo del sujeto por un sexo sólo puede asegurarse a través de la correspondiente identificación con el otro sexo; la simultaneidad del deseo e identificación con el mismo objeto es una imposibilidad lógica para Freud (1995: 67).

Su principal crítica se sostiene en el argumento de que la homosexualidad en general, pero particularmente la femenina, corresponde a un estado preedípico, presexual, indiferenciado con la madre, y, al mismo tiempo, la elección de objeto homosexual se sitúa completamente dependiente de una precedente identificación paterna. Al equiparar identificación con la madre y deseo de la madre con lo primitivo, lo preedípico, lo «inesencial» se traduce, sin duda, en una desvaloración frente a lo maduro, edípico, esencial y heteronormativo. Sin embargo, aunque ciertamente lo que señala Fuss es localizable en el texto, la explicación de la elección de objeto homosexual, vía la identificación con el padre, encuentra, si no una contradicción, al menos una respuesta alterna. Dice Freud:

> Desde sus primeros años, por lo tanto, *su libido había flotado en dos corrientes*, siendo la que estaba en la superficie, la que podemos sin ninguna duda designar como homosexual. Esta era probablemente una directa e inmodificada continuación de la fijación infantil a la madre (18: 168) [énfasis nuestro].

Es evidente que una fijación temprana de objeto acarrea también una identificación al mismo, y Freud rectifica aquí lo que dijo más atrás acerca de que la mujer no tenía la misma independencia entre la identidad de género y la elección de objeto. Más prudentemente afirma: «el misterio de la homosexualidad no es tan simple [...] una mente femenina atada a un cuerpo masculino, una mente masculina encarcelada en un cuerpo femenino» (18: 170). El tema del amor entre madre e hija (que al decir de Luce Irigaray es «el continente oscuro del continente oscuro») fue explícitamente declarado por Freud como de difícil comprensión, sin embargo, ya desde este año, 1920, parece haber señalado las dos inscripciones de la elección de objeto en la niña y los balanceos entre una y otra que pueden surgir a consecuencia de los desplazamientos de la libido. La idea de que «la libido flotaba en dos corrientes» sugiere poderosamente la teoría freudiana acerca de la elección femenina de objeto, desarrollada en artículos posteriores, y es por ello que este caso tiene su verdadero lugar dentro de la bibliografía freudiana con respecto a la teoría de la sexualidad femenina.

Para Sidonie Csillag ocurrió una sola vez lo que Freud tanto hubiera querido: la recuperación de la bisexualidad. Hacia 1922 sintió un enamoramiento por un joven amigo, que no progresó, en parte por una suerte de comedia de malos entendidos (el joven pensaba que ella estaba enamorada de otro). En un segundo intento, llevado adelante en 1924 para complacer a los padres, el absoluto rechazo por su pretendiente le hizo romper el compromiso y la llevó a su tercer intento suicida; ocurrió poco después la muerte precoz del joven de quien había estado enamorada y cuya pérdida supuso para Sidonie un duelo importante. Finalmente, cercana a los treinta años, y sin lograr una situación que le diera algún lugar en la sociedad, se casó con un oficial retirado, cuyo interés en el matrimonio no era ella sino su fortuna, que usufructuó hasta después de terminada la guerra, a pesar de que se divorció en 1938 alegando que desconocía el origen judío de su esposa (Antal Csillag exigió que ambos se convirtieran al protestantismo porque, como él era divorciado y ambos católicos, no podían contraer matrimonio eclesiástico).

En la revisión de Mary Jacobus (1995: 43-45) encontramos una referencia a la analogía con la «táctica rusa» de resistencia que Freud menciona en el caso y que se remonta a una carta a Fliess (Masson, 1985a: 287-289) en la cual le dice:

> ¿Has visto alguna vez un periódico extranjero que ha pasado la censura rusa en la frontera? Palabras, párrafos y frases enteras son eliminados de modo que el resto resulta ininteligible. «Una censura rusa»

> de esa naturaleza se presenta en las psicosis y produce los delirios aparentemente sin sentido (22 de diciembre, 1897).

Jacobus explica que se refiere a la visión alemana del período en el cual Rusia era vista como el símbolo de una autocracia no reformada que intentaba protegerse de las ideas nuevas y extranjeras. Es decir, la joven, como Rusia, no quiere dejar penetrarse por las ideas nuevas y ajenas que Freud quiere introducir en ella: ideas que no pueden ser otras que la introducción de la elección de objeto heterosexual, a la cual la joven se niega. Encuentra a la joven en un estado hipnótico, que consideraba comparable al enamoramiento, y la define como inconquistable.

> La impresión que uno tenía de su análisis no era distinta a la de un tratamiento hipnótico, en el cual la resistencia de la misma manera se ha retirado a una cierta línea fronteriza, más allá de la cual es inconquistable (18: 163).

Nos remite aquí al conocido símil entre la conquista de la tierra y de la mujer. La joven, como Rusia, es autócrata y no quiere ser reformada por nuevas ideas, basa su poder en sí misma y en mantenerse alejada de la penetración. Freud, pues, se siente como el hombre fracasado en su intento de conquista, el centroeuropeo ilustrado que quiere convencer a Rusia de la bondad de sus ideas. El resultado de la censura que los rusos ejercen sobre los periódicos alemanes, a través de la eliminación de las ideas repudiadas, es la desintegración del texto, la inconsistencia a que se ve reducido, la reducción a un delirio, es decir, a una comunicación cuyo efecto comunicante ha sido destruido y es necesario reconstruir mediante un arduo esfuerzo. ¿Así se siente Freud frente a la paciente? ¿Censurado, bloqueado, reducido en su discurso a una comunicación inconsistente? Pero hay más. En la citada carta a Fliess, la mención acerca de la táctica rusa constituye un breve comentario final. La secuencia del contenido de la misma es la siguiente:

1. Anticipa su próximo encuentro en Breslau en el cual espera que Fliess le hable de «las bellas novedades de la vida y su dependencia del curso del mundo», para lo cual prefiere contar rápidamente las suyas, de modo que en el encuentro con él no tenga nada que decir y pueda dedicarse exclusivamente a escucharlo. Este encuentro es, sin duda, esperado con mucha intensidad (Masson, 1985a: 287).

   > Si hay dos personas, una de las cuales puede decir qué es la vida, y la otra puede decir (casi) qué es la mente —y además las dos se sienten afectuosamente atadas— es justo que se vean y se hablen más frecuentemente.

   La amistad entre hombres es, sin duda, legítima. La homosexualidad masculina sublimada es la base de los sentimientos sociales.
2. Un comentario acerca de la masturbación como la «primera adicción», de la cual varias sustancias, incluido el tabaco, son sustitutas.
3. Un comentario acerca de la neurosis obsesiva, cuyo ejemplo clínico es una niña que sufre la idea obsesiva de que debe continuar su costura en recuerdo de la orden de continuar sentada en el baño produciendo analmente.
4. Un relato acerca del trauma de una niña de tres años que presencia el asalto sexual de la madre por el padre produciéndole sangramientos, y la propia violación de la niña a los dos años de edad, que le causó gonorrea, vaginitis y hemorragias.
5. A continuación el comentario acerca de la táctica rusa de resistencia.

6. Una cita de Goethe: «¿Qué te han hecho, pobre criatura?».
7. Se despide diciendo: «basta de obscenidades. Te veo pronto. Tuyo, Sigm. Saldré el sábado a las ocho como está previsto».

De acuerdo con Jacobus esta referencia a la «táctica rusa» aparece en los *Estudios sobre la histeria* (2: 269, 282), en varios artículos (3: 182, ss.), y en *La interpretación de los sueños* (5: 529). Es fácilmente rastreable el prejuicio nacionalista contra los rusos, antes y después de la revolución bolchevique, nación que para Freud era cruel, bárbara, tirana, alejada de la civilización germana, con la que él en ese momento se identificaba plenamente. No puede dejar de ser significativo el hecho de recordar la «táctica rusa», de la que había hablado más de veinte años atrás, ahora, en 1920, cuando la Primera Guerra Mundial acaba de finalizar, y, sobre todo, se ha instaurado la revolución comunista, de cuyas ideas Freud se sentía muy temeroso y evidentemente, poco amigo. Los rusos son, pues, bárbaros, inconquistables, que no se civilizan, y sus ideas temibles. Esta joven tiene algo en común, al parecer. La secuencia de la carta admite algunas precisiones. En primer lugar, el comentario sobre la táctica rusa no está demasiado relacionado con los otros; surge curiosamente a continuación de dos viñetas clínicas en las cuales una niña es forzada, abusada y final y explícitamente violada por el padre. Y es seguida de una cita de Goethe, cuyo nexo con el texto anterior sólo puede ser comprendido como una continuidad de su pensamiento: «¿qué te han hecho, pobre criatura»?, en clara alusión a la niña violada. «Basta de obscenidades», dice como despedida.

Después de una minuciosa descripción de la violación sangrienta de la madre por el padre, Freud piensa en la táctica rusa de protección interior, que puede llegar a deformaciones delirantes. Y luego en Goethe. Es al menos plausible sugerir que

Freud se siente horrorizado ante la violencia que el hombre puede ejercer, y es obvio que la repudia. Las mujeres, quizá, no tienen otra manera de defenderse que encerrándose en su interior, y este encierro y la necesidad de ocultar la violencia, censurarla, pueden llevar al delirio, a la locura, en fin.

En todo caso, esta alusión a la táctica rusa permite suponer que Freud, al contrario de lo sucedido en el caso Dora, repudió aquí la identificación con el padre, el seguir adelante intentando penetrar en una defensa fortificada para llevar las noticias «civilizadoras», las noticias de una elección heterosexual. Comprendió, quizá, que sólo podría hacerlo por la fuerza, que la penetración era sangrienta, que no era justo hacerlo, y que, además, tenía muchas posibilidades de ser inútil, su discurso civilizador terminaría reducido al sinsentido. Prefirió, pues, retirarse a tiempo, como el buen estratega que sabe perdida la batalla, o el noble soldado que no quiere masacrar a la población más débil. Es también el hombre que no quiere volver a sufrir el rechazo a la penetración interpretativa que le infligió Dora y, en este caso, se contenta con declarar que desde el punto de vista textual, todo el caso fue aprehendido-penetrado, a diferencia del caso de Dora en el que confiesa su imposibilidad de apropiación del objeto. Si la paciente miraba con indiferencia su mundo interior presentado por Freud, cerrada en táctica rusa, otro tanto podemos decir de él, quien comienza el caso cerrándolo, pues sólo ofrece estudiarla; cerrado a la herida de un fracaso profesional y un rechazo transferencial, y finalmente, en un sorprendente gesto, ofrecerla a una analista mujer. Además la falta de confianza del padre lo devalúa. Freud se sitúa contratransferencialmente en «táctica rusa». Ni quiere ser el hombre rechazado, ni la mujer que ofrece sus favores por dinero, ni el médico despreciado por la furiosa mirada de un padre insatisfecho de su trabajo. Es sólo un investigador a quien no le queda más remedio que estudiar las anormalidades humanas y dar cuenta de ellas. Es un prudente profesional que ante el fracaso anunciado prefiere retirarse antes de que lo retiren. En todo caso, y a su favor, no quiso hacer como decía el padre, «utilizar todos los medios en su poder» (18: 149).

Esto no explica, sin embargo, la incógnita que para Freud reviste el caso. Toda la explicación psicogenética del desarrollo sexual de la joven le permite llegar a una cierta comprensión, pero insiste en «el misterio de la homosexualidad». ¿Por qué es tan misteriosa? ¿Misteriosa para quien ha descrito la imagen narcisista del hombre homosexual a través de la interpretación retrospectiva de Leonardo, la fijación anal del Hombre de los Lobos, el delirio transgenérico de Schreber? ¿Misteriosa, para quien escribe a Ferenczi (Jones, 1964, II: 94)?:

> Después del caso Fliess, en cuya superación me ha visto usted recientemente ocupado, aquella necesidad (la de poner completamente al desnudo su personalidad) se ha extinguido. Una parte de la catexis homosexual ha sido retirada y empleada en el ensanchamiento del propio yo. He tenido éxito donde fracasan los paranoicos (6 de octubre, 1910).

En todo caso la homosexualidad masculina no le resulta tan enigmática. Es la homosexualidad femenina la que le resulta imposible de entender. ¿Cómo puede un objeto devaluado amar a otro objeto devaluado? ¿Es incomprensible para quien escribió a Fliess (Masson, 1985a: 380)?:

> ¿Qué dirías si [...] la homosexualidad masculina (en ambos sexos) fuese la forma primitiva del deseo sexual? [...] y, más aún, ¿si la libido y la angustia fuesen ambas masculinas? (17 de octubre, 1899).

Judith Roof insiste en la imposibilidad de Freud para aceptar la representación de la lesbiana. Aludiendo a la frase de Freud:

«se convirtió en hombre para tomar a la madre como objeto de amor en lugar del padre» (18: 158), considera que de ese modo, Sidonie se convierte en un hombre que ama a una mujer. «Como Dora su sexualidad lesbiana se define como un derivado masculino, un producto y una alternativa al fallido deseo incestuoso por el padre» (1991: 203),

Para Freud la homosexualidad femenina es de alguna manera inauténtica, «un falso espectáculo, una exhibición melodramática de desobediencia e intento suicida que representa una heterosexualidad escondida» (1991: 204). Esta interpretación de la homosexualidad de la paciente como un ataque al padre es lo que Lacan también plantea como desafío o irrisión del padre. En la medida en que el falocentrismo, tanto del método como de la cultura, descuidan el desarrollo femenino, se hace difícil comprender algo que escape a los términos masculinos.

> Freud nunca relaciona esto como el amor mujer a mujer, hace a la hija un hijo que ama a la madre, y al amor de la hija por la madre, el amor por el padre (1991: 208).

La homosexualidad de la mujer sin nombre representa aquello que no puede nombrar porque no puede comprender.

> Como señuelo nunca existe por sí misma sino que siempre se retrae a favor de algo más auténtico [...] una máscara para un sentimiento heterosexual más genuino que ha sido prohibido temporalmente (1991: 210).

Como solución final al enigma, Freud piensa en la posibilidad quirúrgica que representan los experimentos de Steinach en cirugía del hermafroditismo. ¿Consistiría la curación de la mujer homosexual en una extirpación de los ovarios hermafroditas, sustituidos por otros?[46]. Finalmente su diagnóstico es este: «una mujer que se ha sentido hombre y ha amado como un hombre». La única manera de entenderlo es pensar que esta mujer tiene un elemento que constitucionalmente la hace masculina; una mujer «verdadera», «completa», no puede amar a otra de la que no puede esperar un pene. Una mujer, una vez que ha comprendido que la madre no tiene pene, la repudia.

En tanto la sexualidad femenina está basada en la lógica del falo, si el falo no está presente en el intercambio Freud necesita interpolarlo vía identificación imaginaria. Un falo virtual, al menos. Alguien debe soportarlo, de lo contrario no hay deseo posible. El falo obtura la falta, dirá después Lacan, por lo tanto es indispensable al deseo, que es deseo de la falta y desde la falta. Dentro de esta lógica, Freud no puede comprender el caso y de alguna manera lo banaliza, «de un tipo no demasiado pronunciado» (18: 147). ¿Cómo pudo considerar la homosexualidad de esta joven como «no demasiado pronunciada» si no había en ella ninguna manifestación de elección heterosexual, si era la única forma de amor que concebía, y anticipaba un matrimonio que le diera la libertad de actuar sin la tutela del padre? Resulta obvio que la homosexualidad de esta joven es una posición mucho más establecida que la de Dora, y sin embargo Freud consideró que la homosexualidad era en ella la corriente inconsciente predominante.

Disiento aquí de las hipótesis de Jacobus y Fuss en cuanto a que Freud se sitúa contratransferencial y contrarresistencialmente en posición femenina. Por el contrario, su posición netamente masculina le impide entender que un objeto no fálico sea deseable para una mujer, y más aún que un sujeto no fálico desee.

46 Eugen Steinach fue el investigador hormonal mejor conocido de su tiempo y el primero que feminizó ratas macho por medio de la castración y masculinizó ratas hembra mediante la implantación de testículos. La llamada «operación Steinach» era la vasectomía, y se le atribuía el poder de restablecer el vigor sexual y en general la energía vital. Su discípulo Harry Benjamin testimonió que le fue practicada a Freud cuando se le diagnosticó el cáncer.

Por algún lado debe estar la masculinidad, y, si la joven en su aspecto exterior no la demuestra, debe residir en unos ovarios hermafroditas. Roof concluye:

> Ver a la lesbiana como masculina resuelve el problema de la sexualidad lesbiana porque la vuelve esencialmente heterosexual —como la relación entre una mujer, que cree que es un hombre, y otra mujer (1991: 211).

La transgresión, el estigma, el miedo, el desprecio, todo lo que el vínculo homosexual entre hombres puede suscitar, tiene que ver con la intolerancia a que un hombre sea de otro, a que un hombre acepte la dominación y penetración de su semejante, a que se coloque, así sea temporalmente, en la posición femenina. Pero, finalmente, cuando todo ha sido dicho y actuado, el falo ha prevalecido. La homosexualidad masculina constituye, a la vez y paradójicamente, una reafirmación y una desviación del orden patriarcal. La homosexualidad masculina es edípica, una relación desviada con el padre; la femenina es preedípica, una relación primitiva con la madre. Por otro lado, la relación madre-hijo es también preedípica, y se hace edípica con la introducción del padre. Es, entonces, el falo el que introduce el complejo de Edipo; la madre sería así siempre preedípica. El vínculo homosexual entre mujeres constituye un desafío del orden patriarcal, una ignorancia del mismo, un acto que es considerado juego sin importancia, o locura, o maldición. Es un vínculo fuera de discurso que el orden patriarcal no quiere legitimar. En todo caso, como hace Freud en su explicación del caso, si una mujer ama a otra es porque previamente ha sido decepcionada por el padre.

Muchos años después afirma Adrienne Rich:

> [...] en la retórica de todo el movimiento masculino gay, la homosexualidad se ve a través de lentes masculinos, como una experiencia masculina [...] con el absoluto y sofocante silencio, con la negación y el intento de borrarnos de la historia y de la cultura en su totalidad (1983: 265).

El título del artículo merece una consideración final; «Un caso de homosexualidad en una mujer», ¿por qué no «El caso de una mujer homosexual»? De alguna manera Freud desliza una ambigüedad, como si debido al acontecimiento fortuito de que su madre tuvo un nuevo hijo, hubiera ocurrido un episodio homosexual «de un tipo no muy pronunciado», en una mujer de otra manera «femenina». No pudo ponerle nombre a ella, tampoco a su deseo.

LAS CONSTRUCCIONES DEL GÉNERO

LA INSERCIÓN DE LA MUJER EN EL ORDEN SEXUAL. APUNTES PARA UN RECORRIDO

Ser hombre o mujer es un hecho de lenguaje, un cierto modo de insertarse en la cultura, porque la cultura —la historia, si se quiere— apresa la condición sexual de los seres humanos y los ordena, organiza la división de los sexos, rige las relaciones entre ambos, adscribe funciones inscritas en la economía (en la economía del dinero y en la libidinal), asigna pautas de conducta social, e impone un cierto modo de condicionar los fenómenos insertos en la sexualidad. Importa subrayar que no se trata solamente de constatar que los niños son educados con patrones distintos a las niñas, de lo cual resultarán conductas diferentes. En tanto el inconsciente freudiano se construye mediante articulaciones sexuales tocamos aquí una división que afecta en profundidad al sujeto, de acuerdo con la condición genérica que le haya tocado en suerte.

La idea de que la sexualidad es un mandato de la naturaleza puede quizás aplicarse a los animales, pero poco tiene que ver con los humanos. El estudio del dispositivo orgánico que permite la respuesta sexual da cuenta del sexo concebido como acto fisiológico, o incluso del placer corporal, pero poco dice de la multiplicidad de fenómenos implicados en la sexualidad, tales como el deseo, el amor, la elección del objeto, el goce y el sufrimiento, la prohibición y el conflicto. Todo ello es cultura. El cuerpo como tal no es más que un pedazo de carne y hueso. La cultura es la red simbólica que inscribe ese cuerpo en un sentido que lo puede hacer deseable, torturable, prohibido o lícito, abierto al placer o al sufrimiento.

Decía Shire Hite (1988: 182, ss.), a propósito de sus encuestas sobre la sexualidad de las mujeres en Estados Unidos, que existen dos tradiciones bien diferenciadas correspondientes a la cultura del hombre y a la de la mujer en la historia occidental del orden sexual. Intentaré esbozar algunos de los momentos culminantes de su recorrido; para adelantar la idea central que anima estas reflexiones, propondré que la historia de la mujer es la historia de sus disociaciones, sin que podamos afirmar que hayan cesado (Torres, 1993a). Históricamente la mujer ha sido un cuerpo dividido, un cuerpo ajeno y legislado. Los códigos ideológicos acerca de la sexualidad han sido escritos pensando en cómo dominar su cuerpo, en cómo controlar ese objeto que se abre al deseo del varón. Dice Lacan que la mujer es un invento del hombre. Pensamos que no la inventó, pero sí la legisló, y al hacerlo tuvo que ordenar y dividir, resultando el legislador también dividido. De eso se quejaba Sor Juana Inés de la Cruz: «queredlas cual las hacéis o hacedlas cual las buscáis».

La mujer aparece inscrita bajo cinco nominaciones básicas: la madre, la prostituta, la señora, la dama y la amante. Comencemos por el código religioso judeocristiano, cuya importancia en la configuración filosófica occidental no es necesario subrayar, y aunque con el tiempo disminuyó su carácter sagrado se mantuvo bajo un ropaje laico. Eva ha llegado a nosotros con el título de ser la primera mujer sobre la Tierra. Este mito contiene la borradura original del texto sobre la mujer. La primera mujer creada por Dios para vivir con Adán no fue Eva sino Lilit, pero Adán y Lilit nunca encontraron la paz. Lilit había sido creada directamente, no de polvo puro como Adán sino de inmundicia (su origen pudo ser demoníaco o representante de las mujeres cananeas, que, al contrario de las israelitas, practicaban la promiscuidad prenupcial). Lilit se rebeló contra Adán porque no le gustaba la posición que éste le hacía adoptar en el coito; en consecuencia fue expulsada del Paraíso y se convirtió en una demonia que amenazaba a los niños recién nacidos. Entonces Dios creó a la primera Eva, que tampoco es la que nosotros conocemos. Esta primera Eva era muy bella, y había sido también creada directamente por Dios, pero cuando Adán la contempló sintió por ella gran repugnancia y pidió que le hicieran otra. Dios, reconociendo su fracaso (y quizá pensando que a la tercera va la vencida), creó por fin a la Eva que recoge el Génesis, esta vez no directamente sino de la costilla de Adán.

Del análisis del mito hebreo de la creación que hemos tomado de Robert Graves y Raphael Patai (1986: 59-63, 68-74), podemos extraer algunas conclusiones. Lilit, la primera, fue una mujer que dijo algo acerca del placer, sobre cómo quería realizar el coito, y quedó expulsada del texto. La segunda, si bien hermosa, no le gustó a Adán, y fue también eliminada; y la tercera, la que resultó aprobada, se construyó a partir de él, en una suerte de subordinación o vicariato de la creación humana. En cualquiera de sus tres ediciones la mujer fue creada para contento del varón; es él quien elige según su gusto, sin que ella tenga palabra ni con respecto al deseo o a la elección, ni existencia original y propia.

Podríamos preguntarnos qué fue primero; si el texto —la palabra de Dios— condicionó el pensamiento y la práctica social, o, al contrario, el lugar que se deseaba para la mujer quedó plasmado en el texto como mandato divino. En cualquier caso la mujer entró en el orden sexual como objeto y no como sujeto. Esta inauguración sellará su condición por milenios.

Como es sabido, después de la creación de Eva hubo paz conyugal en el Paraíso hasta que Eva indujo a Adán a pecar y el Señor la maldijo: «Parirás con dolor y buscarás con ardor a tu marido, quien te dominará». Adán fue condenado a trabajar la tierra y se estableció así la división de las funciones en la economía social. Pero no terminaron allí las cosas, y luego de la transgresión de nuestros primeros padres —«el pecado original» en la teología cristiana, cuya naturaleza no ha sido del todo aclarada—, Eva quedó maldita como origen de la culpa, como representante del demonio, como el peligro de la seducción que lleva el hombre a la perdición. (¡Cuántos tangos y boleros no se han escrito con esa letra!). Esta noción de la mujer pecadora (y culpable del pecado del hombre) se arrastra en la doctrina de la Iglesia cristiana que será el código fundamental de la sociedad que se gesta en la Alta Edad Media (Flandrin, 1987: 153, ss.). Para decirlo con las palabras de ese gran misógino que fue San Pablo: «Pienso que sería bueno para el hombre no conocer mujer» (cit. en Flandrin); pero esto hubiera sido ir demasiado lejos.

Tuvo lugar entonces una polémica entre los Padres de la Iglesia acerca de la conveniencia o no de prohibir el sexo, resolviéndose permitirlo, ya que detrás de todas las discusiones teológicas se ocultaba una verdad de Perogrullo: si la Iglesia prohibía la relación sexual acababa con la especie humana. De modo que se creó la noción del débito conyugal, una deuda contractual que los esposos tenían entre sí y que hacía lícito su trato sexual, bien entendido que estaba dirigido a la reproducción. Los conceptos eróticos de placer, deseo y amor, provenientes de la tradición pagana, quedaron excluidos del código; la sexualidad oficial fue el débito conyugal. «Nada hay más infame —dice San Jerónimo— que tratar a una esposa como a una amante» (cit. en Flandrin). Así pues, San Jerónimo conocía la diferencia. Como una cosa son los códigos y otra la vida, los Padres de la Iglesia no pudieron eliminar la noción de placer. Es evidente que «amante» no tenía el sentido que le damos hoy al término; la mujer que se dispone para el placer quedó encasillada como la maldita, la repudiada; en otros términos, la prostituta, insulto que más comúnmente designa las desobediencias de la mujer al orden moral antes que al intercambio comercial del cuerpo.

Esta idea del matrimonio basada en el débito conyugal no termina en la Edad Media. Varios siglos después Montaigne en sus *Ensayos* dice: «[...] que ellas aprendan la inmundicia de otras manos [...] la del matrimonio es una vinculación religiosa y piadosa, por eso el placer que proporciona debe ser un placer contenido, grave, y mezclado de cierta severidad» (cit. en Flandrin). Merecen subrayarse dos ideas: que el sexo sea un placer severo, lo que luce bastante contradictorio, y que el hombre es el maestro del placer. Hay, pues, algo sobre el placer que el hombre conoce y la mujer aprende y que, por lo visto, no es bueno que los maridos enseñen.

Pero volvamos atrás, al siglo XII, en el cual aparecen tres fenómenos de enorme importancia en la sociedad feudal y que constituyen los pilares de la estructura social del matrimonio. El primero es que la Iglesia cristiana instaura el culto mariano. María, la madre de Jesús, quien hasta ese momento no había tenido ninguna relevancia en la liturgia, pasa a ser uno de los ejes centrales de la misma, no sólo desde el punto de vista teológico sino de lo que llamaríamos hoy la comunicación de masas. El arte tiene la consigna de exaltar su figura, y en la transición entre el románico y el gótico, la figura de la madre del Salvador comienza a desempeñar un lugar central que ocupará por siglos las artes plásticas, la música sacra y la arquitectura religiosa, para darla así a conocer a los creyentes. Por otra parte, el carácter de diosa que implícitamente se le concede llenaba la necesidad de sincretizar el culto pagano, todavía muy enraizado en los pueblos recientemente cristianizados, acostumbrados a adorar divinidades femeninas que habían desaparecido bajo el cristianismo. Ahora bien, María crea un problema teológico de suma gravedad.

Si estamos discutiendo la impudicia del sexo —parecen decir los Padres de la Iglesia— cómo insertar en este culto sagrado a una mujer que ha tenido relaciones sexuales. Se vuelve entonces a la borradura. Los evangelios apócrifos que registran que María había tenido otros hijos, además de Jesús, desaparecen y se crea el mito de la Virgen Madre, que junto a Eva es el otro pilar que sustenta el código ideológico oficial. María, se ha dicho muchas veces, es la reivindicación de Eva, de quien las mujeres habían heredado una condición maldita que era necesario redimir. La Virgen Madre representa una creación simbólica extraordinaria que integra las dos condiciones por las que debe transitar la sexualidad femenina. Por una parte, se idealiza el desconocimiento sexual, representado en la virginidad, y, por otra, la maternidad.

Actualmente han aumentado notoriamente tanto las expectativas de vida al nacer como el rango de edad fértil de las mujeres, y las posibilidades de supervivencia de los infantes (si bien las diferencias entre países desarrollados y países pobres son abismales). Aun cuando en algunos países se han visto en la necesidad de fomentar políticas de natalidad, no cabe duda de que el mundo necesita menos niños. Por ello, a nuestros ojos contemporáneos, la importancia que tuvo la reproducción puede a veces pasar inadvertida, sin embargo, durante siglos las condiciones sanitarias hicieron de la subpoblación una de las amenazas más importantes de la humanidad. La hembra humana fértil tenía un valor reproductivo de corto alcance, y fue un objeto muy preciado hasta mediados del siglo XX, cuando los avances médicos (particularmente la extensión de los antibióticos) redujeron dramáticamente la mortalidad materno-infantil. Históricamente la exaltación de la maternidad no constituyó solamente un problema de ideología sino un tema de supervivencia de la especie, y María vino a ser el símbolo de esa necesidad. Proponer a la Virgen Madre como modelo de la mujer, en contraposición a Eva, ofrecía muchos beneficios resumidos en la fórmula según la cual la maternidad es bendita, continúa la obra de Dios y es la contraprestación que la mujer debe dar a cambio de su débito conyugal. No es necesario insistir demasiado en que esta idea de la mujer como madre, esta veneración de la maternidad como condición gloriosa, destino inexorable, identidad fundamental, expresión de su plenitud, llega a nuestros días. Si la palabra madre se convirtió en sinónimo de mujer, terminó por desplazar y sustituir el concepto[47].

El segundo fenómeno a considerar es la consolidación del matrimonio monogámico (Duby, 1982: 20). La Europa feudal toma del derecho romano la unión monogámica, rompiendo con la tradición poligámica oriental, y la Iglesia cristiana le imprime el carácter de indisolubilidad después de complicadas reflexiones teológicas. Era necesario que así fuera para que la acumulación de la riqueza a través del patrimonio terrateniente permaneciera dentro del linaje. De este modo se consolida la subordinación de la mujer al padre, al marido y al hijo. Su función es procrear dentro de la política de alianzas matrimoniales para acrecentar el patrimonio. El matrimonio le concede rango social, un cierto poder y un cierto acceso a la propiedad. Aparece así la señora, la *domina*, cuya función fundamental es asegurar la línea de la herencia. La señora y la madre, pero ¿la madre de quién? El adulterio es un peligro que amenaza la continuidad y legitimidad de este linaje. No es bueno, pues, que la mujer aprenda algo acerca del placer o del deseo que luego la lleve a pensar que la sexualidad es más que el débito conyugal. La mujer honesta es como María, quien tiene un hijo sin saber nada del sexo; su maternidad es sagrada, su sexualidad es siempre un peligro.

El tercer fenómeno que es necesario mencionar es un código que surge paralelamente a la doctrina oficial. Es el código de las leyes del amor, de la «cortesía», que aparece a través de los poetas trovadores provenzales. Frente al matrimonio que une los cuerpos en el débito, hay otra relación posible: el amor. Pero no el amor sensual sino el amor nunca colmado ni satisfecho, que idealiza a la mujer, de quien el hombre es el sirviente, y a quien

47 Más adelante veremos el tratamiento psicoanalítico del tema.

ella siempre debe negarse. Es el amor cortés, una renovación del platónico (que era entre hombres) y que inventa y opone a la figura de la señora la de la dama. La mujer idealizada y amada, fuera de la corporeidad del deseo, recuerda a la Virgen María, y al mismo tiempo representa un nuevo concepto: el enamoramiento, que abre otra puerta de entrada a la mujer en el orden sexual, si bien están disociados el cuerpo y el alma.

Se construye entonces un nuevo discurso que se resumiría así: la mujer puede tener relaciones sexuales, si es para reproducirse, y esto no requiere ni de su amor ni de su deseo, es un débito conyugal, pero si quiere amar puede hacerlo, fuera del matrimonio, a su caballero, siempre y cuando se niegue al placer. Este amor idealizado es para aristócratas, no para las plebeyas que no entienden la importancia de mantener la propiedad —puesto que no la tienen— ni las refinadas leyes del código provenzal. ¿Dónde queda el lugar del placer, dónde el hombre podrá ejercitar las impudicias de las que habla Montaigne, que no deben conocer ni la señora ni la dama? En ese lugar oculto y sucio de la pecadora, la adúltera, la repudiada, la prostituta, y en general la mujer socialmente débil ante el poder del hombre-señor, cuyo honor no está acreditado, y que aparecerá más tarde en los dramas del Siglo de Oro español cuando los plebeyos reclaman ante los señores el derecho al honor de sus mujeres. La práctica de que las mujeres subordinadas sean utilizadas sexualmente, por hombres en posición de superioridad económica y social sobre ellas, ha sido bastante común y prolongada hasta nuestros días en que la legislación de algunos países la condena como delito de acoso sexual.

Cuando lenta pero inexorablemente desaparece el sistema feudal y se crea una clase social distinta, estos nuevos actores sociales, los burgueses, los ciudadanos, establecen una nueva concepción de las relaciones entre el hombre y la mujer porque requieren de un nuevo orden sexual. Su asiento económico no puede basarse únicamente en la política de alianzas matrimoniales, propia de los terratenientes; sus mujeres no están sólo para ir a la iglesia y servir de damas de torneos. Hay un realismo, una funcionalidad que invade la vida cotidiana. El matrimonio burgués debe repartir tareas, la mujer no es sólo un vientre reproductor sino copartícipe de la actividad económica y social de la familia. Tiene un hogar que dirigir, una educación que vigilar, un comercio que compartir. El cuadro del matrimonio Arnolfini de Jan Van Eyck (1434) representa esta pareja unida, ambos en primer plano, tomados de la mano y rodeados de los signos de su riqueza, como emblema no sólo de una célula reproductora sino económica.

En esta nueva modalidad de la pareja monogámica como base de la sociedad, los esposos son socios, y entre ellos debe mediar no sólo el débito conyugal sino la solidaridad, el afecto, la comprensión y cooperación en sus fines comunes. Comienza el drama entre el amor burgués y el amor pasión, entre el matrimonio de la razón y la unión por amor. A partir del Renacimiento la visión metafísica de la vida desaparece y la sociedad quiere ser feliz aquí y ahora, disfrutar de los placeres del mundo; la gente empieza a preguntarse, tímidamente, si no será posible, ya que los esposos deben estar juntos, que se elijan mutuamente. Romeo y Julieta escenificarán este amor pasión al que se oponen otras conveniencias.

Julieta es la amante, la apasionada, la mujer capaz de convertirse en sujeto del drama. No es ella dama del amor cortés, quiere una realización concreta y sensual de su amor, y, si bien fue castigada con la muerte, abrió un nuevo concepto sexual: el amor pasional es posible con una condición, si la mujer quiere desear sexualmente tiene que amar. Eso que hacen los hombres, desear sin amar, no le está permitido. Sólo la gran pasión justifica en la mujer que salga del amor cortés para que la dama se convierta en amante. Será Emma Bovary, varios siglos después, quien da la verdad de Julieta. Una mujer cualquiera, dispuesta a reivindicar que esto de las grandes pasiones debería ser para todo el mundo; ella, la esposa de un practicante de medicina de provincias, tiene también su derecho a vivir la pasión, aventura de la cual supone disfrutan las aristócratas. Pero para vivir una gran pasión hace falta algo más que proponérselo, y Emma demuestra que convertirse en heroína, para opacar la insatisfacción de una elección equivocada, arroja malos dividendos. Este personaje expresa como nadie el ideal y la trampa que se oculta en el concepto de pasión. Finalmente, lo más simple es lo que no pudo decir: que no le gustaba el hombre que su padre le había elegido como marido[48].

Esta separación entre la mujer y la palabra alcanza uno de sus momentos culminantes en la sociedad victoriana cuya proposición moral implica que las mujeres desean pero es necesario hacer como si no ocurriera. Más que una prohibición sobre la sexualidad lo que pesa es el silencio. Nada raro tiene que Freud encontrara en sus primeras pacientes la represión de las ideas eróticas, la ausencia del pensamiento y la palabra sustituida por el síntoma. La afonía fue, precisamente, uno de los síntomas más comunes de la histérica victoriana.

Examinemos dos trabajos de Freud en torno a estos temas. En «Un tipo especial de elección de objeto hecha por los hombres» (1910) describe un tipo de elección amorosa del varón en la cual se produce una atracción «por una mujer que de alguna manera tiene una mala reputación sexual, cuya fidelidad y confiabilidad están interrogadas. Esto puede variar entre límites sustanciales, desde el ligero escándalo del flirteo de una mujer casada, hasta el modo abiertamente promiscuo de una *cocotte* o de una adicta al amor». Esta condición, según Freud necesaria para el deseo masculino, la llama «amor por la prostituta». Más adelante añade: «En el amor normal, el valor de la mujer se mide

48 Un análisis de la novela *Madame Bovary* puede verse más adelante.

por su integridad sexual y se reduce por cualquier acercamiento a la característica de ser como una prostituta» (11: 166-167).

Hay una nota al pie de página del traductor Strachey digna de consideración. El término alemán utilizado por Freud es *dirne*. Strachey lo tradujo como «prostituta», pero le preocupó la relación de la palabra con el intercambio monetario que connota, y comenta que quizás hubiera sido mejor traducir por *harlot*, aunque tampoco quedó convencido porque en inglés la palabra tiene una resonancia anticuada y bíblica (en el diccionario nos remiten de nuevo a «prostituta»). La disquisición sobre el término no es banal, porque muestra la dificultad por nombrar el deseo de la mujer, que inmediatamente es vinculado con prostitución, aunque paradójicamente es lo más opuesto, ya que la prostituta no desea al hombre sino uno de sus emblemas, el dinero.

Freud explica esta disociación del varón como un efecto del complejo de Edipo que separa a la mujer sexual —la prostituta— de la mujer pura, no sexual —la madre. La réplica de la pareja Eva-María es más que obvia.

En «Acerca de la tendencia universal a la desvalorización en la esfera del amor» (1912: 183-187) afirma que algunos hombres «donde aman no desean y donde desean no pueden amar». El hombre siente que su respeto por la mujer actúa como una restricción de la actividad sexual y sólo desarrolla totalmente su potencia con un objeto sexual desvalorizado: «Una mujer que sea inferior éticamente, a quien no necesita atribuirle escrúpulos estéticos, porque es con ella con quien puede introducir los elementos perversos de la sexualidad», característica que no encuentra en la mujer.

> En las mujeres no hay muchos signos de que necesitan desvalorizar a su objeto sexual. Esto está sin duda conectado con la ausencia en ellas, como regla, de algo similar a la sobrevaloración sexual que se encuentra en el hombre (11: 187).

La contrapartida de la mujer a esta característica masculina es la condición de prohibición de la sexualidad. La mujer encuentra su deseo allí donde está su prohibición. «La tendencia a la prohibición en la vida erótica de las mujeres me parece comparable a la necesidad de los hombres por desvalorizar a su objeto sexual» (11: 183). Aunque Freud titula su trabajo como «la tendencia universal a la desvalorización del objeto sexual», luego distingue nítidamente que se trata de un fenómeno particularmente masculino, es decir, toma lo universal como lo perteneciente a uno solo de los géneros. Si bien este texto es de 1912, en sus conclusiones reconocemos signos que todavía están activos en determinados imaginarios culturales:

a) la valoración de la mujer depende de que ofrezca fidelidad y confiabilidad;
b) el deseo sexual de la mujer, fuera de los límites de la fidelidad, es categorizado como prostituido, es decir, despreciado;
c) hay dos mujeres: una pura que es la madre, y una impura que es sexual;
d) el hombre requiere introducir elementos perversos para alcanzar el desarrollo total de su potencia sexual (no categoriza cuáles son esos elementos perversos); y
e) la prohibición despierta el deseo de la mujer, en contrapartida a esta característica masculina.

Vemos, en primer lugar, cómo la prohibición y la transgresión son siempre de naturaleza sexual en la mujer e implican una violación del orden moral por el cual se rija la sociedad a la que pertenece. La mujer es, fundamentalmente, evaluada por su conducta en el orden sexual. De alguna manera, conocer el mundo tiene una mediación sexual, en una vinculación entre saber y sexualidad que se remonta a la transgresión de Eva cuando quiso conocer algo que sólo Dios estaba destinado a saber. Lo prohibido en la mujer es la posesión de su deseo, ya que ese saber la orienta en el camino de la búsqueda y la desvía del sentido de la ofrenda. El mismo Freud —aunque en términos un tanto despectivos— dio cuenta de ello al afirmar «creo que la indudable inferioridad intelectual de algunas mujeres puede ser relacionada con la inhibición del pensamiento requerida por la supresión sexual» (9: 199). La prohibición de conocimiento a la que estuvo sometida la mujer —y lo sigue estando en buena medida en muchas sociedades y en muchos sectores— se relaciona con la prohibición de conocer su propia sexualidad. Las brutales prácticas de ablación clitoridiana prescritas por algunas religiones representan el grado extremo de esta prohibición.

En segundo lugar, de esta disociación del imaginario masculino se desprende la división del cuerpo femenino. Freud insistía en la importancia que para el hombre tiene introducir elementos perversos a fin de alcanzar la totalidad de su potencia. Es de suponer que no estaba refiriéndose a la estructura perversa sino a la presencia de elementos perverso-polimorfos en la relación sexual, y que para ello necesitaba una mujer «despreciable». De ese modo proponía una disociación en su elección, pero también una disociación en la mujer, ya que quedaba excluida de un cierto placer, en aras de sustentar la insignia de la respetabilidad o la confiabilidad. Durante muchos siglos, y no parece haber desaparecido por completo, la insignia que hace a la mujer respetable es el matrimonio, institución que asegura, por lo menos en la letra, que su deseo está sujetado. Sin embargo, la mujer «completa» es, por definición, la madre. Cuando la mujer se entrega a la maternidad, o a sus equivalentes simbólicos, el hombre se siente satisfecho en su seguridad y confianza pero insatisfecho en su deseo; cuando se entrega a la imagen sexual, excita el deseo pero produce angustia, y con frecuencia repudio. Recae sobre la mujer el peso de sostener dos identidades contradictorias que la mistifican.

El cuerpo de la mujer es un objeto fragmentado, y con diferentes dueños. Por una parte, es el campo del placer del hombre, y en esa medida su cuerpo es una ofrenda, y por tanto debe tener el perfil deseable de acuerdo con las épocas y los usos. La idea de que la mujer puede apropiar su cuerpo para su propio placer es relativamente reciente, y no del todo aceptada, dependiendo mucho esta aceptación de la cultura grupal. La idea de que el hombre tiene derecho al placer de su cuerpo pareciera ser universal. La lenidad con que ha sido tradicionalmente tratado el violador es un ejemplo de esta prerrogativa autoasignada. Pero este cuerpo que es para el placer, fundamentalmente del otro, es también el escenario en el cual ocurre la maternidad; la mujer debe estar, por lo tanto, disponible para ejercerla y para entregar su cuerpo al hijo. Su cuerpo es codiciado y valioso, pero de obsolescencia más rápida que la del hombre. La edad produce una nueva fragmentación en la mujer. En la joven, siempre sus cualidades simbólicas serán secundarias a las del cuerpo que esté en capacidad de ofrecer; por más importante que sea su ejercicio social, no escapará a la evaluación estética de su imagen física. En la mujer menopáusica, por el contrario, las cualidades simbólicas obtendrán el primer plano, y las corporales serán desechables. Cualquier mujer sabe la importancia que su imagen representa en términos de la valoración de su identidad.

De acuerdo con estas observaciones de Freud sobre las diferencias de la prohibición sexual para hombres y mujeres, la organización sexual que propone para la mujer occidental es de naturaleza histérica, y en cierta forma opuesta a la perversión, mientras que para el hombre es obsesiva (Torres, 1992: 80-90). ¿Por qué de naturaleza histérica? Porque la fidelidad es una condición que tiene que ver con el amor y no con el deseo, y la histérica esconde su deseo en la demanda de amor. El deseo sólo puede ser fiel a sí mismo, es el orden del amor el que asegura la permanencia de los vínculos, porque está basado en la ilusión de unidad, complementariedad, idealización y valoración del otro. La estructura del deseo —si bien no es anárquica, porque en cada sujeto responde a la relación fantasmática con su objeto, y obedece a características peculiares e individuales— no responde a la fidelidad con la «persona». El deseo —de acuerdo con Lacan— no se establece con otra persona sino con quien encarna al objeto parcial, causante de deseo (denominado «objeto a»), y puede muy bien ser encontrado en alguien que, desde el punto de vista de la valoración social, sea despreciable o inconveniente.

La mujer es educada en la cultura del amor. Sólo el amor garantiza la estabilidad. El deseo sexual es efímero, fragmentario, y no necesariamente acorde con un vínculo estable o que ofrezca las posibilidades de llegar a serlo. La mujer se debe al amor, al amor a la familia, a los hijos, a la casa, y su transgresión es siempre la traición a esos vínculos. Mientras haya sido fiel a ellos, se le perdonarán sus fracasos, sus insuficiencias. Es más, sus éxitos y sus capacidades también le serán perdonados si logra adaptarlos a su fidelidad primera y más obligante. No es extraño, entonces, que la estructura histérica tenga por lema ser el deseo del otro, y que exista una conexión entre histeria y feminidad, en tanto este lema ha condicionado la sexualidad femenina durante siglos.

Al privilegiar en la mujer la estructura del amor sobre el deseo, ¿qué ocurre con el deseo de la mujer? Freud responde que está prohibido. La prohibición actúa para la mujer como objeto causa-de-deseo, y queda indisolublemente ligada a su sexualidad. Que después se produzcan alteraciones de la función sexual, es decir, la frigidez o la inhibición, es la consecuencia inevitable. Fue también Freud quien problematizó esta condición al proponer que la mujer debía también sentir placer y deseo. En ese sentido, introdujo una visión revolucionaria en la cultura occidental que había condenado al silencio el deseo de la mujer.

«Hoy como ayer, las histéricas plantean las mismas preguntas a los hombres» —dice Lucien Israël (1979: 21). Ésta es una afirmación cierta y falsa a la vez. Cierta porque el síntoma histérico —como cualquier otro— contiene una palabra que falta; en el caso de la histeria, una pregunta dirigida a la sexualidad, pero falsa porque la pregunta no es la misma, hoy como ayer. La histeria no es lo que era, y el inconsciente tampoco. Afirma Jacques-Alain Miller (1984) que el inconsciente se ha modificado en el tiempo, precisamente por la existencia de los psicoanalistas que lo han interpretado. El inconsciente no está depositado en algún lugar recóndito de la mente, sino circulando en el lenguaje y afectado por el lenguaje. Algunos fenómenos cuyo sentido latente estaba oculto han obtenido un sentido manifiesto, en la medida en que la interpretación psicoanalítica ha incidido sobre ellos; ya no nos sorprendemos de un lapsus, de un sueño, de un chiste, porque sabemos que tienen sentido.

A propósito de la histeria, resulta imposible que hayan pasado más de cien años desde que Freud comenzó a estudiarla con Charcot sin que nada la haya modificado. De hecho, cualquier lectura de un texto psicoanalítico contemporáneo nos permitiría ver que los psicoanalistas ya no dicen lo mismo sobre la histeria (Torres, 1993b: 37-51).

¿Qué ha ocurrido, entonces, con la histérica? Se sigue quejando, como se quejaban Elisabeth y Dora, de sus amores contrariados, pero ¿cuál es su queja hoy? La histérica que habla con su cuerpo se fue desvaneciendo y los grandes síntomas conversivos (el opistótonos, el *arc-en circle*, la abasia) van quedando para el museo de la psiquiatría. Sin embargo, contrariamente a la opinión general, André Green (2001: 72) señala que la ocurrencia de histerias conversivas no ha desaparecido por completo, aunque la versión contemporánea de la relación cuerpo-mente de la histérica ha ido derivando hacia los trastornos psicosomáticos[49].

---

49 En Francia (datos de 1995) la frecuencia en hospitales y consultorios es de 23/100.000, y representa 4 por ciento de la consulta psiquiátrica; de 60 a 70 por ciento son mujeres entre los 37 y 41 años, y en 30 a 40 por ciento asociada a enfermedades neurológicas.

El diagnóstico se hace por una cierta tendencia a la conversión, fenómeno cada vez más difuso, y en el perfil de la misoginia; la devoradora de hombres, la castradora, la que invita y no cede, la que simula, engaña y trampea, o la frígida, la que rechaza al hombre, la que se niega al placer sexual. La histérica se sigue quejando, aunque parece haber recuperado su voz, y habla, pero se escucha poco de mujeres que no se atreven al acto sexual, y mucho menos que no se permiten pensar en alguien que, por razones sociales, sea imposible; es más, se atreven a pensar y hablar sobre algo que a las histéricas victorianas les causaba un gran impacto: su relación edípica. Muchas mujeres confiesan que han experimentado sensaciones eróticas con el padre, como también muchos hombres con la madre. Esto es el efecto de que la relación edípica también haya dejado de ser un misterio.

La histérica victoriana ha sido desplazada por otro perfil que, a falta de mejor nombre, llamaremos posmoderna. En suma, ¿qué diferencias importantes encontramos hoy en la práctica? El fenómeno más grueso es que no se manifiesta ya el desconocimiento de la sexualidad ni el repudio a la idea sexual incompatible con las exigencias éticas. El signo característico de lo victoriano, el vacío alrededor de la sexualidad, no es posible en un mundo donde basta salir a la calle, o encender la televisión, para encontrarse con su presencia. Lo sexual circula, se mueve en los canales de la cultura, invade el lenguaje desde lo audiovisual hasta el diálogo cotidiano. Naturalmente, podría pensarse que éste es un sexo social y que el sexo individual puede seguir reprimido, pero tampoco es esto frecuente. La histérica habla de sexo, y lo hace constantemente. Es más, con frecuencia disfruta de él. La frigidez, uno de los síntomas paradigmáticos de la histeria, no ha dejado de ser un motivo de consulta pero requiere de un análisis más fino que la simple constatación de que no se produce placer en el coito.

En muchos casos la frigidez denuncia un error en la escogencia de compañero sexual, que se caracteriza por la elección de un hombre que no responde al deseo, y, como dijo Freud, para muchas mujeres es mejor permanecer en la neurosis que renunciar a su matrimonio. Otra causa frecuente son las dificultades de compatibilidad con el compañero. Pero esa histérica que rechaza el sexo hasta en la palabra, que se desmaya ante su deseo, que prefiere no caminar antes que pensar en un objeto erótico prohibido, es una especie extinguida.

El perfil de la histérica posmoderna toma otro camino. Lo más llamativo, en contraposición a la victoriana, es precisamente la presencia de múltiples relaciones sexuales, y las más de las veces con placer genital. El hombre y su pene aparecen como insignia de éxito, como trofeo narcisista, y desde luego como objeto intercambiable. En cierta forma se produce la repetición del discurso masculino del que tantas veces las mujeres, del pasado y del presente, se han quejado. Escuché una vez decir «ser hombre es no desperdiciar ninguna mujer disponible». La histérica posmoderna, para bien o para mal, ¿ha tomado esta consigna?

No sólo la histeria se modificó en la clínica sino también en la teoría analítica. Existen al respecto dos corrientes contemporáneas completamente opuestas. Por una parte, el psicoanálisis basado en las teorías del *Self*, que centra su punto de atención en los trastornos definidos como narcisísticos, barrió la mayor parte de los casos que inicialmente se hubieran catalogado como histéricos hacia las estructuras *borderline*. La sexualidad incierta, vacilante, la tendencia a la somatización, las actitudes de seducción y huida, la demanda de amor y el apego al objeto, son así registradas como incoherencias del Yo que, por lo visto, debe saber sin dudas cuál es su objeto de deseo, qué lugar debe ocupar, y cómo instaurar sin mayores conflictos una relación amorosa. Como histéricas quedaron solamente las que presentan algún tipo de disfunción sexual o de temor evitativo ante la sexualidad.

Por otro lado, la corriente lacaniana operó en un sentido inverso. La estructura histérica quedó definida como la estructura propia de la mujer, lo cual es cierto clínicamente, aunque, como vimos, obedece a profundas razones históricas que enlazan a la mujer y la histeria. Sin embargo, el planteamiento lacaniano de la histeria ofrece una posibilidad de comprensión de la misma que, por una parte, rebasa la concepción freudiana y, por otra, la visión sintomática que reduce la histeria a un problema de rechazo sexual.

En cuanto a la localización del deseo en el inconsciente, la histeria es la estructura clínica en la cual el sujeto se coloca en la posición de desear ocupar el deseo del Otro. Es decir, desear ser deseado por el Otro, y para ello asumir el lugar que al Otro le falta. En el orden de la demanda se produce un movimiento paralelo, como es ocupar el lugar del ideal del Otro, es decir, ser todo para el Otro. Ninguna de estas dos posiciones se contradice con la posibilidad de obtener placer del acto sexual ni implica una prohibición del mismo. Ahora bien, que no se opongan al placer no significa que se den por resueltas las vicisitudes de la relación amorosa. El hecho de que la mujer haya adquirido un grado de libertad sexual, proporcionado por los cambios en la moral social y por la generalización de los anticonceptivos, ha permitido la aparición de la histeria posmoderna, pero no ha resuelto el problema del deseo. El encuentro con el objeto causa-de-deseo, los malentendidos que ocurren en la demanda amorosa, la guía del propio deseo, se alzan como los mayores escollos dentro de la sexualidad que siempre aparece signada por ese malestar en la cultura, que cambia de lugar pero no termina de desaparecer.

Shire Hite (1988) extrae de sus encuestas importantes respuestas acerca de la sexualidad femenina. Salvando las diferencias culturales, el discurso femenino que allí se recoge es muy similar al que podría proporcionar la escucha en un diván caraqueño:

a) Una dificultad de compatibilidad sexual con el hombre, dadas las diferencias fisiológicas, especialmente la mayor rapidez de la eyaculación masculina sobre el orgasmo femenino, situación que las mujeres tienden a compensar mediante distintas prácticas eróticas.
b) El sentimiento de que al tener relaciones sexuales libres, ocasionales y de algún modo fortuitas, son despreciadas por los hombres; sentimiento que es de alguna manera corroborado por las encuestas en la población masculina en las que los hombres dicen preferir por esposa a una mujer cuya vida sexual no haya sido como la de ellos (el mito de que el culto por la virginidad es latino parece decaer).
c) La búsqueda de un compañero con el cual puedan compartir sus ideas e intereses. En general se quejan de que los hombres no las escuchan.
d) La decepción de haber encontrado mayor atracción sexual en hombres que no son el marido o el compañero habitual.
e) La angustia de que, si no son deseadas por un hombre, todo su esquema de autoestima y valorización personal está puesto en juego.
f) La paradoja de que no se sienten valorizadas por los hombres que las desean.
g) La contradicción entre el matrimonio como un medio de valoración social y la preferencia por la soledad o por relaciones fragmentarias.

Resulta interesante que muchas presentaron otra queja, quizá más profunda, y es que no deseaban vivir la sexualidad «como los hombres», y que sentían que debían someterse a la nueva cultura que las llevaba a actuar un deseo sin consecuencias (83 por ciento expresaba la preferencia por el trato sexual con compromiso sentimental antes que un trato sexual casual). Según Hite la ideología de la masculinidad ha afectado profundamente la propensión al amor y a la intimidad en el hombre, y ha producido una situación en la cual la mujer debe adoptar valores tradicionalmente considerados como masculinos. Transcurridos ya veinte años del *Informe Hite*, es de suponer que hayan tenido lugar cambios en las valoraciones, pero en términos generales pareciera que la cultura contemporánea, más que resolver las disociaciones de la vida erótica de la mujer, la ha empujado a asumir las del hombre.

En el presente, ciertamente muchas transformaciones se han producido desde Freud, entre ellas la misma presencia del psicoanálisis, justificadamente acusado de pansexualista, pero que a la vez, y por eso mismo, reinsertó el placer en la cultura, lo devolvió al lenguaje del cual había sido exiliado. Otros hechos sucedieron además de la presencia del psicoanálisis. El sacudimiento de valores a consecuencia de la Segunda Guerra Mundial; la necesidad imperiosa de insertar a la mujer en el mercado de trabajo; los avances en la medicina que permitieron perfeccionar los métodos anticonceptivos separando la sexualidad de la reproducción; la presencia de los movimientos feministas que introdujeron una reflexión sobre el papel de la mujer en la sociedad; la revolución en las prácticas y códigos morales de la sexualidad que se inicia a partir de los años 60; la conciencia acerca de la violencia ejercida contra las mujeres y las niñas que se traduce en legislaciones y políticas públicas; el acceso de millones de mujeres a la educación superior y su consiguiente intervención en la vida económica y política. Alteraciones definitivas, no cabe duda, en el orden sexual que han permitido a la mujer iniciar el camino de recobrar su lugar propio, lo que indudablemente pasa por un reacomodo no sólo de ella misma sino del hombre.

Cuando Freud escribía en *Tótem y tabú* (1913) acerca de los lazos que unían a la sociedad desde el punto de vista libidinal, afirmaba que eran lazos homosexuales, entendiendo la fraternidad y cooperación como sublimaciones de vínculos homosexuales masculinos. Por su parte, las mujeres han desarrollado también una cultura homosexual, en el sentido de la solidaridad o cooperación entre ellas, en la medida en que la cultura masculina las ha excluido. En este momento nos encontramos —repito una idea de Shire Hite— en un momento histórico privilegiado, en el que se está produciendo el encuentro de dos tradiciones con la posibilidad de crear una cultura heterosexual, es decir, un espacio común en el cual la marcada división de los géneros en dos culturas y dos socializaciones transite hacia un encuentro que articule sus diferencias. Este acercamiento contemporáneo de las dos tradiciones no es universal ni simultáneo, y es evidente que algunas culturas y algunos individuos están más cerca de ese encuentro que otros, que permanecen anudados rígidamente a su división histórica. Hablamos, por supuesto, de las sociedades democráticas posmodernas (y aun así no es posible proyectar las pautas y mentalidades de los sectores liberales e ilustrados a los sectores más conservadores por razones religiosas o preconcepciones sociales). Para las sociedades teocráticas y ancestrales nada de estas transformaciones ha tenido lugar y las mujeres viven (sobreviven) bajo códigos legales y religiosos que impiden su inserción como sujetos de derechos[50].

50 A modo de ejemplo, la ministra para el Desarrollo de la Mujer y el Desarrollo Infantil de India declaró recientemente que en los últimos veinte años han muerto a manos de sus padres diez millones de niñas, y la Unicef publicó en diciembre de 2006 un informe según el cual nacen 7.000 niñas menos al día, principalmente debido a que los fetos femeninos son abortados y que asesinan a las recién nacidas. Caracas, diario *El Universal*, 15 de diciembre de 2006, p. 1-20.

EL SUJETO FEMENINO EN LA TEORÍA PSICOANALÍTICA

MÍNIMAS DECONSTRUCCIONES

Contamos hoy con un discurso feminista, suficientemente consistente y contrapuesto al discurso patriarcal, aunque es necesario hacer la salvedad de que una cosa es que exista un contradiscurso, y otra su eficacia en los canales de la red social (Torres, 1998b). A pesar de ello, puede afirmarse que el discurso feminista ha llegado a un cierto acuerdo en definir que «la mujer» no es ese sujeto que se supone definido, o que, al menos, encuentra un malestar en situarse en ese conjunto de definiciones que se han propuesto para su condición. Existe también un discurso patriarcal para definir al «hombre», de alguna manera complementario, y que también requiere y está en deconstrucción; sin embargo, la diferencia entre ambos casos reside en que los hombres no sufren del mismo malestar a la hora de quedar construidos en el discurso social. Esa diferencia fundamental estriba en que el discurso patriarcal coloca al hombre en la posición de sujeto, y a la mujer en la posición del otro. Más adelante volveré sobre la dialéctica de la interlocución.

En el orden de lo real existen las fórmulas cromosómicas del XX y del XY, responsables de la sexuación de los seres humanos en dos géneros, de cuya unión puede seguirse la producción de un tercer organismo, que a su vez tendrá una de estas dos fórmulas en sus cromosomas sexuales. Dentro del orden de lo real no podemos hablar de la feminidad o de la masculinidad sino de sujetos pertenecientes al sexo masculino o al femenino. La feminidad y la masculinidad pertenecen al orden de lo imaginario y lo simbólico, es decir, al orden de las representaciones. Ese cuerpo, que pertenece a un orden real, es representado como femenino o masculino, y es de esa representación de la que nos ocuparemos aquí.

Partiremos del concepto de que el sujeto no aparece con la producción del organismo biológico. Dicho de otro modo, cuando un ser humano nace, no es todavía un sujeto psicológico. El sujeto es una entidad imaginaria y simbólica que se construye en el tiempo a través del proceso de subjetivación a que lo somete la cultura preexistente. El sujeto, pues, es el resultado del discurso del Otro sobre el Ser, y de ese modo queda construido por atribuciones e identificaciones, esto es, representaciones. Por lo tanto, el sujeto genérico —el sujeto atribuido con un género— es también una construcción. Sus atributos responden a un discurso de la cultura, entendiendo por cultura toda la red de significaciones simbólicas e imaginarias que nos envuelve, y no a un estrecho apartado culturalista que se confunde con el repertorio de costumbres o normas de determinados grupos sociales.

Roy Schafer advierte que los psicoanalistas actuales deberían conocer los puntos más relevantes del discurso posmoderno feminista. El género —afirma— es una construcción constante de ideas acerca de lo masculino y lo femenino.

> Una mezcla inestable de creencias y prácticas conformistas, individualmente variables, frecuentemente escondidas o marginalizadas con formas de sumisión y rebeldía contra las presiones normativas. Tradicionalmente se ha utilizado una aproximación binárica o dicotómica: masculino y femenino, que implica diferencias absolutas y jerarquías de valor (1994: 2).

Esta concepción se fundamenta en la diferencia anatómica pene/útero. Sin embargo, como veremos a continuación, la diferencia freudiana es pene/no pene; dicho de otro modo, para Freud los seres son fálicos o castrados.

Produce cierto desánimo volver sobre estas cuestiones pero, como señala Schafer, la práctica clínica no puede evitar enteramente el conservatismo acerca del género que le da el lenguaje. La convención lingüística ha establecido la universalización lingüística masculina, lo que trae como consecuencia, para la mujer, no ser nombrada en el discurso genérico porque el género masculino la invisibiliza, y para el hombre estar fuera del discurso genérico, porque cuando se habla de género se alude al género femenino.

En la medida en que el género es una construcción del imaginario social, es indispensable aludir a las representaciones que lo constituyen. Las tres fundamentales, a partir de las cuales se deriva el conjunto de características atribuidas a cada uno de los dos géneros, son las siguientes:

a) La representación de los géneros por *oposición.*

La oposición de lo masculino y lo femenino es un producto del pensamiento binario, que muestra al par masculino/femenino en contradicción, como lo blanco/lo negro, lo lleno/lo vacío, el día/la noche, etc. La oposición simétrica indica que lo uno es lo contrario de lo otro y es el resultado de la imaginarización de algunas de sus características; por ejemplo, el día y la noche son efectos de la traslación del planeta que nada tienen que ver con la oposición en términos lógicos. Lo blanco y lo negro son formas de refracción de la luz. Su oposición es metafórica.

Lo masculino y lo femenino no se oponen en términos de contradicción, sino que se diferencian en términos de complementariedad. Son lugares dentro de la estructura de la sexualidad humana. Ciertamente, no son lugares que pueden ser ocupados simultáneamente, pero esta exclusividad de la ocupación no significa que los lugares sean en sí mismos opuestos. Schafer (1994: 18) alerta acerca de la evolución del pensamiento de género, y de cómo el psicoanálisis debe estar abierto a los cambios en su construcción, así como la posibilidad de que haya personas que no quieren estar definidas en uno de los dos géneros. Resumiendo, el ovario no es lo contrario del testículo como la nariz no es lo contrario de la boca. El organismo humano necesita de la nariz y de la boca para ejercer la función respiratoria y posee ambos órganos. Con respecto a la función reproductora, el sujeto humano requiere de dos órganos diferentes —el aparato genital masculino y el aparato genital femenino—, pero en ese caso no es autónomo, necesita complementarse con otro organismo. Por cierto, que las nuevas ingenierías genéticas modificarán, quizá radicalmente, la reproducción humana si llegaran a prescindir de los aparatos genitales.

Un hombre no es lo contrario de una mujer, como un adulto no es lo contrario de un niño, o un hombre blanco no es lo opuesto de un hombre negro. Estas oposiciones dan lugar al sexismo, similar al racismo, es decir, a toda concepción o mentalidad que interpreta la conducta de los sujetos a partir de una o varias de sus condiciones, en tanto esas condiciones son vistas como opuestas, contrarias e irreconciliables con otras, y establecen además valores jerárquicos entre ellas. Hombre/mujer; blanco/negro, etc.

b) La representación de los géneros según la permanencia, irrevocabilidad e *inmovilidad* del ser.

No sólo es evidente que la simbolización e imaginarización sufren transformaciones culturales, también lo real es permanentemente modificado por la humanidad que genera cambios en su entorno; el mismo cuerpo humano ha variado desde la prehistoria, y son imprevisibles los alcances de las tecnologías médicas en la restauración del ser humano.

En lo que atañe a la mujer, la representación del género como esencia permanente ha dado lugar a la concepción del «eterno femenino», es decir, a una cierta idea de la mujer como igual a sí misma, no importa dónde, cuándo y cómo exista esa mujer. La persistencia de los estereotipos acerca de la «psicología de la mujer» mantiene al género femenino sujeto a la invariabilidad. En tanto que el sujeto masculino pareciera ser el único que transforma el mundo y se transforma a sí mismo, el sujeto femenino permanece en una suerte de aculturalidad, como si la historia no lo conmoviera, cuando, por el contrario, los cambios en la identidad y función social de las mujeres son probablemente la más notable transformación del siglo xx.

c) La representación de los géneros mediante la *oposición activo/pasivo.*

Esta concepción inunda la imaginería de los géneros y en ella hay que buscar el sentido último de la división público/privado que inserta a los sujetos masculino y femenino en los escenarios de pertenencia y pertinencia. El hombre es activo y debe luchar en el mundo; la mujer es pasiva y debe cuidar el hogar.

Freud es portador de esta mentalidad e incluso expone que el único registro de la diferencia de los sexos en el inconsciente es la oposición activo/pasivo. Definir la actividad o pasividad de un organismo es, en primer lugar, una empresa difícil, puesto que se trata de una característica que admite las más variadas interpretaciones, y en los textos freudianos es frecuente observar la vacilación para establecer parámetros definitorios de lo activo y lo pasivo. La oposición activo/pasivo en cuanto a los géneros es de larga data y tiene, además, una connotación de prevalencia de lo activo sobre lo pasivo. Se remonta nada menos que a la concepción aristotélica de la inferioridad fisiológica de la mujer, basada en el principio de que en el proceso de la reproducción sólo el hombre es activo, mientras que la mujer es un recipiente pasivo. Se trata, por supuesto, de una visión ingenua del acto reproductor, una imaginarización, en el sentido literal, del coito entendido o visualizado como la penetración activa masculina sobre la mujer pasivamente penetrada que nada tiene que ver, por supuesto, con el complicado funcionamiento fisiológico de la procreación.

La deconstrucción de las representaciones del sujeto femenino llevada a cabo por el pensamiento feminista tiene aproximadamente medio siglo de existencia, aun cuando sus antecedentes se remontan al siglo XVIII, y aun antes. Esta deconstrucción opera un efecto de negación, es decir, opone un «no somos eso» al diccionario de afirmaciones que se establece para la condición femenina:

a) La mujer pertenece a la naturaleza: es imprevisible, susceptible de dominación, volcánica o desértica, fértil o infértil, tempestuosa o sedante, dócil o agreste, etc. Sus ciclos están determinados por la luna y las mareas (léase hoy el síndrome posmenstrual); su cuerpo se identifica con su esencia. Este planteamiento es muy cercano al de la naturaleza «salvaje» del primitivo, y a partir de él se generan los siguientes.
b) La mujer pertenece a alguien. Así como la naturaleza se divide y su valor queda repartido entre los propietarios, la mujer queda definida por la propiedad de quien la detenta: el padre, los hermanos, el esposo, los hijos, y en última instancia el cuerpo social. No puede dejar de mencionarse a Lévy-Strauss, quien estableció el origen de la sociedad en el reparto de mujeres.
c) La mujer es un objeto con valor de cambio y debe ajustarse a los cánones con que cada sociedad establece ese valor. Es decir, la mujer por sí sola, como actor desnudo de atributos, no representa nada. Debe portar ciertos requisitos estéticos y morales para ser intercambiable en el mercado.

Este planteamiento la sitúa en un plano muy cercano a la condición de clase dominada, en el sentido marxista del término.

d) La mujer es eterna, inmodificable y misteriosa. El «eterno femenino» define, no importa la etapa histórica, su comportamiento y consagra una identidad estática dentro de una atmósfera romántica y seudoidealizada.

e) La mujer es colectiva. No posee una individualidad que le otorgue autorrepresentación fuera del grupo genérico, lo cual queda solidificado por la asignación de roles sociales fijos, dentro de una colectivización de destino que ocasiona un despojo del ser. Esta definición sustenta la afirmación de Lacan de que *la* mujer no existe; sólo existen *las* mujeres.

Veamos, dentro de la teoría psicoanalítica, cuáles son las proposiciones que encuentran su origen en el pensamiento patriarcal en el cual fueron desarrolladas y que requieren ser puestas a la luz de una deconstrucción (Torres, 1993b: 14-34).

LA MUJER SEGÚN FREUD

Después de «Psicogénesis de un caso de homosexualidad femenina» (1920) Freud publicó tres artículos dedicados al tema de la sexualidad femenina —»Consecuencias psíquicas de la diferencia anatómica de los sexos» (1925); «La sexualidad femenina» (1931); y «La feminidad», una de sus *Nuevas conferencias introductorias sobre psicoanálisis* (1933). En ellas, particularmente en la última, se recogen sus ideas finales en torno a la condición femenina, y son, en esencia, las mismas que mantuvo desde el principio, aunque complejizadas en cuanto a sus elaboraciones y conclusiones.

Si tomáramos las consideraciones freudianas acerca de la condición femenina como la suma de las percepciones y autopercepciones a partir de las cuales se construyeron las mujeres en un cierto momento de la historia, tendríamos como resultado un gran imaginario desarrollado como consecuencia no solamente de la diferencia anatómica sino de las concepciones de los géneros. Mi sugerencia es que se ha preferido evitar la discusión acerca de si se trata de un imaginario o de una teoría porque llevaría inevitablemente a concluir —como pensaba Simone de Beauvoir— que son insostenibles las ideas freudianas sobre la mujer. Estas ideas son insostenibles no tanto, o no solamente, porque haya pasado el tiempo y los sujetos empíricos hayan modificado sus conductas y sus percepciones, sino porque parten de premisas inaceptables, que fueron admitidas porque eran cónsonas con el discurso patriarcal. Vimos cómo, desde el inicio, las controversias adelantadas por Ernest Jones y Karen Horney fueron desestimadas por Freud, y en esa medida por la comunidad psicoanalítica. En el tiempo se ha ido afianzando una suerte de silencio discreto; nadie quiere darle toda la razón a Freud, pero nadie tampoco quiere del todo llevarle la contraria. Queda allí un nudo de incomodidad, particularmente para los desarrollos lacanianos, porque sin duda Lacan enfatiza la propuesta freudiana, y en esa medida se ha mantenido permanentemente actualizada.

La teoría de la castración basada en la lógica del falo es heredera directa de la concepción de la mujer como organismo biológicamente incompleto, pasivo e insuficiente. La diferencia imaginaria fundamental entre los aparatos genitales masculino y femenino reside en que los órganos sexuales de la mujer no son visibles a la mirada exterior. Están ocultos, aun para aquella que los porta. No todo el aparato genital masculino es visible a la mirada exterior, pero sí lo es el órgano ejecutor de la sexualidad reproductiva. Esta diferencia anatómica resulta fundamental pues en ella se ha basado toda la teoría de la castración. En la medida en que la mujer no tiene ningún carácter sexual primario visible, la imaginarización de su género se construyó desde el registro de la falta. La mujer no tiene «algo» y se la ve como ser incompleto y vacío, en contraposición al hombre lleno y completo. Es evidente desde el punto de vista de lo real que ambos aparatos están completos en sí mismos, y que la prevalencia de un órgano no se establece por su visibilidad o invisibilidad. Por dar un ejemplo, el sistema nervioso es invisible a la mirada exterior y nadie duda de su existencia. La segunda consecuencia imaginaria de la teoría de la castración es la ecuación hombre castrado = mujer. En la fase edípica el niño varón es víctima de la angustia de castración, es decir, del temor a que el padre le quite los genitales por haber deseado a la madre, y lo convierta en mujer. La creencia de que hay un solo sexo, el masculino, es la que da origen a esta fantasía. Se concibe una polaridad castrado/no castrado, la primera como posición femenina; la segunda, masculina. A la vez, el sexo femenino es negativizado, despojado de su identidad, la cual se define por «no tener algo». Todo el aparato genital femenino queda anulado en esta concepción según la cual si un niño es castrado se convertirá en niña. Un hombre castrado es un sujeto que ha perdido los genitales. Esta amputación no lo transforma en mujer, lo convierte en un hombre que ha perdido una parte de su cuerpo.

Una mujer castrada sería aquella a la cual se le ha amputado una parte de su aparato genital, y ésa sería la angustia de castración femenina, como propone Melanie Klein. La niña, si tiene una angustia de que ha perdido el órgano fálico, tiene una angustia prestada. Una angustia proveniente de que ha sido subjetivamente construida en la teoría de que sólo existe un género. La mayor parte de las mujeres hemos sido construidas en la teoría unigenérica, dada la prevalencia y dominio del discurso androcéntrico en la cultura, de cuya deconstrucción ha transcurrido muy poco tiempo para que se haya plenamente establecido un discurso heterosexual que registre consistentemente la dualidad sexual de nuestra especie.

La tercera imaginarización que se desprende de la teoría de la castración es la falización de todo el cuerpo de la mujer. El cuerpo faltante, el cuerpo incompleto, necesita recubrirse del emblema fálico para encubrir la imaginaria falta. La mujer debe ser, en su cuerpo, un objeto dirigido al placer, y por lo tanto enmascarado para ser introducido como tal. Puesto que no tiene falo, debe convertir en falo todo su cuerpo. La superposición de la imagen de la mujer como cuerpo en ofrenda erótica tiene su origen en las ideas anteriormente expuestas, tanto en considerarla parte de la naturaleza, es decir, como ecuación ser=cuerpo, como en la lógica del intercambio de mujeres. En ese sentido la imaginarización del cuerpo femenino produce una reducción simbólica del sujeto.

En los textos clásicos, retomados en el Renacimiento (De Maio, 1988: 45, ss.), cuyas ideas llegaron hasta el siglo XIX, este cuerpo no sólo era incompleto sino enfermo, como lo refleja el antiguo aforismo, «la mujer es un hombre enfermo». La «enfermedad» o «debilidad» de la mujer se apoyó en otro elemento de su fisiología que nada tiene que ver con la salud o la enfermedad, como es la menstruación. La emisión periódica de sangre ha sido también un elemento imaginarizado como una debilidad del organismo femenino, que adquirió incluso un valor moral y religioso. En el siglo XVI no se permitía a los médicos tocar a una menstruante antes de una operación, y en la Edad Media no se permitía a las menstruantes entrar en las iglesias. Es decir, que el concepto de impureza tenía un evidente valor moral más que sanitario. La menstruación, aun en nuestros días, contiene un prejuicio acerca de la condición de salud o fortaleza de la mujer. Todavía se escucha decir que una mujer no puede detentar cargos de alta responsabilidad porque varios días al mes se encuentra en inferioridad de condiciones.

La concepción acerca de la sexualidad masculina es igualmente rígida y basada en la descripción de un imaginario (el complejo de Edipo), que también requiere de una deconstrucción. De acuerdo con Schafer (1994: 2-3) la concepción binárica de los géneros refuerza los valores falocráticos. Esto particularmente afecta a las mujeres, pero también a los hombres, encerrándolos en un modelo prefijado. Ser mujer es ser heterosexual y tener hijos. Su destino se conoce de antemano. Ser una criatura de la naturaleza, más emotiva, simple, inconstante, elusiva, en definitiva, histérica. Ser hombre es tener un modelo reproductivo heterosexual. Es emerger de la naturaleza para ocupar una posición compleja, estable, en el centro del poder, la razón y el lenguaje. Es ser visible *versus* la mujer misteriosa y artificial.

Todo esto que nos parece tan atrasado a los ojos contemporáneos, está registrado psicoanalíticamente en la teoría de la castración freudiana, y por lo tanto en el pensamiento psicoanalítico. Vayamos, pues, al nudo de la cuestión.

Las tres premisas inadmisibles de la teoría freudiana acerca de la construcción de la identidad y sexualidad femenina son:

a) La afirmación de que el sujeto femenino se presenta con una identidad y sexualidad masculina inicial, que solamente después de complicados circuitos se convierte en una identidad y sexualidad femenina adquirida. «La niña es un hombrecito» (22: 118).
b) La afirmación de que esta transformación tendrá lugar en aquellos casos (y solamente en ellos) en los cuales la niña haya reconocido «*el hecho de la castración*, y, con ello, también la superioridad del hombre y su propia inferioridad» (21: 229) [énfasis nuestro].
c) La afirmación de que la posición femenina solamente se establece «si el deseo del pene es reemplazado por un bebé, es decir, si el bebé toma el lugar del pene» (22: 128).

Planteo sin ambages que éstas son afirmaciones insostenibles porque suponen, en primer lugar, que no existen las niñas, por lo menos antes de los cuatro o cinco años; y, en segundo lugar, que la castración no está de ninguna manera propuesta como un imaginario —tal como insisten las escuelas lacanianas— sino como un *hecho*. La niña debe, pues, aceptar la ausencia de un órgano físico; un órgano que no le corresponde tener, pero que, de acuerdo con Freud, su ausencia la hace incompleta e inferior. El punto de la discusión no es, a mi entender, si las ideas de Freud con respecto a la mujer están «pasadas de moda». Por supuesto, lo están, del mismo modo que las nuestras serán probablemente antiguas en los tiempos venideros. Las premisas de Freud no han perdido vigencia porque los tiempos hayan cambiado; eran falsas también entonces porque se sustentaban en la lógica fálica, es decir, la lógica de un solo sexo. La diferencia de su tiempo y el nuestro es que hoy existe un discurso que puede develarlas y en su momento eran cónsonas con la mentalidad social predominante. No podemos pedirle a Freud que viera a la mujer como la vemos hoy. El problema es que sus teorías comportan la denegación de una identidad femenina para los sujetos femeninos, y la afirmación de una falta orgánica para el sexo femenino, que debe ser reemplazada por otro elemento orgánico: el bebé. Ésta es la lógica fálica que permea toda la teoría del inconsciente: la construcción del ser a partir de un órgano que hace a quien lo porta masculino y completo, y a quien no lo porta femenino y mutilado.

Veamos los desprendimientos de estas premisas:

a) Instalación y evolución de la sexualidad de la mujer.

Curiosamente, al releer con atención «La sexualidad femenina» (21: 225-243) observamos que Freud plantea dos opciones para comprender la evolución de la sexualidad femenina. La primera, que el complejo edípico incluya todas las relaciones infantiles con ambos padres (tanto en alemán como en inglés el término para designar a los sujetos infantiles es neutro). Si ésta hubiera sido la vía elegida hubiese llegado a consecuencias muy diferentes. Pero no es la que tomó, sino la segunda opción, que la mujer accede al Edipo positivo después de un período gobernado por el complejo negativo. El complejo negativo se compone de su identidad inicial masculina y su relación con la madre, que debe ser «superada». El complejo positivo será (si lo alcanza) su identidad adquirida femenina y su relación con el padre. La mujer vendría siendo «un hombrecito» que ama a la madre, y finalmente acepta cambiar su identidad y su objeto de amor.

Si la niña ama a la madre porque es un hombrecito, o si amarla la convierte en un hombrecito, no queda claro. Lo cierto del caso es que la mujer nace en la mascarada y en la impersonificación. Se hace pasar por niña, cuando es, en realidad, un varón. O pretende ser un varón, cuando en realidad es una niña. Sus tareas son las siguientes: debe abandonar su zona genital predominante (el clítoris) a favor de «una nueva zona, la vagina», y debe abandonar el apego por la madre y traspasarlo al padre, quien lo hereda de la madre. Es decir, que tampoco el amor por el padre es genuino, sino un traspaso de un amor anterior. Naturalmente, existe la posibilidad de que estos traspasos no se lleven a cabo, y en ese caso la mujer queda en la fase preedípica o complejo «negativo». En resumen, la mujer no es un verdadero sujeto: 1) no tiene identidad propia; 2) no tiene zona genital propia; y 3) el hombre no es su objeto propio sino sucedáneo. Planteada así la tarea de convertirse en mujer, no es de extrañar que pocas lo logren. Pero hay más. El complejo de Edipo es masculino, y por ello rechaza la sugerencia de aceptar un complejo de Electra.

> Es sólo en el niño varón en quien encontramos una decisiva combinación de amor por un padre y odio simultáneo por el otro como rival (21: 229).

Pudiéramos estar de acuerdo con que, efectivamente, el imaginario edípico es masculino, lo que nos llevaría a construir un imaginario femenino alterno, pero esto Freud no lo hace. La lógica fálica no se lo permite, de modo que debe continuar la construcción del sujeto femenino a partir de las mismas premisas con las que construye el sujeto masculino, lo que añade una cuarta falla en la constitución de la mujer: su complejo edípico es deficitario, y de allí su menor capacidad de simbolización y su debilidad superyoica.

La naturaleza masculina del clítoris y la masculinidad de la excitación clitoridiana —elementos que Freud plantea como indicativos de la sexualidad masculina de la niña, y como parte de la tarea de traslación que debe ejecutar para adquirir la sexualidad femenina—, han perdido ya interés para la discusión, porque han sido completamente invalidados por la investigación de la conducta sexual humana.

> Los descubrimientos fisiológicos de Master y Johnson, *La respuesta sexual humana*, de 1966, fueron una refutación definitiva de las tesis freudianas acerca del orgasmo vaginal: hay una sola clase de orgasmo femenino —el clitoridiano es, para usar las palabras de Master y Johnson, «el foco primario de la respuesta sensorial de la pelvis de la hembra humana» (Appignanesi y Forrester, 2002: 457).

b) La vinculación con la madre, con su género y con la feminidad.

La fase de apego con la madre está especialmente relacionada con la etiología de la histeria, y en ella se genera la paranoia de la mujer: el miedo a ser matada (devorada) por la madre. El apego con la madre está condenado a desaparecer porque es intensamente ambivalente (como en los neuróticos y primitivos), y finalmente priva la hostilidad que la hace separarse de la madre y refugiarse en el padre. Esta conclusión, que muy bien pudiera representar la situación de un caso particular, es elevada a ley universal, aunque Freud nos advierte que sus observaciones fueron registradas a partir de mujeres que habían desarrollado un fuerte apego al padre. Sin embargo, es bastante evidente la connotación negativa que adquiere esta primera relación de las niñas con sus madres.

La razón de la hostilidad de la niña hacia su madre se origina en las restricciones que ésta le impone; en primer lugar sobre la masturbación (cuya persistencia abre el camino hacia la masculinidad, por ser clitoridiana) y, la segunda, sobre el ejercicio de su sexualidad. Pero la causa fundamental del retiro de la niña ocurre cuando comprende que no sólo la madre carece de pene, sino que ésta es una ley universal, y toda la feminidad sufre una gran depreciación ante sus ojos. Esta deficiencia es interpretada por la niña como un castigo por la masturbación, es decir, su propia sexualidad la hace deficiente.

Tenemos que suponer entonces que el apego por la madre es hacia la madre fálica —la madre con pene, una madre inexistente—, y que, al comprender que tal madre no existe, se vuelve hacia el padre, que sí es portador del pene. Es decir, la niña no amaba a la madre, a una mujer, sino a un hombre que confundía con su madre. El reproche y hostilidad contra la madre descansa en las siguientes razones (1932: 122-123):

a) le reprocha que no le dio un pene;
b) le reprocha que no le dio suficiente leche;
c) sus reproches parten de la ambivalencia constitucional de las pulsiones;
d) quizás porque ése es el destino del primero y más intenso amor;
e) las niñas acusan a la madre de haberlas seducido. La teoría inicial acerca del padre como seductor, cambia ahora los términos. Es la madre, al prodigar los cuidados del infan-

te, la que introduce la seducción. En otros momentos esto será de nuevo trasladado a las subordinadas (niñeras, institutrices, etc.) (Gallop, 1985: 212-213).

Posteriormente (1933: 124) vuelve a este tema y concluye que no existe la ambivalencia constitucional. Las acusaciones y reproches de no haber sido suficientemente gratificada no son más que racionalizaciones para justificar su hostilidad, y es necesario buscar un factor específico, ya que los anteriores también serían aplicables al varón. Lo específico es que la madre es la responsable de su falta de pene, y, cuando descubre que ella, la madre, también está castrada, la abandona. Su hostilidad continuará durante la etapa edípica. No quiere ser como ella, sino desplazarla y tomar su lugar. La madre es ahora objeto de rivalidad y celos porque la niña ha abandonado su deseo de tener un pene y lo ha reemplazado por el deseo de tener un niño, y con ese propósito toma al padre como objeto de amor.

Quiere decirse que la niña estaba apegada a la madre porque era la figura que le prodigaba cuidados, pero siempre desde una intensa ambivalencia y temor, y que una vez descubierta la mascarada de la madre —es decir, que no tiene pene—, quiere obtener su lugar, para así aspirar al pene del padre. Lo que pareciera fuera de la proposición es que la niña ame a la madre por sí misma. Es el pene del padre lo que ha estado sosteniendo la relación; o bien porque creyó que la madre también lo tenía, o bien porque ahora será de ella. No es difícil comprender por qué Freud llama «complejo negativo» a esta fase de la niña. Todo lo que ocurre en ella silencia la relación de amor en la pareja niña-madre, así como su necesidad de identificarse con ella. La niña no quiere ser como la madre porque la ame y la admire. No la puede admirar porque no tiene pene, y quiere ocupar su lugar para que el padre se lo dé a ella en forma de bebé. Por ello es que para Freud las relaciones entre mujeres nunca están sostenidas por el afecto o la solidaridad, sino por la envidia y la rivalidad por el hombre. El tópico de que las mujeres no desarrollan entre sí lazos de amistad valiosa y genuina, como los varones, replica estas teorías freudianas que no son más que opiniones sesgadas por su concepción de los géneros.

De este modo la relación de la niña con su propio género y con la feminidad se instala desde la ambivalencia, la depreciación y la rivalidad. Lo que a la niña le interesa de su feminidad es que, mediante ella, alcanzará el pene. Es un artificio, un simulacro, que mucho tiene que ver con los prejuicios acerca de la insinceridad y las técnicas femeninas de manipulación. La maternidad es también un deseo vicario, lo que la mujer ama en su hijo es que éste toma el lugar del pene, y ama al padre en tanto él puede darle este hijo. Todo sigue siendo, pues, una mascarada.

> Espera que el pene que le negó la madre se lo dé el padre y la situación femenina *únicamente* se establece si el deseo del pene es reemplazado por el deseo de un bebé (22: 128) [énfasis nuestro].

La maternidad, curiosamente, no se instala como identificación con la madre sino como deseo del pene. Siendo el deseo del pene el deseo femenino «por excelencia», queda así sustituido por el bebé. «El antiguo deseo masculino por la posesión del pene es todavía ligeramente visible a través de la feminidad ahora realizada» (22: 128-129). La maternidad es de nuevo una mascarada a través de la cual la mujer realiza su deseo de masculinidad. La mujer no se identifica con la madre edípica sino para repetir compulsivamente el infeliz matrimonio de sus padres; la identificación femenina proviene de la madre preedípica, de la cual la niña deriva su rol sexual y sus tareas sociales. Resulta esto bastante sorprendente, y la única manera de comprenderlo es seguir la lógica de que la madre edípica es la madre castrada, depreciada y odiada («el apego a la madre termina en odio», 22:

121). La madre valorada es la preedípica; la madre percibida como fálica, es decir, la madre masculina.

c) La relación con el padre, con el género masculino y con la masculinidad.

Si bien el apego al padre es una herencia del anterior y más primitivo apego a la madre, se produce en esta nueva fase un cambio de las pulsiones. La relación con la madre, en tanto masculina, se apoyaba en pulsiones sexuales activas; la que se da con el padre está cargada de pasividad, y por ello es una posición femenina. El padre, que fue un rival molesto en la fase anterior (aunque no tan odiado como en el caso del varón), será ahora objeto de amor, y continuará la relación heredada de la madre. En tanto que la naturaleza toma menos en cuenta las demandas femeninas que las masculinas para el cumplimiento del fin biológico de la sexualidad, éste ha sido confiado a la agresividad masculina, y en cierta forma independientemente del consentimiento femenino. La relación con el marido continuará la ambivalencia con la madre, y el matrimonio no queda asegurado hasta tanto la mujer no logre hacer del esposo un hijo y ser una madre para él.

Curiosamente tampoco se establece un deseo de la mujer por el hombre; lo que la niña quiere del padre es que le dé un pene, en forma de bebé; es decir, que le permita adquirir la masculinidad que la madre le había negado. Si antes habíamos dicho que Freud no podía reconocer el deseo en la sexualidad lesbiana, ahora podríamos afirmar que tampoco lo reconoce en la heterosexualidad. Descubrimos, finalmente, que lo que la niña quiere del padre (y la mujer del hombre) es que le conceda el pene negado por la madre. Esto es lo que conduce la pulsión sexual de la mujer: ocultar el deseo de ser hombre a través de una mascarada.

Debemos añadir que Freud comenta que todo lo que ha dicho «está determinado por su función sexual. No descuidamos el hecho de que una mujer como individuo puede también ser un ser humano en otros aspectos también» (22: 135). No alcanzamos a imaginar qué define ese «ser humano» disociado de su identidad genérica.

d) Efectos de la posición femenina.

Las tres opciones del desarrollo de la sexualidad femenina derivan de la castración, es decir, de la mutilación de un órgano que la niña no tiene y no debe tener. Son opciones derivadas de una alienación identitaria:

1) El rechazo a la sexualidad en general. La niña, al descubrir que no tiene pene, repudia toda la sexualidad.
2) El apego desafiante a su masculinidad amenazada.
3) El camino que después de muchas vueltas la conducirá al padre. El Edipo femenino depende así de la castración.

Contradictoriamente, la ausencia de miedo en la niña ante la castración la llevará a permanecer en la situación edípica en forma indefinida, y a sepultarla en forma incompleta, lo que afectará la fuerza e independencia del Superyo, como heredero del complejo de Edipo. Pero, por otro lado, la envidia del pene conducirá a un aumento del narcisismo vinculado a la vanidad física para compensar la inferioridad sexual original. La predominancia de la envidia disminuirá su sentido de la justicia y su capacidad para la sublimación y los intereses sociales, con el agravante de que, hacia los treinta años de edad, la mujer es psíquicamente rígida y su libido se torna incapaz de modificaciones.

La naturaleza de estas afirmaciones es de tal manera un conjunto de opiniones que no merece ser discutida, pero, insistamos, no es solamente un efecto del discurso patriarcal decimonónico, sino consecuencias de la lógica fálica con la que Freud ha construido la identidad femenina. De nada vale decir que ya no sostenemos estas opiniones, si no reconocemos su origen teórico y no desmontamos la premisa a partir de la cual se genera. O, si se quiere, si no reconocemos que esta teoría es la expresión de las concepciones sobre el género femenino que Freud sustentaba.

Si bien varias veces en la conferencia «La feminidad» (22: 112-135) pide excusas ante las feministas por la naturaleza «antipática» de sus observaciones, concluye que, ante la queja de algunas mujeres, debe decir: «esto no aplica para usted. Usted es la excepción; en este punto usted es más masculina que femenina» (22: 117). Ironías aparte, lo que se traduce es que, cuando las mujeres se apartan de sus concepciones, es porque no son verdadera o totalmente mujeres. Lo incomprensible de las mujeres es que «una parte de lo que nosotros los hombres llamamos 'el enigma de la mujer' deriva de la bisexualidad en las vidas de las mujeres» (22: 131); es decir, la mujer es comprensible, lo que la hace enigmática (o problemática) son los elementos masculinos de su conformación. Lo que Freud encontraba como disonante en las mujeres quedaba apartado en el «sector masculino» de su carácter.

En sus desarrollos sobre el masoquismo (1924b), Freud introdujo el concepto de masoquismo femenino, esencial de alguna manera a la naturaleza de la mujer (19: 162). De acuerdo con esto, el dolor es femenino. Probablemente es una consecuencia del hecho de que la niña se acostumbra a la idea del cuerpo sangrante desde muy temprano. La idea de que la sexualidad femenina atraviesa los ritos de sangre (menstruación-desfloración-parto-menopausia) forma parte del conocimiento íntimo de la mujer, aun antes de haberlo experimentado. Conceptuarlo como masoquismo es de alguna manera denigrarlo o al menos desvirtuarlo, y Freud incurre en ello cuando explica algunas fantasías o actos perversos del hombre como resultado de haber adoptado una posición femenina. Su contrapartida moral, la resignación ante el sufrimiento, es una cualidad muy alabada en la mujer, desde luego útil a los fines de que acepte sumisamente las imposiciones del orden patriarcal.

LA MUJER SEGÚN KLEIN

Melanie Klein (1932) introdujo una teoría de la castración que se aparta de la freudiana. Para Klein la angustia de castración en la mujer no reside en la posibilidad de perder el pene sino en no poder tener hijos. De acuerdo con esto, la angustia de la niña se origina en el temor de que sus órganos internos hayan sido dañados a causa de la agresión que ella ha dirigido contra los de su madre. La función central de la mujer reside en la maternidad, real o sublimada, en la reparación de la imagen de la madre dañada en las fantasías inconscientes infantiles, y es a través de la restitución del hijo como la mujer logrará recomponer ese daño. De esta manera da vuelta a la teoría freudiana en la cual el hijo es un sustituto fálico, colocándolo ahora como reparación de la madre.

Al tomar la maternidad como función reparatoria, de la madre y de sí misma, la mujer queda reducida simbólicamente, y equiparada dentro de su función natural por excelencia como es la reproductiva. Hay ciertamente un cambio en la lógica, o, mejor dicho, en los términos de la lógica, pero en el fondo de la cuestión se vuelve a lo mismo: la mujer, para recuperarse a sí misma, necesita de la maternidad. Y sigue apareciendo como incompleta, en permanente necesidad de solucionar algo perdido o dañado.

Melanie Klein considera la castración femenina como el problema de un espacio faltante, de un vacío en el aparato genital (1920). En ese sentido, sin oposición frontal, ejecuta cambios importantes en la lógica fálica. Para Klein el centro de la mujer es la maternidad, lo cual es fácilmente aceptable desde el punto de vista social. Sin embargo, ¿la mujer es exclusivamente madre?, ¿es ésa la única característica que podríamos encontrar para identificar a la mujer? Freud consideraba que la niña no tiene percepción de la vagina; Klein piensa que sí, pero, en todo caso, la vagina no es visible, como no lo son el útero y las trompas. Tampoco la menstruación confirma la existencia del aparato genital interno, el útero es un órgano silencioso que solamente habla si está enfermo o en el proceso de embarazo. Esta condición crea un problema, que precisamente Klein retoma, en tanto aquello que define genitalmente a la mujer no es accesible a la percepción sino un órgano totalmente imaginado, ya que la niña, aunque tenga acceso a la masturbación clitoridiana, no alcanza la noción de totalidad de su aparato genital.

Esta vuelta a la identidad como maternidad propone nuevos problemas. La identificación con la maternidad es una identificación prospectiva; incluso los senos, que son un carácter sexual secundario importante, tampoco los tiene la niña. Solamente en la menarquia es cuando la niña puede, dice Klein, comprobar que algo adentro funciona como debe funcionar. Y, más aún, insiste, ni siquiera es la menarquia sino el hecho de tener un hijo la condición que reasegura a la mujer que su aparato está en buen estado. Para Klein la angustia de castración no surge de que la mujer no tenga pene sino de la incógnita por saber si sus órganos genitales están completos o dañados. Pero esto, indudablemente, determina que la misión de la mujer está en relación con la maternidad, condición que no asegura ni el deseo sexual ni el placer, porque para tener hijos no son necesarios: basta con que los tenga el hombre.

El espacio en blanco de la mujer representa la angustia por saber si su interior está vacío o lleno con un aparato que permite la reproducción, y que en el sentido sublimado sería la posibilidad de creación en actividades profesionales, artísticas, o en el mismo cuidado de la casa (1920).

Retomemos los pasos en la conformación de la identidad femenina desde la perspectiva kleiniana (1932):

a) frustración oral y resentimiento con la madre al quedar privada del pecho;
b) vuelta al pene como objeto de gratificación;
c) fantasía sádica de atacar a la madre en su interior y privarla de su contenido (pene del padre, niños), basada en la teoría sexual infantil (compartida por ambos sexos), según la cual la madre contiene en su interior el pene del padre; y
d) temor a la retaliación de la madre.

Klein considera que su acuerdo con Freud reside en que la niña quiere un pene y odia a la madre por no dárselo, pero la diferencia estriba en que, a su juicio, el deseo del pene no proviene de ser éste un atributo de la masculinidad sino un objeto de gratificación oral, y que este deseo no deriva del complejo de castración sino de las tendencias edípicas, de modo que no entra en el Edipo indirectamente a través de sus tendencias masculinas sino directamente, como resultado de sus dominantes componentes instintivos femeninos. En la elección del pene como objeto deseado opera la frustración derivada del pecho que lo convierte en un objeto mágico de infinita gratificación oral, al cual se dirigen pulsiones parciales orales, anales, uretrales y genitales. La proyección de los componentes sádicos compone la figura de un pene malo, y la elección adulta de una pareja sádica se basa en la compulsión a la repetición de introyectar penes malos que la destruyen. La proyección de los impulsos orales incorporativos, no sádicos, componen la imagen del pene bueno, y la tendencia a introyectarlo origina la buena relación de pareja.

El cuerpo de la madre se constituye en un almacén que contiene gratificación y alivio, de ahí el deseo de apoderarse de los contenidos buenos, lo cual origina culpa y ansiedad y el impulso a restituirle todo lo bueno que se ha tomado de ella dando origen a la sublimación. Paralelamente existe en la niña un deseo sádico de robar los contenidos del cuerpo de la madre (pene, niños) y destruirlos; este deseo provoca una angustia de que la madre la destruya a ella y la robe. En el temor de que la madre agreda su cuerpo, el no ver a la madre real intensifica la angustia. Posteriormente sobrevendrá la angustia de que la madre como objeto de amor puede perderse y quedar así la niña sola y abandonada. Pero, fundamentalmente, la castración para Klein no es no-ser-hombre sino no-tener-hijos, no es la ausencia de pene sino el temor al daño interno. Al igual que en la posición freudiana se mantiene la madre como figura de la cual proviene la castración, y también la identificación con el padre, porque, para Klein, la niña, si se frustra con el pecho, busca identificarse con el padre; si su odio a la madre se intensifica, surge la fantasía de dañarla con el pene, y, cuando, por la culpa, quiere restaurarla, también el pene es el objeto a través del cual fantasea restituirle el que le ha quitado o los niños que en su interior le ha dañado. Así que pudiéramos concluir que Klein vaciló en la posición de privilegiar al pene como atributo fálico omnipotente de destrucción o reparación.

LA MUJER SEGÚN LACAN

La mujer es educada en la idea de que es objeto del deseo del hombre. No se trata, por supuesto, de la banalidad de que la mujer sea capaz de despertar ese deseo activamente, mediante el ejercicio de su seducción. Es, precisamente, que ha sido educada en la idea de que debe seducir para lograr su objetivo: ser elegida. Por supuesto, la mujer puede asumir ser sujeto de su deseo.

El problema de la oscilación entre la posición de sujeto y objeto es necesario analizarlo desde las posiciones que ambos géneros ocupan en la dialéctica de la interlocución. En sus conferencias caraqueñas de 1996 el filósofo Jean-François Lyottard afirmaba que la civilización es la participación del Tú, la aparición de la palabra compartida/compartible. El Yo habla, el Tú escucha, pero estas dos posiciones —equivalentes a la del Uno y el Otro, o el Sujeto y el Objeto— deben ser reversibles, no fijas. Esto puede aplicarse a la condición que históricamente la mujer ha ocupado en la interlocución: la posición del Tú, del Otro, del Objeto. Esta condición se ha ido revirtiendo y compartiendo, pero, qué duda cabe, con dificultad. El discurso patriarcal no cede fácilmente la posición de Sujeto, de quien habla y mira al otro cuando habla, sin reponerse de la sorpresa de que tenía, a pesar de su silencio, voz. La mujer misma se sorprende cuando sale de la posición de Otro para estar en la de Sujeto, en la del Uno. El Uno es quien habla, no de quien se habla. El Otro es aquel sobre quien el Uno conduce su mirada y lo observa, lo particulariza, no le concede universalidad. El género masculino es universal, el género femenino es particular. Esta diferencia es, por cierto, fácilmente observable en algunas leyes de la gramática, tales como la masculinización del plural, así como el uso de las abstracciones en género masculino.

Lacan, quien retoma la dialéctica hegeliana del amo y el esclavo en su teoría de los discursos, en ningún momento se plantea que estas dos posiciones básicas de la interlocución son exactamente las que han ocupado el hombre y la mujer. El género masculino habla, el género femenino escucha, tal como han estudiado en el proceso analítico Hoffman Baruch y Serrano (1996). También Lakoff y Coyne (1993), que mencionamos a propósito de su estudio sobre los patrones comunicacionales en el caso Dora, plantean que en la relación terapeuta masculino-paciente femenina se establece el desequilibrio de poder de género. La comunicación femenina no puede ser neutral; o es seductora o rechaza el sexo. El estilo comunicacional refleja la posición de poder entre los participantes, según la cual las mujeres deben ser indecisas, indirectas y deferentes; los hombres directos y autoritativos. En ese sentido, los patrones comunicativos femeninos son calificados como ausencia de poder e incapacidad de expresarse seriamente.

En cuanto a los pasos de la niña con relación al significante fálico, Lacan, en «La significación del falo» (1958) propone lo siguiente:

> 1) La niña se considera ella misma, aunque sea temporalmente, como castrada en tanto que ese término quiere decir privada de falo, y ello por la acción de alguien, primero la madre, punto importante, y luego el padre.
> 2) En ambos sexos la madre es considerada como provista de falo, como madre fálica.
> 3) Correlativamente la significación de la castración no toma de hecho su valor eficiente en cuanto a la formación de síntomas más que a partir de su descubrimiento como castración de la madre.
> 4) Estos tres problemas culminan en el desarrollo de la fase fálica [...] en tanto caracterizada por el dominio imaginario del atributo fálico (1964: 686).

Esta exposición que sigue fielmente las líneas freudianas sugiere que la niña, al identificarse con la madre, asume también la castración que le atribuye, y, en ese sentido, el significante fálico, como atributo del padre, adquiere gran importancia dentro de la estructuración edípica. La identificación no conduce a ser la imagen total del objeto, sino que subraya o elige aspectos parciales (recuérdese la tos de Dora como identificación simbólica con el padre) que se constituyen en Ideal del Yo. El Yo pasa a pertenecer a ese Ideal a través de la relación con estos aspectos parciales. De ese modo la falta que supone la castración es llenada a través de la identificación con el hombre, identificándose al valor fálico que vicariamente se le atribuye. Podríamos decir que el brillo del objeto cae sobre el Yo, y, a la vez, el Yo se convierte en un objeto fálico para el Otro dentro del campo de la demanda y el deseo.

La teoría lacaniana destaca que esa identificación está articulada no a un objeto sino a un orden simbólico e imaginario; en tanto el falo no es ni un órgano ni un objeto, no es reductible a un signo positivo sino, por el contrario, a una ausencia. Es el signo de la ausencia, la marca de la falta-en-ser que se recubre bajo el significante fálico. La afirmación de que el falo no es un objeto no se compadece con la denominación de significante fálico —de obvia referencia masculina—, y con el señalamiento de Freud acerca de la castración como hecho.

Lacan introduce un aspecto que Freud no formula de la misma manera. Lacan dice: «La mujer no existe», la mujer no es un concepto simbólico, no hay una representación en el inconsciente de la mujer, sólo el falo tiene representación en el inconsciente y el falo no tiene equivalente femenino. La mujer es una creación, una construcción, una mascarada que crea la cultura. No tiene un espacio simbólico y, debe, para buscar su posición simbólica, necesariamente identificarse con el hombre. La niña construye una identificación con el padre para resolver, a través de él, la definición de su sexualidad. Tiene que identificarse con el falo del padre para ubicarse ella como niña. Vemos aquí una repetición y ampliación de la denegación freudiana de la identidad femenina. Para ser mujer es necesario, primero, ser hombre.

En resumen, encontramos tres teorías de la castración; para Freud lo faltante es el espacio corporal (el pene); para Klein es el espacio interno (¿está vacío o está lleno?), y para Lacan el espacio simbólico. En «La cuestión histérica. ¿Qué es una mujer?» (1956) plantea:

> Allí donde no hay material simbólico, hay obstáculo, defecto, en la realización de la identificación esencial a la sexualidad del sujeto. Este defecto proviene de que, en un aspecto, el simbólico carece de material porque le hace falta uno. El sexo femenino tiene un carácter de ausencia, de hueco, que lo hace menos deseable que el masculino, en lo que tiene de provocante, y que produce una disimetría esencial (1981: 199).

En la medida en que la feminidad y la masculinidad no estén inscritas en el cuerpo y no se desarrollan en forma natural, se construyen. Para Lacan:

> La posición sexual y su realización pasan por atravesar una relación altamente simbolizada, el Edipo, que comporta una posición alienante para el sujeto. Desear el objeto de otro y poseerlo por procuración de otro. En la medida en que la función del hombre y de la mujer es simbólica [...] se realiza toda posición sexual normal, acabada. Que el hombre se virilice, que la mujer acepte verdaderamente su función femenina, es decir, la realización genital, está sometido a la simbolización como exigencia esencial (1981: 2).

Pero encuentra una dificultad esencial en la mujer:

> No hay, propiamente hablando, una simbolización del sexo de la mujer como tal. En todo caso la simbolización no es la misma, no tiene la misma fuente, no tiene el mismo modo de acceso que la simbolización del sexo del hombre. Y esto porque el imaginario sólo ofrece una ausencia, allí donde hay un símbolo muy prevalente (1981: 198).

Esta proposición se basa en que el falo, a diferencia del pene, es una forma imaginaria y un símbolo que no tiene equivalente ni correspondiente. En otros términos, la mujer, al preguntarse por la sexualidad, no encuentra en ella misma un símbolo con el cual identificarla, en tanto que la niña está dominada por el atributo fálico, y requiere de la identificación con la imagen del padre para organizarla. La masculinidad aparece como de naturaleza positiva y existente, y la feminidad es de naturaleza negativa, en el sentido de aquello que no está; lo no existente, el hueco.

Las dos proposiciones lacanianas, que básicamente dicen lo mismo, son, por una parte, el aforismo de que *la* mujer no existe, sólo existen *las* mujeres; por otra, que la mujer es no-toda. Estas proposiciones se fundamentan en la lógica fálica, y desde ella aparecen como «lógicas», tal como vimos en Freud.

El tema de más trascendencia es que Lacan explícitamente afirma que la mujer no tiene lugar en el orden simbólico. No está registrada en el inconsciente, no tiene significante. Sólo aparece significada como «madre». Que la mujer sea inscrita fundamentalmente como madre, que ésa sea su función, su identidad, hasta cierto punto su legitimación, no es ninguna novedad. Pero, por otra parte, es también una importante contradicción lógica. No se explica cómo puede registrarse en el inconsciente el significante madre sin el significante mujer. La madre es más bien un posible atributo de la mujer, no a la inversa. Pero esta contradicción no es sorprendente, pues ya Freud la estudió a propósito de la disociación del objeto en el hombre. La figura de la madre aparece como dignificada, incluso idealizada, en el imaginario social; la mujer aparece rebajada o ilegitimada. Lacan, aquí, repite una antigua concepción.

En la medida en que la mujer no aparece con un lugar simbólico, no existe *la* mujer. Sólo mujeres, múltiples, intercambiables. Una colectivización del destino, en la cual las mujeres son más rebaño que género. La mujer, pues, no existe simbólicamente, y, además, en su existencia concreta es no-toda. Es bastante evidente que ese no-ser-toda, marca la misma carencia que sustenta la teoría de la castración freudiana. A la mujer le falta algo, y ese algo que le falta sigue siendo el órgano fálico. Y, en tanto le falta el órgano, le falta el significante. Parece imposible sostener que si el ser humano está sexuado en dos géneros, sólo uno de ellos merezca posición simbólica. Por supuesto, es posible sostenerlo desde el imaginario patriarcal que sólo toma en cuenta a uno de ellos, el fálico masculino.

La defensa esgrime el argumento de que la castración de la que participa la mujer es imaginaria, al igual que la del hombre, ya que en términos simbólicos ambos están castrados, a ambos les falta algo, pues el sujeto es siempre sujeto dividido, sujeto tachado. Hay que distinguir —dice la teoría lacaniana— entre órgano y significante fálico, el cual no tiene referente empírico. Pues bien, distingamos. Si tanta distancia hay entre el órgano y el significante, ¿por qué el falo es el significante del deseo? ¿Por qué utilizar como significante un término cuyo referente empírico es tan nítidamente masculino? Porque el deseo es masculino para Lacan, quien ratifica explícitamente que la libido es masculina, como decía Freud. Y, si tanta es la diferencia entre la castración imaginaria y la real, ¿por qué es fálica esa castración? ¿Por qué masculinizarla si nos ocurre a todos y todas? Porque el falo es para Lacan el único significante, el único registro sexual del inconsciente. En la teoría lacaniana la mujer aparece con una erosión fundamental. No es un sujeto simbólico. No habla. No tiene representación simbólica. Es siempre un otro imaginario.

En otro orden de ideas Lacan introduce el concepto de la «Ley del Padre» (o «Nombre del Padre»), la cual se inserta en el sujeto a través de la madre, es decir, de la mujer. Es la mujer quien soporta esta ley y de ella depende que sea o no inscrita en el hijo (1966: 575, ss.). Con respecto a la «Ley del Padre», concepto muy significativo porque de su aceptación depende la inserción del sujeto en la neurosis, y su no registro implica la entrada en la psicosis, ocurre algo similar. Desde otro punto de vista lo que Lacan parece decir es que el padre dicta las leyes y las madres son las encargadas de que los hijos las obedezcan. Las madres son, pues, responsables del destino de sus hijos; los padres se limitan a ordenar el mundo. Para Lacan, entre el padre y el hijo no hay acceso directo. La madre es obligada mediadora. No resulta difícil reconocer en esta proposición el modelo patriarcal, hoy problematizado, de cómo deben funcionar las familias.

LA MADRE PSICOANALÍTICA

No todas las mujeres pueden ser madres, y, sobre todo, no todas quieren serlo. ¿Qué ocurrirá entonces con ellas, a quienes se les ha venido repitiendo que su plenitud pasa por la maternidad? Roy Schafer (1994: 15-17) alerta acerca del problema del deseo de hijos en mujeres que están por terminar el período fértil y el peligro contratransferencial del analista de impulsarlas al rol de género convencional.

Que la mujer se haga valer como madre no es solamente una pauta cultural, tiene una relación mucho más profunda con la organización de la sexualidad, ya que, dadas sus condiciones anatómicas y fisiológicas, para procrear no son necesarios ni el placer, ni el deseo, ni el amor. La maternidad, desde el discurso social, es una demanda a la mujer, variable según las circunstancias históricas, y tiene también un lugar en el discurso psicoanalítico. La maternidad asegura a la mujer un cierto estatuto de normalidad, relacionado con la «madurez genital» en algunas teorías; en otras garantiza una buena relación con su propia madre, o también una conclusión de su firme identidad femenina. También podríamos decir que recubre su vacío, y es en el fondo una de las expresiones más evidentes del narcisismo, en tanto proporciona un significante bajo el cual *ser*, una plenitud prometida, una consideración a reclamar, y sobre todo un destino a ejecutar. En todo caso, la madre habla, la madre está en el discurso, domina un espacio social. Es la mujer la que no habla, la que no tiene un significante propio, y es su deseo lo que queda por ver.

Si la mujer queda ligada a la función materna e identificada con ésta, ¿qué ocurre, entonces, cuando la pierde o no la puede adquirir?, ¿cuál es la función y la utilidad de la mujer, si ha pasado el punto en que los hijos no la necesitan más? Con frecuencia se ven depresiones severas, porque cuando una persona siente que ha perdido su inscripción social puede llegar al suicidio, a la melancolía o al trastorno psicosomático. Es intolerable para un ser humano no tener inscripción, no tener sentido. Es muy común también el síndrome del nido vacío, y el drama de la mujer que intenta retener a los hijos creando un problema para ellos porque no los deja desligarse. Y no lo permite porque necesita de la presencia de esos hijos para seguir sosteniendo su vida.

Por ello, en el caso de la mujer que se liga exclusivamente a ese significante, podría decirse que su desesperación está en no encontrar otra función ni otro significante que la ubique y la determine. La mujer, al decir «soy madre», dice «soy alguien». El hombre no se identifica por ser padre, puede tener hijos o no, pero esa condición no compromete su identidad. En cambio la mujer percibe que si no tiene hijos le falta algo tocante a su identidad. Naturalmente esta percepción ha ido modificándose culturalmente, pero no podríamos afirmar que ha desaparecido por completo.

En ese sentido es necesario revisar la teoría psicoanalítica de la maternidad. Freud la insertó como una respuesta a la castración, es decir, una manera de tapar la falta de pene en la mujer, de modo que el hijo adquiere un valor fálico, y resaltó el papel de la maternidad en la sexualidad cuando afirmó que un matrimonio bien avenido era aquel donde la mujer se aceptaba como madre del hombre. Melanie Klein no se apartó demasiado de esto al considerar que para la mujer es mucho más importante la relación con los hijos que el placer sexual. Difiere de Freud en el sentido de considerar el deseo del pene del padre como el deseo de un objeto libidinoso, y no como un deseo de ser hombre. Coinciden en que la procreación es el mayor deseo de la mujer y en la equiparación niño-pene, pero para Freud se trata de un modo de recuperar la herida narcisista dejada por la castración, y para Klein un modo de vencer la ansiedad y aliviar el sentimiento de culpa, siendo el niño la representación de todo un mundo restaurado. La reparación de la mujer, todo su intento creativo, obedece a la angustia que dejaron en ella las vicisitudes de la primera infancia y el temor de haber sido dañada internamente.

La visión de Freud con respecto a la maternidad tiene, pues, una coincidencia con Klein, en tanto ambos la conciben como la manera de llenar una falta, pero se diferencian en la naturaleza de la falta.

Cada gran creador del psicoanálisis parece haber tenido su mito materno particular. Para Freud la madre es un ideal de amor. Nadie ama a un hombre como su madre, y a nadie ama más un hombre que a su propia madre. Sobre cómo se aman las madres y las hijas, Freud confesó no saberlo bien. Para Klein la madre es una fuente de angustia. La madre es lo más maravilloso que existe, pero puede ser la peor enemiga. Un objeto más bien persecutorio, tan pronto destruido, tan pronto destructor. Para Lacan la madre es el goce: la falta de límites, la oceanidad materna frente a la «Ley del Padre». Si tuviera que escoger cuál de las tres teorías es más controvertible, creo que seleccionaría la lacaniana, por ser la más alejada de la subjetividad y la historicidad de la mujer. La madre lacaniana es un Otro simbiótico, que perdida en el goce de su propio producto no sabría qué hacer sin el orden del padre. Una mujer sin ley, una mujer acultural, coherente con su idea de que no es sujeto simbólico. Madre y criatura, náufragos en el océano de un goce ilimitado, sólo salvados por la «Ley del Padre», la cual, eso sí, es responsabilidad de la madre hacer valer.

Teoría poco práctica, diríamos. Teoría del que no ha estado mucho en el problema. Visión del que ve la escena materno-filial con catalejos. No goza todo el tiempo la madre, sería necesario contestar, es con frecuencia un ser que debe responder por otro, a veces de madrugada. No está siempre más allá del placer, sino mucho más acá del displacer. No es la pareja materno-filial ese espejo inacabable: dos seres en una correspondencia perfecta. Más bien, una alegría de la vida, y a veces, y por muchas causas, una tristeza. Una experiencia humana, en resumen, con sus avatares. Esa pareja materno-filial embebida en sí misma es, si acaso, un fragmento, un momento bien puntual dentro de muchos otros, casi todos los otros momentos. No es la madre una embelesada, que si no aparece una ley simbólica exterior a sacarla de su embelesamiento, volvería locos a sus hijos.

Por supuesto, si una mujer se encierra con su producto, si lo devora, puede enloquecerlo. Tiene razón Lacan, pero el modelo de la madre psicotizante no es el modelo materno, es una de sus posibilidades. Situar a la pareja materno-filial encerrada en el goce, más allá del principio del placer, sin ley, es colocar como modelo una posibilidad patológica. Es desvirtuar la empresa que ha permitido la continuidad de la especie. Si vamos a los modelos, la idealización freudiana o la angustia kleiniana son teorías parciales pero mucho más cercanas a los hechos.

Las mujeres vienen históricamente manejando esa fragilidad que es el infante humano. En todas las culturas han elaborado sus patrones de cómo cuidarlos para entregarlos luego al cuerpo social, pero ese cuerpo social no llega un buen día a tocarles la puerta desprevenidamente. Ellas son, junto a los hombres, ese cuerpo social. El problema, entonces, no apunta hacia la subvaloración del deseo maternal, sino a que adquiera un carácter de libre elección que no puede obtener plenamente mientras la maternidad sea considerada esencial a la identidad femenina.

EL IMAGINARIO MASCULINO EN CUATRO ENIGMAS O ¿QUÉ QUIEREN LOS HOMBRES?

> A través de la historia la gente se ha dado de cabeza contra el enigma de la naturaleza femenina [...] No habrán escapado de la preocupación por este problema aquellos de ustedes que son hombres; a quienes son mujeres esto no aplica —ustedes son el problema.
>
> FREUD, 1933

UN POEMA DE EMILY DICKINSON DICE ASÍ: *Life's empty Pack is heaviest, As every Porter knows.* La traducción no muy cuidada podría ser: «Como sabe todo portador, el paquete vacío de la vida es el más pesado». El carácter enigmático y la misma posibilidad de desplazamiento del lenguaje dickensiano me permiten incurrir en la licencia de recontextualizarlo, e incluso parafrasear la línea: «Es más pesada la vida vacía, como sabe toda portadora». Ciertamente, la vida de las mujeres es más pesada porque deben ellas cargar con su vacío, y el vacío causa horror, y el horror debe ser llenado. El vacío, en este caso de la mujer, ha recibido el peso de los enigmas que arbitrariamente he reducido a cuatro.

Pero quizá debería comenzar por justificar la afirmación de que la vida de la mujer conlleva un vacío. Se trata de un vacío estatutario, un vacío consolidado en su posición en el discurso; en ese sentido remontable, y en esa medida difícilmente removible. El sujeto femenino ha sido inscrito como ser-para/de-otro. La vicariedad marca su destino, y más allá de las transformaciones históricas, presentes en algunos lugares del mundo, cada portadora sabrá lo que ha cargado intentando ser-para-sí. El vacío, pues, proviene de una marca en el lenguaje que la sitúa en esa condición de no ser por sí misma, ni para sí misma. De sufrir, si se quiere, un desalojamiento constitutivo, un vaciamiento simbólico, una erosión en su consistencia ontológica. Las discursivas del siglo XX —marxismo, estructuralismo, psicoanálisis— la colocan en la alienación, la reificación y la carencia, y en cierta forma han contribuido al aumento del peso de los enigmas. Han generado nuevos enigmas.

Enigma es «significado o sentido oculto de un texto o de algo que se dice» y también «dicho de significado intencionalmente encubierto, que se propone para que éste sea adivinado como pasatiempo» (Moliner, 1990: 1126). Es decir, el enigma reclama la develación, y Freud creó uno de los más conocidos: «el continente oscuro». Al formular la pregunta que contiene el epígrafe del capítulo, negó a las mujeres la posibilidad de contestarla, el investigador queda con el poder de formular, y al mismo tiempo, responder la pregunta, sin que el sujeto interpelado pueda participar de la respuesta.

Schafer comenta esta afirmación de Freud diciendo:

> Freud sobre la pregunta ¿qué quiere una mujer? es arbitrario en su universalización de la idea de «mujer». No estaba preguntando «¿qué quiere *esta* mujer?», ni preguntando «¿han sido así siempre las mujeres? Si no, ¿cómo o por qué han cambiado y cuáles son las consecuencias?». Freud presenta a las mujeres como entidades fijas e intercambiables, miembros de la especie «mujer», cuyos miembros están predestinados a «querer» finalmente lo mismo, y a quererlo de un modo lo suficientemente consistente como para ser clasificadas de inmediato (1994: 10) [énfasis del texto].

Según Schafer las respuestas de Freud a lo que quiere una mujer son: a) un pene; b) un hijo del padre, preferentemente varón; c) estabilidad en ser amada; d) idealización narcisista por parte del hombre deseante; y e) vengarse de la madre por sus seducciones y deprivaciones. Se pregunta, entonces, ¿con todas estas respuestas por qué no quedó satisfecho?:

a) porque esperaba una respuesta absolutamente diferente a la del hombre; b) porque los hombres son definidos por sus conflictos y las mujeres por sus pasiones; c) porque su pregunta no era tanto la de un investigador curioso sino la de un hombre exasperado por la inconstancia de las mujeres y su desafío a su autoridad patriarcal. Nunca supo qué querían Dora o la joven lesbiana. Al concluir que no sabía lo que querían las mujeres, autorizaba la noción de su incognoscibilidad. Pero, podríamos añadir, ellas no son inocentes; han —hemos— contribuido a la cuestión.

La noción de ser-para-otro, que es sustantiva en este paquete vacío con el que digo debemos cargar las mujeres, es de todos modos tan antigua que pudiera afirmarse que se trata de una idea simple, sucesivamente repetida, corregida y aumentada por notables pensadores. La noción se puede reducir a la narrativa genésica de acuerdo con la cual la mujer no es un ser «original», creado en un principio, sino un producto subsidiario, reciclado de una parte sobrante, y distribuido a necesidad del consumidor. «No es bueno que el hombre esté solo», dijo el fabricante. Y esta simpleza narrativa me parece ser de mayor elocuencia que cualquier otro complejo artefacto retórico ya que escuetamente recoge la condición apendicular y la misión consoladora.

El primer signo de su enigma es *el cuerpo invisible*. He aquí que, por necesidades de la reproducción, uno de los polos de la sexuación tiene la función de contener, y, por lo tanto, debe configurar un interior en el que pueda alojarse lo reproducido. La invisibilidad del aparato genital del sexo femenino, o si se quiere la mayor invisibilidad en comparación con el aparato genital masculino, ha sido la fuente de uno de los temas de mayor creatividad en el imaginario masculino. ¿Qué se oculta allí en ese vientre cuyo interior no puede traspasarse con la visión? De todo. Desde el goce hasta el terror. Es una cueva de misterios, que a algunos gusta y a otros espanta, pero lo interesante, imaginariamente hablando, es su capacidad de saturar el vacío como sede de lo desconocido, que atrae y atemoriza, que desafía e invita. Lo oscuro, lo recóndito, lo impuro, lo atesorado. El héroe que penetra en el lugar secreto y encuentra allí el riesgo de la muerte y el triunfo, podría seguirse desde las antiguas leyendas hasta Harry Potter.

Esta imaginarización ha tenido consecuencias para los hombres y las mujeres, y para sus mutuas relaciones. Para la mujer, pensarse a sí misma como poseedora de un espacio invisible, despreciado y codiciado, es un enigma de peso. A lo cual se añade que sus manifestaciones más evidentes serán la sangre y el abultamiento. De modo que fácilmente la niña asumirá este imaginario sintiéndose portadora de algo que la amenaza, la engrandece, y a veces la envilece. El interior femenino ha sido triplemente imaginado: como apetecible en tanto se supone el escenario en el cual ocurrirá la realización del deseo; como impuro; y como aterrador en tanto invisible. Y de allí surge una saga conocida: quién es, en primer lugar, el propietario. Luego, si lo entrega o no lo entrega. Y la pesquisa para saber si el usurpador se ha colado en la oscuridad y cuáles escenas ocultas han tenido lugar. Un enigma genera más enigmas y esto lo han —hemos— aprendido bien las mujeres. Manejar la invisibilidad, dominar el misterio. Es parte del enigma como entretenimiento.

En la medida en que el estatuto ontológico de la mujer ha sido atribuido a «lo natural» por su vinculación con la reproducción de la especie, la identificación de la mujer con el cuerpo es muy estrecha. Es, por una parte, un cuerpo-objeto, y, por otra, un objeto-cuerpo. Es su tarjeta de presentación. La mujer sin atributos estéticos —y esto lo sabe cualquier portadora— sobremonta un vacío más pesado aún. Una mujer puede tener todas las cualidades imaginables pero en principio es alguien que da cuenta o no de su belleza. Tan así es esto que algunos consideran una feminización de lo masculino el creciente interés de los hombres por su propia belleza. Pero es también cuerpo-objeto u objeto-cuerpo porque se espera de ella su contribución a la especie —no tanto a la historia— y la no tenencia de hijos sigue siendo una cuestión que debe explicar. Su biografía está marcada por los ritos de sangre. Su cuerpo consigna su historia. Podríamos decir aún más radicalmente que su historia transcurre en su cuerpo y que la travesía del periplo completo —menarquia, desfloración, abortos, partos, cesáreas, menopausia— no puede realizarse sin una cierta violencia, desde luego mitigada por los constantes avances de la técnica médica. En todo caso, lo que debe subrayarse es la relación muy íntima de la mujer con su cuerpo, una relación muy consustanciada, que nos permite pasar al segundo enigma.

De que las mujeres mienten —mentimos— no cabe duda. Los hombres también, por supuesto, pero las mentiras son contra diferentes códigos. Dice Adrienne Rich:

> La antigua, masculina idea del honor. La «palabra» de un hombre bastaba —a los otros hombres— sin garantía.
> «Nuestra tierra libre, nuestros hombres honestos, nuestras mujeres fructíferas» —un popular brindis de la América colonial.
> El honor masculino tiene también algo que ver con matar. El honor masculino como algo que requiere ser vengado: de allí, el duelo.
> El honor de las mujeres, algo en conjunto distinto: virginidad, castidad, fidelidad al marido. La honestidad en las mujeres no ha sido considerada importante. Hemos sido descritas como genéricamente caprichosas, decepcionantes, sutiles, vacilantes. Y hemos sido recompensadas por mentir (2001: 31).

La mujer, a fuerza de invisibilidad —forzada por la invisibilidad, podríamos decir—, terminó por construir el segundo enigma, su *alma secreta* con la cual ha sobrevivido a su vaciamiento. Ha operado un doble juego: sentirse sujeto propio en su invisible interior y mostrarse, como dice Rich, «caprichosa, decepcionante, sutil y vacilante». El juego es de alto riesgo. En el engaño la engañante puede quedar engañada en su simulacro, pero es una estrategia de tradición milenaria y creo que la mujer la eleva —la elevamos— a niveles de perfección. Entre otras razones, porque es una técnica de mercadeo muy exitosa. Nada más antipático que una mujer sincera. Tampoco es demasiado bienvenido un hombre sincero, pero como señala Rich «se espera de los hombres que digan la verdad acerca de los hechos, no de los sentimientos».

La mujer, ciertamente, también puede ser cínica pero su alma secreta se expresa mejor en el camuflaje. De ese modo la imago de la bruja ha ocupado una buena parte de su paquete vacío porque el imaginario masculino la construye desde la falsedad, la malignidad, la perfidia; las artes secretas tanto más poderosas cuanto invisibles. Y, sin embargo, ha sido un recurso inevitable porque es una estrategia de supervivencia. No quiero subrayar una posición victimista de la mujer sino recordar que los grupos subalternos con frecuencia utilizan medios sesgados para llegar a sus fines. Y las mujeres han aceptado este carácter «sutil y vacilante» para avanzar en su lucha expresiva allí donde las líneas frontales hubiesen sido decepcionantes.

Del alma secreta al tercer enigma, el *deseo desconocido*, no hay más que un paso. Freud estudió en forma absolutamente original la estructura de la histeria que era, en el fondo, un estudio de la psicología femenina. Es célebre la frase dicha a su amiga, la princesa Marie Bonaparte: «La gran pregunta que no ha sido contestada y que no he podido contestar, a pesar de treinta años de investigación del alma femenina, es ¿qué quiere una mujer?». Hélène Cixous y Catherine Clement (2001: 82), al comentar esta célebre pregunta, contestan: «Es precisamente porque hay tan poco espacio en la sociedad para su deseo que, por no saber qué hacer con él, termina no sabiendo dónde ponerlo e incluso si lo tiene».

No tenemos referencia escrita de esta cita de Freud, pero creemos en Ernest Jones que así lo dijo. Sí podemos, en cambio, leer que pidió excusas a las feministas por declarar en su último trabajo acerca de la feminidad (1933) que el Superyo de la mujer era más débil (22: 129); lo cual personalmente creo que es verdad, y es la condición que le permite mayor capacidad de permeabilidad y también de piedad, pero, en todo caso, lo que nos interesa aquí es el enigma del sujeto femenino en tanto que no revela su deseo. Tampoco el sujeto masculino lo hace fácilmente, pero por alguna razón Freud confiesa su impotencia frente al deseo de la mujer. Se enfrenta a la dificultad de valorar su deseo y su moral. La mujer, parece ser, no habla claramente acerca de qué es lo que quiere y menos del juicio que guiará sus actos; en ese sentido, es altamente desconfiable. Se comporta un tanto clandestinamente, como lo hace quien necesita obedecer y desobedecer al mismo tiempo. El resultado de esta dialéctica suele ser que el hombre se siente manipulado y engañado, refuerza las posiciones de dominio, y la mujer perfecciona su astucia. Es un juego de gato y ratón que se origina en la formación imaginaria que venimos comentando y que, en lo tocante al deseo y a su moral, se inserta en una tradición también milenaria. Al hombre se le reprimió el incesto y la homosexualidad; a la mujer, la sexualidad toda.

El origen de esta represión es, si se quiere, político. El sometimiento del deseo es también el sometimiento de quien lo porta. El deseo amenaza en tanto es una expresión de la libertad del sujeto. Por esta tradición en la que las mujeres hemos sido cultivadas, el deseo de la mujer vacila. Es el deseo de un sujeto que no está demasiado seguro de serlo. Y esa vacilación está también vinculada a un despojamiento de la voluntad, que es su manifestación consciente. Por ello, la mujer, no demasiado convencida de su voz, prefiere callar o decir de otra manera. No es sorprendente, pues, que las jóvenes victorianas que fueron pacientes de Freud resultaran, más que engañosas y vacilantes, sumamente decepcionantes. Incluso la mujer ilustrada contemporánea occidental requiere de un excedente de su voluntad para ejercer su deseo y autorizar su voz. Dice Márgara Russotto:

> Revisar la presencia de la voz femenina en la poesía latinoamericana implica [...] sobre todo perseguir los distintos tonos de esa voz que se eleva o acalla a veces con disonancia, aspereza o desproporción; a veces en sordina y en secreto; discretamente; en la sigilosa o disimulada toma de posesión de un espacio prohibido o ignorado; en un solitario proceso de concientización de la propia identidad (1993: 65).

En la miseria del deseo, la mujer hizo suyo el reino de la demanda. Conocida es la insatisfacción de las mujeres. Con nada se conforman. ¿Por qué son así?, se preguntan los hombres. «La regresión de la histeria», contestaría algún sabio. Pero, a la vez, si es tan incómodo este cuarto enigma, su *demanda insatisfecha*, cuántas alabanzas no se han dirigido a su generosidad, su capacidad de entrega, su disposición al sacrificio. El imaginario masculino ha construido el altar de la madre con toda la sacralidad del caso. La entronización de la mujer en la maternidad le ha conferido un altísimo poder sobre su producto, y también una suerte de revancha: a la madre todo le es debido. La madre obedece a la demanda de los padres como hijos, del hombre como hijo, de los otros como hijos, y de los hijos en sí, pero, a su vez, ella demanda un insaciable amor de aquellos cuya demanda sacia. Está también en Freud (1914a: 89-90; 22: 133) bien marcado este canje: el vacío de la mujer será cumplido por la tenencia de un hijo varón. Se admiten sublimaciones.

Tengo para mí que todas las mujeres recorren —recorremos— estos enigmas de alguna manera o en algún grado. En cualquier caso, no he conocido a ninguna que pueda decirse completamente libre de ellos. Pero también es interesante reconocer que, con el paso del tiempo, se ha ido produciendo un cierto vaciamiento de «la mujer», erotizada en su sumisión, como impersonificación de lo femenino, que ejerce su acto representacional de cuerpo-objeto, hembra engañosa, niña vacilante y madre omnipotente, en correlato a «el hombre», erotizado de su dominio, como impersonificación de lo masculino, que ejerce su acto representacional de propietario, macho violento, maestro del discurso y dueño del poder.

Son imaginarios de los que puede decirse: lo uno no va sin lo otro, y, puesto que no podemos vivir sin la imaginarización de nuestra subjetividad, es posible suponer, al menos como hipótesis, que las diferencias de los géneros marchan en el camino de nuevas sensibilidades.

MÍNIMAS RECONSTRUCCIONES

El problema derivado de la deconstrucción de los basamentos del discurso patriarcal es definir cuál es el terreno sobre el cual puede reconstruirse la noción de sujeto femenino. Es éste un aspecto controvertido dentro del feminismo en el que algunas autoras le dan el mayor énfasis a la identidad de género, mientras que otras subrayan la identidad de clase o de grupo étnico. Dentro del pensamiento posmoderno que problematiza el concepto de identidad, no resulta fácil trazar una construcción que englobe la identidad femenina. Las críticas a esa posible construcción, de acuerdo con la filósofa Allison Weir (1996: 1-6), plantean que una «identidad femenina» resulta esencialista en tanto propone una esencia definitoria de la mujer, como resultado bien sea de la naturaleza o de la experiencia social. Por otra parte, una identidad genérica no podría tomar en cuenta las diferencias entre las mujeres y operaría un efecto represivo, estableciendo una suerte de canon o ideal femenino que dejaría de lado las identidades individuales o colectivas de determinados grupos de mujeres.

Al despojar al concepto de mujer de las condiciones atribuidas por el discurso patriarcal, se produce un efecto de vaciamiento. No somos eso que dicen que somos, ¿qué somos al fin? ¿Qué nos queda como definición? ¿Debemos las mujeres iniciar una nueva teoría acerca de nosotras mismas? Esa teoría, ¿no correría el mismo riesgo de situar a la mujer como un otro del cual se habla, y del cual se establecen sus atributos, en forma genérica, a partir del discurso de autoridad de aquellas que se colocan en la posición de sujeto? Un nuevo discurso acerca de la mujer, aun cuando sea establecido por sujetos femeninos, no asegura la autenticidad del mismo. Dicho de otra manera, si desconfío de la identidad que me ha sido atribuida por el discurso patriarcal, también puedo desconfiar de la que me atribuya el discurso matriarcal.

La deconstrucción del discurso acerca de la mujer opera un vaciamiento difícil de sostener. ¿Por qué es tan urgente saber lo que quiere la mujer? ¿Por qué es necesario definir su deseo? En ese silencio de la mujer se refugia lo que no le ha sido arrebatado, domesticado, subordinado. La pregunta acerca del deseo de la mujer, a mi parecer, es la pregunta del amo por el deseo del esclavo. Está sometido, pero algo oculta, algo no se sabe de él, y ese algo desconocido amenaza.

La búsqueda por el enigma de la mujer no es sino la consecuencia del mismo discurso del que venimos negándonos: la mujer es enigmática, y en ello reside uno de sus atractivos. La condición enigmática es seductora; la seducción se refuerza en el ocultamiento del deseo. Pues bien, ese enigma es un señuelo. No hay tal cosa. Algunas, quizá, se resisten a aceptarlo porque ese ocultamiento se transforma en una suerte de tesoro escondido, de valor inapelable que no será devastado. Las mujeres han utilizado el silencio para resguardar un reducto de identidad no sobornable al amo, pero es un silencio vacío. Es un silencio que tiene por objeto cerrar una puerta tras la que nada se oculta. La construcción de la mujer como la que oculta un deseo desconocido para el hombre es una consecuencia del discurso masculino. El imaginario masculino, tal como está construido, necesita de la fantasía de violación. Requiere estar siempre a punto de levantar un velo, de penetrar en lo escondido, en lo que nadie ha hollado.

En ese silencio acerca de lo que la mujer es, en ese vaciamiento de sus atributos, aun cuando sea insoportable, es de donde puede surgir el acto de autocreación, de autorrepresentación. La puesta en vacío me parece indispensable. Vuelvo, así, a Freud con la visión de que no todos sus postulados pueden sostenerse al ser vinculados con el análisis del sistema conceptual patriarcal en el que fueron construidos. Esta visión conduce necesariamente a un vaciamiento. Puede ser que estemos ante el reto de pensar un nuevo constructo para explicar la feminidad, o quizá, siguiendo el método freudiano, sea más útil actuar por *via de levare*. Es posible que baste con quitar los andamiajes de la arquitectura del imaginario de «la mujer» para que aparezcan *las mujeres* y ellas se digan a sí mismas.

La mujer, si puede, habla, y cuando habla dice; lo que ocurre es que a su facultad de lenguaje no ha seguido la legitimación de la palabra, o no suficientemente todavía. La palabra de la mujer no es autoritativa en tanto no tiene crédito. La palabra es decodificada desde la condición de género, de modo que el significado del discurso está tachado por el significante que porta el sujeto hablante. Cuando una mujer comparece ante una audiencia, el primer elemento de su discurso es su propia apariencia, su propia imagen. Su palabra es escuchada por el discurso patriarcal como murmullo, como música, como ruido complaciente o molesto, como erotismo en fin. La mujer en la palabra debe satisfacer un cumplimiento estético, debe complacer un deseo erótico. La razón por la cual el discurso patriarcal se pregunta qué quiere la mujer es porque no la escucha cuando habla. Porque su palabra está siempre articulada bajo la demanda o el deseo. ¿Qué quiere de mí? El discurso patriarcal no se plantea que la mujer quiera decir algo, no necesariamente relacionado con el hombre. En la medida en que el hombre queda colocado como centro, como Único, como Amo, no puede concebir que la mujer no hable de él o para él. La palabra de la mujer no es una palabra reconocida como simbólica sino escuchada como un ruido del orden imaginario. Éste es, a mi modo de ver, el problema central de la palabra de la mujer: su ausencia de legitimación.

A la hora de establecer pautas o conceptos para construir el sujeto femenino, rescato el valor del silencio, el respeto por el vaciamiento de la mitología femenina. En la literatura psicoanalítica contemporánea encontramos con frecuencia ideas en las que se observa revisiones del concepto de género que se distancian de los planteamientos clásicos, pero no existe aún un cuerpo de ideas que proponga una nueva psicología psicoanalítica de la mujer, aunque hay estudios de gran significación. Por el momento, sin saber si ese cuerpo compacto de ideas sobre la mujer llegará a construirse, y sin la certeza de que esa nueva teorización no se convierta, a su vez, en mitología de la representación, prefiero partir de la idea de que la mujer es un sujeto que ha atravesado las determinaciones de su género, pero también de su contexto social y cultural, de su historia, de su familia, de su vida, del azar de toda existencia. En análisis puede ser escuchada a partir de que tiene voz, voz autorizada para decir qué le sucede; ser comprendida desde el vacío de no predecirla desde los estereotipos que dicen cómo es y cómo debe ser. Esperar a que ella diga cómo es ser mujer, cómo ha llegado a serlo, qué tropiezos y ventajas ha encontrado, qué sufrimientos y qué alegrías le ha proporcionado su condición, ése es el único camino que se me ocurre.

MUJERES EXTREMAS

EMMA B. ANÁLISIS FRAGMENTARIO DE UN CASO DE PASIÓN

Si Emma Bovary no hubiera nacido en la imaginación de Flaubert en 1856, año natal también de Freud, quizá se hubiera psicoanalizado. Lo que se lee a continuación es la reconstrucción de su imaginario analista. Para ello se han citado extensos fragmentos de la novela *Madame Bovary* (1856) que aparecen en cursivas[51].

LA INSATISFECHA

El analista le preguntó, como es habitual, qué le sucedía.

—*Es esa ensoñación acerca de lo que no ha de volver jamás, el desaliento que, ante lo inevitable, se apodera de nosotros, ese dolor, en fin, producido por la interrupción de los movimientos acostumbrados, la cesación brusca de una vibración prolongada* —contestó Emma.

Habló también de cómo *sus deseos, aumentados en el recuerdo doloroso, se hacían más vivos. Desde entonces, el recuerdo de León fue como el centro de su pena. Se abalanzaba y saltaba sobre él, removía delicadamente aquel fuego próximo a apagarse, buscaba a su alrededor cuanto pudiera reanimarlo y las más lejanas reminiscencias, así como las más próximas ocasiones, tanto lo que experimentaba*

51 La traducción del francés es nuestra; en algunos casos se han hecho pequeñas adaptaciones para conservar el estilo de diálogo.

como lo que imaginaba, sus deseos de placer que se dispersaban, sus proyectos de felicidad que se quebraban al viento como ramas secas, su virtud estéril, sus esperanzas caídas, el lecho conyugal, todo lo recogía, todo lo tomaba, todo le servía para avivar su tristeza.

El analista comienza a interesarse. Entiende que en la palabra León pesa un estado de felicidad sufriente que Emma no quiere perder. Entiende que alguien se ha ido —León—, pero que para ella permanece porque no podría vivir sin el dolor de su existencia imaginada. Entiende que sufre de una reminiscencia que no debe ser, no quiere ser abandonada, y que esa mujer no desea perder lo que ella llama «una vibración prolongada». Entiende que la curación será difícil porque está ante alguien que no quiere dejar su dulce sufrimiento, alguien que rechaza el bienestar en busca de un fuego que no debe apagarse. Piensa que es problemático ser analista en pleno siglo XIX.

Le interesa saber cuándo comenzó toda esta historia y Emma le contesta que su sirvienta, Felicité, le dijo:

—*Usted es igual que la Guerine, la hija de Guerin. Su mal, a lo que parece, era una especie de bruma que se le había metido en la cabeza y no la podían curar los médicos ni el cura tampoco. Y entonces, dicen que después del matrimonio, se le pasó. Pero, a mí* —dijo Emma— *ha sido después del matrimonio cuando esto me ha sucedido. ¿Por qué me habré casado, Dios mío?*

El analista hace una pausa, un silencio en el que retumban esas palabras tan banales que miles de mujeres han dicho alguna vez, llorando, gritando, increpando, desafiando a un destino inexorable, como si el matrimonio, para la mujer, fuera la clave de todas las desdichas y todas las felicidades. Como si, efectivamente, cuando Emma Bovary abre su diálogo diciendo que lo que va a relatar sucedió después de su matrimonio, marcara en esa frase trivial que ese hecho es el eje de su vida, y que todo lo demás queda situado con esa referencia central. El analista permanece en silencio para que sus palabras dejen de ser el lamento de muchas amas de casa y se conviertan en discurso. Quizás es su privilegio transformar en discurso lo que son sólo frases, y quizás lo hace a través del silencio. Pero éste no era un analista más pretencioso de lo necesario y, de pronto, bajó a tierra y dejó sus consideraciones, conmovido por el llanto de una mujer que parecía sufrir.

—¿Qué representa para usted el matrimonio? ¿Qué la ha hecho tan desgraciada?

—Antes de casarme, pensé estar enamorada. Pero la felicidad que debería haber resultado de ese amor no vino, por tanto, supongo que me equivoqué. Busco saber qué es precisamente lo que se entiende en la vida por palabras como felicidad, pasión, embriaguez, *palabras que me parecieron tan bellas en los libros.*

Ama la literatura —piensa el analista—, cree que en las palabras hay más belleza que en los hechos. Está desencantada de que su vida no sea una novela, está desesperada de su cotidianidad. Quiere, a fin de cuentas, vivir lo imaginario, odia la realidad, sufre de ilusión. Jamás renunciará a imaginar la vida, jamás cambiará la sed por un vaso de agua, y he aquí que yo debo analizarla.

—¿Qué libros eran ésos? —pregunta el analista un poco descentrado, huyendo del aquí y ahora.

—Leí Paul et Virginie. *Fantaseaba con la casita de bambú, el negro Domingo, el perro Fidele, pero sobre todo con la amistad dulce de un hermano que buscaría frutas en los enormes árboles, más altos que campanarios o que corre con los pies desnudos en la arena, para traerme un nido de pájaros.*

Sonríe el analista. Descansa en un punto conocido. Sabe ahora cuál es el deseo de Emma y quién es quién en la transferencia. Acompañarla dulcemente en un recorrido sin más destino que el placer. Eso es, sin duda, lo que el esposo no debe haber comprendido.

—Usted, quizás, esperó encontrar eso en su marido, y no siendo así acude a mí para que yo, etc., etc.

—¿Quiere saber lo que es el amor para mí? —dijo Emma.

¡Bravo! Ha comprendido, piensa el analista.

—*La primera vez que lo vi me sentí muy desilusionada, como si no tuviera nada que aprender, como si no debiera sentir nada. Pero fue quizás la ansiedad de un estado nuevo, la irritación que me causaba su presencia lo que me bastó para creer que poseía, en fin, esta pasión maravillosa que hasta ese momento se había sostenido como un gran pájaro de plumaje rosado, planeando en el esplendor de cielos poéticos* —hizo una pausa—. *No puedo imaginarme que esta calma en que ahora vivo sea la felicidad que imaginé.*

Por supuesto que no, pensó el analista. ¡Cómo un hombre podría sostener esa ilusión que planeaba sobre ella! ¡Cómo una apasionada de la pasión podría conformarse con una presencia! ¿Qué es un estado nuevo? ¿Pensó ella que amar es reinventar la vida?

El analista se pierde en un hilo de conexiones teóricas. Piensa en el narcisismo, en el otro como espejo, en el otro como alienación, en duelos pasados y recientes, piensa en muchas cosas y una duda planea también como un pájaro. Pasa revista a sus conocidos, a sus familiares, a sus pacientes, a las películas, a los libros, a sus deseos, incluso. Con esa velocidad e incoherencia organizada que el analista adquiere como hábito de trabajo. Esa destreza para armar y desarmar rompecabezas de ideas. Nunca el analizado sospecha la rapidez del analista en barajar ideas y sentimientos, nunca demasiado afianzado en una ocurrencia, siempre en constante disposición a alcanzar otra. Pero tampoco debe abusar de esa habilidad que no es sino producto del entrenamiento y no de la excepcionalidad. No se ha contestado su pregunta. ¿Cuántas preguntas se hace diariamente un analista? Piensa en pensarla después, porque Madame Bovary lo mira, y, al fin y al cabo, espera una respuesta o un comentario, una indicación de que alguien la escucha.

Se preguntaba *si por otra combinación del azar no sería posible encontrarse con otro hombre, y trataba de imaginarse cuáles hubiesen sido aquellos acontecimientos no sucedidos, esa vida diferente, ese marido que no conocía. Hubiera podido ser bello, ingenioso, distinguido, atractivo, tal como eran sin duda los que se habían casado con sus compañeras de colegio. ¿Qué harían ahora ellas? En la ciudad, con el ruido de las calles, el murmullo de los teatros y el esplendor de los bailes, llevarían vidas en las que el corazón se dilata y los sentidos se expanden. Pero para ella la vida era tan triste como un desván con el tragaluz mirando al norte, y el aburrimiento, como una araña silenciosa, hilaba su tela a la sombra en todas las esquinas de su corazón.*

Voy comprendiendo, piensa el analista, que esta mujer equipara «vibración, ruido, murmullo», con una existencia dilatada que otros en alguna parte llevan, mientras ella se siente encerrada en un desván sin luz, privada de ver y oír aquella verdadera vida que se escapa a su alrededor, y pienso vagamente que, como toda joven bien educada, puso muchas esperanzas en el matrimonio, que fue enseñada a pensar que, al casarse, se seguía como consecuencia la entrada al Paraíso. He visto ya muchas mujeres decepcionadas del matrimonio, sin duda muchas más mujeres que hombres. El hombre pareciera comprender con mucha más seriedad y madurez qué esperar del hecho de estar casado, la mujer pareciera equivocarse trágicamente al respecto. No puedo sino entenderlo como un equívoco ideológico, como lo que se sigue de concebir el matrimonio como proyecto vital. Cuando un hombre fracasa es porque quiso ser algo que no es, fracasa de sí mismo. Cuando una mujer nos dice que ha fracasado, casi podemos de entrada preguntarle con quién. Fracasa para otro, con otro, del otro. Fracasa, en todo caso, en su personificación del amor, en lo que entendió era ella amando; algunas, también es cierto, por lo que fueron desamadas, pero siempre en esa relación alienada que constituye el ser mujer, ser de acuerdo a un proyecto otro.

Pero volvamos a Emma, quiero preguntarle aún muchas cosas.

Continuó hablando de ella misma, de su adolescencia, *habituada a los aspectos tranquilos, por el contrario, se volcaba hacia los accidentados. No amaba el mar sino por sus tormentas y el verdor del campo sólo cuando brotaba entre las ruinas y rechazaba como inútil todo cuanto no contribuyese al inmediato agotamiento del corazón, tenía un temperamento más sentimental que artístico, buscando las emociones y no los paisajes.*

—*De ese modo, cuando me casé* —continuó diciendo—, *pensaba algunas veces que ésos eran sin embargo los días más bellos de mi vida, la luna de miel, como se decía.*

Pero a la vez y mientras se instalaba como ama de casa y esposa de médico comenzaba a rondarle un malestar solitario, *quizás hubiera deseado confiarle a alguien estas cosas. Pero ¿cómo explicar una desazón imperceptible, que cambiaba de aspecto como las nubes, y giraba como el viento? Le faltaban las palabras, la oportunidad, el coraje.*

—Y ¿su esposo...? —pregunté.

Si Charles hubiera querido durante ese tiempo, si se hubiera dado cuenta, si su mirada hubiera salido una sola vez al paso de su pensamiento, le parecía que una súbita abundancia se hubiera desprendido de su corazón, así como el árbol en sazón ofrece sus frutos a la mano que se alarga. Pero, a medida que se cerraba la intimidad de sus vidas, mayor era la distancia que se producía en ella, desligándola de él.

La conversación de Charles era plana como una acera y por ella desfilaban con su ropaje vulgar los lugares comunes sin excitar la risa, la emoción o el pensamiento. Parecía no saber nada, y ¿acaso un hombre no debía conocerlo todo, sobresalir en múltiples actividades, para iniciar a la mujer en la fuerza de la pasión, en los refinamientos de la vida, en todos sus misterios? Pero Charles no sabía nada, no la enseñaba nada ni deseaba nada. La creía feliz y ella lo odiaba por aquella calma establecida, aquella serena pesadez, incluso por la misma felicidad que ella le daba. Sin embargo, quiso producir el amor, de acuerdo con teorías que le parecieron buenas. A la luz de la luna, en el jardín, recitaba todas las rimas líricas que se sabía de memoria y le cantaba entre suspiros adagios melancólicos. Pero después se encontraba tan tranquila como antes y Charles no parecía ni más apasionado o conmovido. Se persuadió de que la pasión de su marido no tenía nada de extraordinario. Había metodizado sus expansiones y la besaba a ciertas horas. Ella era como una costumbre más entre otras, como un postre previsto de antemano, después de la monotonía de la cena.

En aquel tiempo salía a veces a pasear para estar sola un instante y no mirar más el eterno jardín y la ruta polvorienta.

¿Qué decirle, si acaso decirle algo?, pensó el analista. He aquí a la histérica en busca del maestro. Una linda campesina acomodada que le pide a un practicante de medicina de provincia que le explique el misterio del amor, y en consecuencia, quizá, querrá que yo lo sepa, con más razón puesto que soy analista y debo conocer las profundidades del alma humana. Charles le ofrece un sexo tranquilo y a sus horas, el bienestar de una casa en el campo, una clientela que empieza a sedimentarse, hijos en el futuro, ser la esposa de uno de los hombres más importantes del pueblo, y ella quiere un misterio, una ilusión, un inasible. Piensa, naturalmente, como todas las histéricas, que el hombre conoce la pasión, que la ejerce, que es su dominio, sólo aspira a entregarse y aprender, quiere ser una alumna de amor y supone que ella, en su vacío de mujer, sólo puede captarla por identificación con quien la posee, aspira a desearse a través del deseo del otro y se pone a su disposición.

En esos días de lluvia uno podría acercarse más a lo que quizá sentía Emma en su paisaje brumoso, mirando a lo lejos un jardín que se le hacía eterno, donde encontraba ese sentimiento de mirada limitada, de mirada que para siempre converge en un punto final, de mirada esclavizada a su objeto de visión. Un jardín eterno es tan desolado como una cárcel. Pienso, en defensa de todas las Madame Bovary del mundo, que reducir su problema a la etiqueta de insatisfecha crónica dice poco de un analista, sería como creer que el analista ha encontrado el punto final, ha sido aceptado al jardín eterno de la felicidad, al Paraíso.

Quizás el error de Emma fue creer demasiado en los jardines, en sacrificarlo todo por un jardín, pero, dentro de sus continuas equivocaciones, su discurso habla de una verdad, y de ahí el enorme esfuerzo represivo que el Tribunal Correccional de París quiso ejercer sobre su vida de ficción, la novela enjuiciada y prohibida, «por ofensa a la moral pública». Emma lanza un grito de ruptura en la apacible existencia de la pequeña burguesía, y ese grito se condensa en la metáfora de llegar a odiar la mirada que converge sobre el jardín.

«¿En las actividades de la joven burguesa de antes, qué es lo que excedía su feminidad, su clase? ¿Cuál es la utopía de su conducta? La joven burguesa producía inútilmente, tontamente, para ella misma, pero *producía*: esa era su manera de prodigarse», pregunta Barthes (1978: 58). Exceder su feminidad, su clase. Sin duda, Emma excede su clase, su utopía va más allá de los ideales trazados por sus determinaciones sociales. Su vida es, si se quiere acudir al análisis social, una protesta a muerte del ideal de vida que propone como utopía, como meta, el unir la felicidad con el bienestar, como si eso fuera posible; el ideal de clase que toda pequeña burguesía termina por imponer y que consiste en castigar o por lo menos recelar de todo aquel que, disfrutando de ese bienestar que constituye la familia, el acomodo, la buena y útil inserción dentro del marco social, medida del hombre, y por supuesto de la mujer, confiesa no ser feliz. Emma, sin duda, quiere en eso exceder su clase, y sigue la determinación ideológica, igualmente falsa, de creer que es la gran burguesía, la aristocracia, la que ha excedido las mezquindades de la existencia, la que ha accedido a la felicidad. Sólo así pueden explicarse algunas de las locuras que cometerá; pero no quiero adelantarme. Emma no se siente alienada en sus falsas ocupaciones, la pintura y la música; uno puede imaginarla en el intento de producir un tenue y convencional paisaje de acuarela en el que los grises normandos se iluminan en una puesta de sol. Escuchar sus dedos inseguros intentando recordar las notas de un Nocturno que aprendió en el convento; si ello es tonto o inútil, es también «una manera de prodigarse», según Barthes. Lo que la aliena de sí misma es creer que el arte es el camino hacia la vida, cuando intenta novelar su propia existencia, cuando, deseando siempre un más allá, sus ojos topan con la ruta de polvo y el eterno jardín que aparecen como puntos de corte, como cierres a su imaginario desbordado, y ella choca contra ellos, queriendo derribar su existencia. Cuando empuja su propia vida, con violencia, para ir más allá del jardín, más allá del bienestar.

Emma, sentada con su perrita, mirando hacia el jardín una tarde nublada, escuchando los ruidos de siempre, la campana del Ángelus, el trotar de los carruajes, la brisa del campo, es imaginable como un cuadro; ahora, sentada frente a mí, no sé bien qué decirle, pienso por ahora saber más de ella, conocer cómo vino a ser este deseo abierto, esta mirada que se cierra hacia un eterno jardín.

—Supe que León se va a París. Entenderá usted por qué he venido a verlo.

Decidí entonces intentar analizarla, sin mucho éxito, ya que como es bien sabido, Emma se suicidó. Pero, aun así, pensando en que son los casos fracasados los que contienen más enseñanza, seguí adelante.

Supe entonces que Emma era la hija única de un campesino acomodado, que de niña vivió en la propiedad de su padre, pero se acordaba poco de su infancia o por lo menos no dio ningún dato importante. De su adolescencia, sé que entró en un colegio de religiosas en Rouen a los trece años, para recibir una «bella educación» y que siempre recordó esa época como la más feliz de su vida.

Vivía en una ensoñación continua a medias entre la religión y la literatura; se imaginaba ser la señora de un gran castillo, otras se confundía entre personajes novelescos o históricos y en la clase de música se dejaba llevar por las romanzas y canciones en las que todo eran damas y caballeros, amores, amantes, gondoleros y paseos a la luz de la luna. Los grabados la atraían por las imágenes de un balcón con balaustrada en el que un joven abrazaba a una mujer, o los retratos de pálidas *ladies* inglesas con lebreles o de sultanes rodeados de tigres y leones. Sentía *la atrayente fantasmagoría de las realidades sentimentales*. En la iglesia, las imágenes de los santos y la fragancia del altar le interesaban más que los oficios y se exaltaba con las comparaciones que hacían de Jesucristo el esposo, el celeste amante, y el matrimonio eterno; las monjas se sorprendieron cuando comprendieron que Emma no tenía una verdadera vocación religiosa y todo súbitamente dejó de interesarle. No habían entendido que *ella había amado la capilla por sus flores, la música por la letra de las romanzas y la literatura por sus excitaciones pasionales*, de modo que, cuando su padre se la llevó, hubo más bien un alivio de que partiera aquella joven indisciplinada y algo irreverente. Un hecho importante debo consignar de su tiempo en el convento y es que, teniendo aproximadamente dieciséis años, murió su madre. Fue un duelo peculiar; después de llorar amargamente se hizo un cuadro fúnebre con los cabellos de la difunta y pidió que cuando ella muriera fuera enterrada en la misma tumba. Se sentía muy melancólica, pero eso la satisfacía, era la prueba de no ser un corazón mediocre, pero de pronto se aburrió y no encontró más la tristeza dentro de sí.

Cuando regresó al campo comenzó a detestarlo y lamentaba haber salido del colegio; poco después conoció a Charles, el que sería su esposo. Me repitió que *no podía imaginarse que esta calma que vivía ahora fuera la felicidad que había imaginado.*

—¿Usted vive en calma? ¿Qué le hace sentirse mal de vivir en calma?

—Creo que fue después del baile. ¡Qué lejos está ese baile! Hubo en ese tiempo un acontecimiento muy importante, un hecho fortuito que sin embargo marcó mi existencia. Mi marido curó de un absceso al marqués de Andervilliers, aristócrata de la región, y él tuvo la gentileza de invitarnos a un gran baile que ofreció en su castillo de la Vaubyessard. Esa noche fue sin duda un punto crucial para mí. Imaginará usted que tanto Charles como yo nos sentíamos torpes y tímidos rodeados de la magnificencia del escenario, el refinamiento de la comida, el lujo de los vestidos, las conversaciones sobre temas insólitos, los bailes y los juegos desconocidos. Por casualidad observé en la ventana los rostros de unos campesinos que, curiosos, se asomaban a contemplar el baile y me vi a mí misma en la finca de mi padre, y lo vi a él recogiendo unas manzanas, pero fue como una visión falsa, como si de pronto mi vida pasada se desvaneciera y nunca hubiera existido.

Cuando amanecía, *miró hacia las ventanas del castillo, despacio, intentando adivinar cuáles eran las habitaciones de todos los que había conocido la víspera. Hubiera deseado conocer sus vidas, penetrar en ellas y confundirse. Su viaje a la Vaubyessard le había agujereado la vida, como una tempestad que hiende en una sola noche las montañas.*

Los recuerdos de aquel día fueron fantasmas que la acompañaron durante mucho tiempo. Se imaginaba ser la amante de un conde que la invitó a bailar un vals durante la fiesta; sobre un plano de París seguía con el dedo las calles que recorría en su fantasía; se abonó a algunas revistas femeninas que le informaban del curso de la vida social, las modas y los espectáculos. Comenzó la lectura de Balzac y George Sand. Estableció un diálogo en su mente con los nobles, los intelectuales, las actrices, y, en cuanto al resto del mundo, estaba perdido, sin lugar preciso y como si no existiera. Cuanto más cercanas eran las cosas, más se alejaba de ellas su pensamiento. Todo lo que la rodeaba en lo inmediato, el campo tan aburrido, los tontos pequeños burgueses, la mediocridad de la existencia, le pare-

cía una excepción, un azar particular en el cual se hallaba presa, mientras que más allá se extendía en el horizonte el inmenso país de las felicidades y pasiones. En su deseo, confundía la sensualidad del lujo con la alegría del corazón, la elegancia de las costumbres con las delicadezas del sentimiento.

—Entenderá usted —me decía— la decepción que yo sentía cada vez que comparaba a mi criada o al muchacho del correo que venía diariamente a darle el pienso a la burra con los servidores del castillo que yo tuve la oportunidad de ver, pero sobre todo cuando comparaba la compañía y conversación de Charles con la de mis interlocutores imaginarios. A veces le mencionaba el pasaje de una novela o la anécdota del gran mundo que leía en mis revistas, encontrando en él sólo una aceptación vacía de mis comentarios. Su reputación era buena entre los campesinos aunque no creo que su práctica pasara de recetar eméticos, baños de pies o sangrías, ni qué decir que temblaba ante la cirugía. Quizá le relate más adelante la operación de un pie torcido que tuvo la desgraciada idea de hacerle a un muchacho del pueblo. Yo hubiera deseado que el nombre Bovary fuera ilustre, conocido en las librerías, publicado en el periódico, reputado en toda Francia, pero Charles jamás tuvo ambición. Creo que fue entonces cuando comencé a enfermarme.

En el fondo de su alma, sin embargo, esperaba un acontecimiento... Las otras existencias, por chatas que fuesen, tenían por lo menos la suerte de algún acontecimiento... Pero para ella no sucedía nada. ¡Dios lo quería así! El futuro era un corredor negro que tenía al fondo una puerta clausurada.

Así fue abandonándolo todo, la música porque nunca sería una concertista, las acuarelas, la tapicería, la lectura, el cuidado de la casa, su arreglo personal. A veces se sentaba tontamente a ver caer la lluvia, otras no salía de su habitación, rechazaba la comida. Empalidecía y tenía palpitaciones que Charles intentaba curar con valeriana y baños de alcanfor, pero nada la mejoraba. Tenía momentos de exaltación febril en los que divagaba, seguidos de embotamientos que le impedían hablar o moverse. Tomaba vinagre para adelgazar y le comenzó una tosecita seca que preocupó mucho a Charles. Así las cosas, la hizo examinar por un especialista de Rouen, que naturalmente recomendó un cambio de aires.

Poco antes de su partida tuvo un pequeño acto sintomático que vale la pena mencionar. Mientras arreglaba su cuarto en vísperas del viaje, se pinchó un dedo con un alfiler de su *bouquet* de novia, lo tiró al fuego de la chimenea y durante un rato contempló cómo ardía.

Un tiempo después salían para otro pueblo y Emma estaba embarazada.

—¿Tiene usted hijos?

—Tengo una hija solamente pero creo que nunca he llegado a ser una madre, quiero decir, una verdadera madre.

Cuando supo que estaba embarazada *sintió al principio una gran sorpresa y deseos de parir para saber qué era ser madre. Pero como no podía hacer los gastos que le hubiera gustado en los arreglos [...] renunció a la canastilla, en un acceso de amargura, y la encargó de un solo golpe a una costurera del pueblo, sin escoger ni discutir nada. No se entretuvo en aquellos preparativos en los que la ternura de la madre se estimula y su afecto, desde el comienzo, se veía disminuido por algo indecible. Deseaba un varón y esta idea era como la revancha esperanzada de todas sus impotencias pasadas. Un hombre, por lo menos, es libre y puede recorrer los países y las pasiones, atravesar los obstáculos, gustar las más inalcanzables felicidades. Una mujer está siempre interferida, inerte y flexible, a la vez tiene en su contra la molicie de la carne y la dependencia de la ley. Su voluntad, retenida como el velo de un sombrero por un cordón, palpita a todos los vientos, siempre un deseo la arrastra, alguna conveniencia la retiene.*

Mal comienzo para un embarazo, me dije. Y en efecto, cuando la niña hubo nacido, Emma la entregó a un ama de cría y ocasionalmente la visitaba, no sostuvo su interés por ella más allá de buscarle un nombre que resonara, ni de saber que era también mujer. ¿Hubiera sido diferente de ser un varón como ella deseaba? Imposible saberlo, pero me permito sospechar que no, de lo contrario quizás lo hubiera nuevamente intentado.

Consecuentes con Freud (1914a), pensaríamos que Emma proyecta en ese hijo que desea varón la carencia del pene que no tiene, y que, cuando viene a nacer una niña, la desprecia al igual que ella se desprecia en su condición de mujer, en tanto esa condición está marcada por la falta, la castración. Evidentemente que su maternidad estuvo signada desde el primer momento por el narcisismo.

—En ese tiempo hubo varios cambios en mi vida, nació mi hija, conocí a León. En el aburrimiento y soledad que experimentaba, su compañía me era muy grata, un consuelo. Hablábamos de temas interesantes, de música, de literatura, de sentimientos; sin darme mucha cuenta me enamoré.

Pero los deseos de la carne, las apetencias de dinero y las melancolías de la pasión, todo se confundió en un mismo sufrimiento [...] Lo que la exasperaba era que Charles no parecía sospechar sus tormentos. La convicción de que la hacía feliz y su seguridad le parecían un insulto imbécil y una ingratitud excesiva, ¿para quién, entonces, se portaba bien? ¿Acaso no era él obstáculo a toda felicidad, causa de toda su desgracia y como el puntiagudo clavo de la correa que la sujetaba por todas partes? Así, refería a él todo el odio que surgía de su malestar y cada esfuerzo por disminuirlo no servía sino para aumentarlo. Su propia dulzura la rebelaba. La mediocridad doméstica la empujaba a fantasías de lujo, la ternura conyugal a los deseos de infidelidad. Hubiera deseado que Charles la golpeara para poder con más justicia detestarlo, vengarse, se sorprendía a veces de las atroces conjeturas que llegaba a pensar; pero era necesario continuar sonriendo, escucharse repetir que era feliz, parecer que lo era, dejarlo creer.

Detestaba a veces esta hipocresía. Se sentía tentada de huir con León, a cualquier parte, bien lejos, para intentar un destino nuevo; pero enseguida se abría en su alma un vago precipicio lleno de oscuridad.

Es siempre así, pensé mientras la escuchaba. Nadie acepta fácilmente que nuestras carencias y sufrimientos provienen de nosotros mismos, de nuestra relación con la vida. De inmediato nos sentimos tentados por el chivo expiatorio o por el fetiche, alguien tiene la culpa, alguien tiene la felicidad, y, naturalmente, nuestro odio se dirige hacia quien nos la niega o nuestro amor a quien nos la ofrece. Emma se balancea entre la seducción y la decepción. En la medida en que Charles no constituye su fantasma, ella le desea la muerte, ¿qué otra cosa pueden ser si no esas «atroces conjeturas» de las que habla? En la medida en que León le hace creer que lo es, se transforma en el destino al que ella quiere llegar, y todos los otros, testigos inocentes de su sacrificio, son odiados porque asisten al espectáculo de su falsa felicidad. ¿Inocentes? De pronto dudo, ¿son verdaderamente inocentes nuestros testigos? ¿No son ellos ese Otro que nos obliga a representar?

EL SEDUCTOR

Se acostó en el diván y muy alegre comentó:

—¡Por fin llegaron los comicios! Una fiesta agrícola, política y social, de la región, por fin una nota diferente en la mediocridad provinciana. Ayer volví a ver a Rodolphe, es un hombre maduro, muy atractivo, tiene la elegancia aristocrática de no estar vestido como de fiesta, sino de llevar una camisa abierta al viento. Es rico, es noble, lleva una vida loca en París, dicen así, y por temporadas descansa en su casa del campo, ha viajado, conoce Italia, Grecia. De todas las mujeres que asistimos la única en la que se fijó fui yo. Se aburría en ese ambiente pueblerino pero encontró mi conversación interesante, mi compañía excitante. Me habló de temas muy profundos, de sus sentimientos más íntimos, yo me limité a escucharlo, a dejarme invadir por sus palabras.

Simultáneamente se escuchaban los discursos políticos que nos llegaban como trozos dispersos, como una voz en los cielos que contrastaba con nuestra conversación íntima.

—Entonces —continuó Emma diciéndome—, me sentí encandilada por su mirada, por el olor de su pelo y de pronto:

Una suavidad, una voluptuosidad se había apoderado de ella y se acordó del conde que la había invitado a bailar un vals en la Vaubyessard y cuya barba exhalaba, como ese cabello, un olor de vainilla y de limón, y maquinalmente entrecerró los párpados para mejor respirarlo. Pero en ese gesto que hizo, echándose hacia atrás en la silla, vio a lo lejos, al fondo del horizonte, la vieja diligencia L'Hirondelle que descendía lentamente la cuesta de Leux, arrastrando detrás de sí un largo penacho de polvo. Era en ese vehículo amarillo en el que León tantas veces había venido a verla y aquella carretera por donde se había ido para siempre. Le pareció verlo enfrente, en su ventana, y todo se confundió, pasaron unas nubes; le parecía que todavía giraba en el vals, bajo las luces de las arañas, del brazo del conde y que León no estaba lejos, que iba a volver [...] y mientras tanto sentía todo el tiempo la cabeza de Rodolphe a su lado.

Durante seis semanas Emma estuvo triste, se quejaba de que Rodolphe no había aparecido, nada le importaba ya, le volvían las palpitaciones, el sentimiento de vacío. Sus sesiones eran también aburridas, monotemáticas, no parecía escucharme mucho y yo me limitaba a decirle que hacía girar su vida alrededor de un encuentro fugaz, y eso la irritaba mucho, ya que opinaba que todos los encuentros son fugaces en el primer momento y que nadie encuentra en la vida algo de antemano establecido, salvo la familia, el orden social.

Porque el amor —pensaba ella— *debía llegar de golpe, con grandes estallidos y fulguraciones, huracán de los cielos que cae sobre la vida, la trastoca, arrancando la voluntad como hojas y arrastrando hacia el abismo todo el corazón.*

Recordaba la grieta que se había abierto en su vida cuando regresó del baile de la Vaubyessard, pero mil veces prefería ese dolor a no haber descubierto jamás que existía ese mundo otro que resonaba en las lecturas de su adolescencia.

Le dije que ella confundía la vida con la literatura, siendo órdenes distintos, y que la propia realidad no podía ser transformada en materia textual sino a través del hecho de escribir, pero precisamente depurada o transmutada por el paso a un mundo otro, mientras que ella pretendía un pasaje directo, una pura conversión, lo cual no sólo era imposible sino que comportaba el más grave riesgo para quien lo intentara; pero Emma estaba particularmente irritable ese día y no me contestó, terminando así la sesión.

Volvió a los pocos días, exaltada, transfigurada, más bella que nunca, y casi sin saludarme gritó:

—*¡Tengo un amante! ¡Un amante!* —*deleitándose en la idea como si de nuevo le hubiera sobrevenido la pubertad. Por fin iba a poseer las alegrías del amor, esa fiebre de felicidad de la que ya había perdido la esperanza. Entraba en algo maravilloso donde todo sería pasión, éxtasis, delirio; una inmensidad azulosa la envolvía, las cimas del sentimiento brillaban bajo su pensamiento y la existencia ordinaria no aparecía sino a lo lejos, muy abajo, en la sombra, entre los intervalos de las alturas.*

Entonces recordó a las heroínas de los libros que había leído y la lírica legión de las mujeres adúlteras se puso a cantar en su memoria con voces de monjas que la fascinaban. Ella misma se convertía en una parte real de aquellas imaginaciones y realizaba el largo sueño de su adolescencia, considerándose el tipo amoroso que había envidiado. Por otra parte, Emma experimentaba un sentimiento de venganza. ¿Acaso no había sufrido suficiente? Ahora triunfaba y el amor, tanto tiempo contenido, brotaba todo entero en una agitación alegre. Lo saboreaba sin remordimientos, sin inquietud, sin malestar.

—Pero déjeme contarle cómo sucedió todo. Rodolphe vino a mi casa con la excusa de que uno de sus criados necesitaba la atención de Charles, hablamos de salud, de las preocupaciones que la enfermedad nos proporciona y Rodolphe (de nuevo una excusa, estoy segura) propuso regalarme un caballo para que el ejercicio me beneficiara. Para mi asombro, Charles lo aceptó de inmediato, es poco malicioso, y al día siguiente llegó el caballo y, por supuesto, la invitación de dar un paseo para conocer su casa. Así lo hicimos, y en un alto en el camino, porque yo estaba muy cansada, nos sentamos en la hierba. Yo resistí un poco, no sé si por temor o porque pensé que había algo brusco, rápido en hacerlo de inmediato, pero fue poco tiempo, y de pronto, *desfallecida, en lágrimas, con un gran temblor, me entregué.*

A partir de aquí fui testigo casi único de sus encuentros, de las cartas que cruzaron, de las palabras que juraron, pero debo decir que Emma nunca deshizo su amor en detalles, entendiendo muy bien que lo importante era la relación que se establecía y no el relato minucioso de lo que los cuerpos hacían. Si de alguna manera fui excluido de aquella escena, también es cierto que Emma no quiso abrumarme con lo que, por otra parte, es una imposible descripción de la sexualidad. A pesar de sus errores, siempre pensé que era una mujer muy delicada e inteligente, y que comprendía muy bien que el amor sexual, aunque parezca paradójico, no se pasa entre los cuerpos sino en un espacio imposible de poner en palabras. Es decir, entendía muy bien el efecto imaginario del amor, tanto para los protagonistas como para los testigos.

Totalmente inmersa en sus sentimientos, había descuidado el peligro de ser descubierta en sus salidas para ir a ver a Rodolphe, pero sobre todo parecía no darse cuenta de la indiferencia progresiva que su amante tenía hacia ella; quizá me atreví a sugerirlo en algún momento pero es el tipo de comentario que un analista debe tener mucho cuidado de hacer. En ese tiempo recibió una carta de su padre que la llenó de nostalgia y de ternura.

Entonces, ¡qué abundancia de ilusiones! ¡Ya no le quedaba ninguna! Las había gastado en todas las aventuras de su alma, a través de todas las sucesivas condiciones, en la virginidad, el matrimonio, el amor: perdiéndolas así continuamente a lo largo de la vida, como un viajero que deja algo de su riqueza en todas las posadas del camino. ¿Por qué era ahora tan desgraciada? ¿Cuál era la catástrofe extraordinaria que la había conmocionado? Y levantó la cabeza, mirando a su alrededor, como buscando la causa que la hacía sufrir.

Naturalmente que yo me sentía aludido en esa pregunta. ¿Quién si no un analista debe saber por qué sufren los seres humanos?, y, aún más, no sólo saberlo sino impedirlo, devolverles la felicidad, la calma. ¿Es ése el deber social que el analista debe cumplir? Yo también hubiera deseado tener la respuesta a su pregunta, pero desgraciadamente no la sabía y, sin embargo, es fácil entender que la vida de una mujer está marcada por esas etapas, ser virgen, ser esposa, estar enamorada, y que de cada una de esas palabras una mujer aproximadamente normal ha construido un mito.

Cuando Emma se definía como una viajera generosa, yo sentía por ella una cierta admiración. El excesivo cálculo de lo que se da y se recibe no era para ella. Poco realista, poco sensata, quiere exceder su clase, no medir siempre entre calidad y precio. Me atreví a decirle que la causa de sus desgracias era que no conocía más que la ilusión. Emma me miró llorando y me dijo: ¿Es que hay otra cosa?

Ocurrió entonces la operación del pie deforme de un joven del pueblo que Charles emprendió sin ningún éxito ya que el paciente casi muere y finalmente fue necesario amputar la pierna, lo que era muy peligroso para su reputación, porque en esa época en Francia existía una importante lucha entre los médicos graduados con título en clínicas reconocidas y los practicantes, aficionados y otros (Foucault, 1980).

Ella no compartía su humillación, experimentaba otra muy diferente: el haberse imaginado que tal hombre pudiera valer algo, como si no hubiera percibido su mediocridad suficientemente por lo menos veinte veces. ¡Cómo, ella que era tan inteligente, había podido engañarse una vez más! Y, además, ¡qué manía de estropear así su vida en sacrificios continuos! Recordaba todas sus apetencias de lujo, las privaciones espirituales, las bajezas del matrimonio, de la vida en común, sus sueños caían en el barro como golondrinas heridas, ¡todo lo que había deseado, todo lo que se había negado, todo lo que hubiera podido tener! ¿Y por qué? [...] ¡Para él, para ese ser, para ese hombre que nada entendía, que nada sentía!, que estaba ahí tranquilamente y sin siquiera sospechar que el ridículo en que había caído su nombre también la ensuciaría a ella. Tantos esfuerzos que había hecho para amarlo y tanto arrepentimiento y lágrimas por haber cedido a otro [...] Todo en él la irritaba ahora, su figura, su arreglo, lo que no decía, su persona entera, toda su existencia. Se arrepentía como de un crimen de su pasada virtud y lo que aún le quedaba se deshacía bajo el golpe furioso de su orgullo. Se deleitaba en todas las malvadas ironías de un adulterio triunfante. El recuerdo de su amante volvía a ella con una atracción vertiginosa; lanzaba su alma arrastrada hacia esa imagen en un nuevo entusiasmo; y Charles le parecía tan despegado de su vida, tan ausente para siempre, tan imposible y anulado, como si fuese a morir y agonizase ante sus ojos.

No pude menos que decirle que al parecer ella no se había casado con un hombre sino con una imagen; que en la medida en que esa imagen caía (y quién sabe —esto no se lo dije— si Charles se había lanzado a realizar una operación que rebasaba en mucho sus conocimientos, impulsado por el deseo inconsciente de Emma de tener un marido famoso, un nombre famoso, y ser así ella famosa), sentía que ella caía también. Que se alienaba en el otro, pretendía por identificación ser en razón de lo que otro era; alienación muy propia de la mujer, pues, en la medida en que proyecta en su carencia de pene la suma de todas sus faltas, de todo su no-ser, fácilmente alimenta la idea de que el hombre que elija será como esa parte masculina que ella no tiene y que se hará cargo de realizar lo que le está negado en su condición. Pero Emma tenía esa peculiaridad de excederse siempre. Aspiraba a que el brillo del objeto cayera sobre sí, y, en vez de eso, el fracaso de Charles caía como el barro, era la sombra sobre el Yo que la ensuciaba y terminaba por matar toda su ilusión.

También es cierto que la mujer en el matrimonio, al asumir el nombre de otro, de alguna manera es marcada con ese nombre, como si el orden social quisiera hacer recaer sobre ella lo bueno y lo malo que el marido realice, y la señalara en la condición de que su imagen será invadida o teñida de la imagen de otro.

Emma, como ya dije, deseaba exceder su clase, y el matrimonio con un profesional (aunque no del todo) de la medicina la llevaba a desear un éxito social, económico y un prestigio que en su condición de campesina le estaba negado. Es decir que, en el matrimonio, ella había depositado no sólo la imagen del amor y la pasión, sino la del éxito social, el renombre, y, si bien es una tendencia de la mujer desear el éxito del marido y disfrutarlo vicariamente (es conocida la figura de la mujer que entre telones trata de impulsar al esposo cada vez más alto y de corregir por lo bajo sus defectos), también es cierto que algunas esposas pueden así ser la ruina de sus maridos a quien tanto aman, empujándolos más allá de sus propias fuerzas, como sin duda fue el caso de Charles.

Indudablemente que el nombre del conde que la invitó a bailar el vals o el de Rodolphe eran para Emma sinónimos de éxito, condensación de la aristocracia regional que seguramente había aprendido a admirar desde niña, y que su amor, o mejor dicho su cautivación por estos hombres, era mucho más que afecto o vínculo, una superposición de imágenes que claramente se encuentra en esas elecciones de objeto que Freud (1914a) definió como una de las características de la relación narcisista: lo que se quiere ser. En la medida en que ella se sintiera amada por ellos, todo el brillo del objeto iluminaba su Yo.

Por ello, ante la decepción tan grave que significó el fracaso de Charles, se lanzó con más furia que nunca al amor de Rodolphe, al que evidentemente no conocía bien, pues no se fijaba en su persona sino en sus palabras:

—*Las hay más bellas pero yo sé más del amor. Soy tu sirvienta, tu concubina. Tú eres mi rey, mi ídolo. Bueno. Bello. Inteligente. Fuerte... No amo nada en el mundo. Eres todo para mí. Y así lo seré yo para ti, tu familia, tu patria; te cuidaré, te amaré. Y después examinaba su habitación, abría las gavetas de los muebles, se peinaba con su peine y se contemplaba en el espejo de afeitarse. Incluso, con frecuencia se metía en la boca una gruesa pipa que estaba en la mesa de noche, entre limones y pedazos de azúcar, al lado de una garrafa de agua.*

En ese delirio de llegar a ser todo para alguien y de encontrar a alguien que fuera todo para ella, de modo de acceder a una felicidad eterna, Emma concibió la idea del viaje, del escape. No se daba cuenta de que para Rodolphe era una aventura más. Emma fracasaba en su intento de hacerle entender su amor porque el discurso amoroso falla en la palabra y sólo puede ser captado desde la escucha amorosa; no tienen las palabras humanas modo de explicar suficientemente el deseo de entrega que sólo por intuición o identificación puede el otro captar. Y así también fracasaba yo en decirle que su búsqueda de la plenitud era imposible. Ciegamente oponía a mis palabras todas las ensoñaciones que fabricaba sobre su vida con Rodolphe. La idea del viaje en los amantes surge con facilidad. No sólo porque es una manera de escapar a los impedimentos que encuentran en la vida diaria a la realización de su amor, que en el caso de Emma evidentemente eran muchos, sino porque la fantasía de una tierra lejana, incluso desconocida, aparece como un espacio imaginario, abono para la pasión. En resumen, lo que cuenta no es el paisaje sino la sensación de libertad que supone un lugar sin ataduras o referencias y que sea lo suficientemente lejano como para ser poblado por la fantasía.

Ante la idea del viaje, como analista, cedí en la técnica y le expresé abiertamente mi opinión de encontrarlo riesgoso, inadecuado, digno por lo menos de reflexión, pero la realidad tuvo un mayor efecto que las palabras, como muchas veces los analistas tenemos la oportunidad de experimentar, y la decepción de la negativa que Rodolphe le hizo en una breve y mentirosa carta logró lo que nunca hubiera conseguido yo desde el diván.

Pasaron varias semanas sin que volviera a verla porque Emma se enfermó gravemente. Estuvo a punto de suicidarse, arrojándose al piso desde lo alto de la buhardilla; después tuvo un desmayo que el farmacéutico interpretó como una reacción al aroma de los albaricoques. Ese tipo de causalidad se explica bien en la época porque los estudios de medicina intentaban realizar un exhaustivo análisis de las relaciones demográficas, sociales y ecológicas con la enfermedad (Foucault, 1980). Estuvo más de cuarenta y tres días postrada, delirante, con un diagnóstico de fiebre cerebral, estado del que se recuperó lentamente para luego recaer con síntomas cardíacos, cerebrales, vómitos. Charles sospechaba un cáncer. Es frecuente, como se sabe, que el cuerpo en ocasiones asume lo que el alma desea y su intento de suicidio me puso en guardia, si es que acaso aún dudaba de cuán enferma estaba y de cómo, paso a paso, parecía avanzar hacia la muerte. La convalecencia fue larga y durante la misma tuve oportunidad de verla en algunas sesiones.

Había reducido su vida a sentarse frente a la ventana, cerrando las persianas para no ver el jardín, tomaba algunas tisanas y entretenía pequeñas conversaciones con la sirvienta, informándose de mínimos acontecimientos de la rutina del pueblo. Me refirió también una experiencia que podría calificarse de mística. Describía como una ensoñación en la cual ella se veía a sí misma entregándose en los brazos del Señor, rodeada de ángeles y cantos seráficos, buscando en Dios un amor que estuviera por encima de todos los amores.

En cuanto al recuerdo de Rodolphe, lo había enterrado en el fondo de su corazón; y quedaba ahí, más solemne e inmóvil que la momia de un rey en un foso. Se escapaba una exhalación de ese amor embalsamado que, atravesándolo todo, perfumaba de ternura la atmósfera inmaculada en la cual quería vivir. Cuando se arrodillaba en su reclinatorio gótico, le dirigía al Señor las mismas palabras suaves que antes le murmuraba a su amante en la efusión del adulterio; de esa manera hacía surgir la creencia; pero ningún deleite venía del cielo y se levantaba con los músculos cansados con el vago sentimiento de un inmenso engaño.

Poco a poco fue recuperándose, tenía largas conversaciones con el cura, con otras damas que venían todas las tardes a visitarla, además de la compañía de su suegra que la reafirmaba con su rectitud de juicio y sus maneras severas, y de nuevo quiso ocuparse del jardín, pero no creí en absoluto en esta mejoría. El enterramiento de su amor no era un verdadero duelo, era solamente un infructuoso intento de supresión. Tampoco Emma era una verdadera mística, que pudiera llegar al goce de la entrega espiritual, al diálogo puramente metafísico. Estaba, por decirlo de alguna manera, más allá del bien y el mal, aunque intentaba, como lo hizo en su adolescencia, confundir en una misma figura a Dios con el amante, la entrega amorosa en la entrega mística, y sustituir su deseo de una relación eternamente amorosa en la idea de un Dios, que por su propia condición de ser pleno, inmortal e infinito es la más clara expresión de lo que Joan Riviere definió como relación narcisista: «Un intenso deseo de lograr una dicha absoluta en unión completa con un objeto perfecto para siempre jamás». Bella y exacta definición que puede servir de lema a los místicos, y desde luego a los enamorados, pero Emma, aunque lo intentara, no buscaba sólo el goce, sino también el amor y sabía que no podía haber amor fuera del cuerpo, necesitaba la imagen del objeto reflejándole su amor, captándola, fijándola. Por ello su incursión religiosa fue breve y engañosa, le faltaba el espejo de su amor. Entendía que el amor es un juego de engaño, pero requería por lo menos jugarlo a dos.

Volviendo a la decepción que había sufrido con Rodolphe. Hablamos mucho acerca de ello y me sorprendí al comprobar que era capaz de reconocer que él se había comportado con ella como un seductor, y que donde ella se había comprometido el sólo había pasado el tiempo, pero esto no parecía ser lo que ella considerase más grave, sino el haber fracasado en su empresa de alcanzar así el estado amoroso. Sin duda tuvo un episodio melancólico ante su pérdida y, tal como describe Freud (1917c), traté de mostrarle que su aflicción se debía a la pérdida de algo en sí misma, algo desconocido que ella confundía con el objeto. Esto lo entendía muy bien.

—Es cierto que Rodolphe no se merece todo lo que he sufrido pero, después de su partida, no encuentro nada en mí misma, he querido morir en estos días porque no me siento nada, no encuentro en mí misma una razón de ser.

La cautivación que Rodolphe ejercía sobre ella, el valor que a sí misma se atribuía, al ser amada (o por lo menos creerlo) por él, producían en ella un estado de existencia, ahora le parecía que era un puro no-ser; al igual que la realidad no es nada si no la interpretamos, si no le damos un sentido es sólo un caos perceptivo con el que no podríamos relacionarnos aunque la veamos claramente; así le ocurría con su vida. Aunque ella pudiera ver la realidad de su condición y las ventajas de la misma, que su suegra no perdía ocasión de hacerle notar, como si ella no fuera capaz de su mismo buen sentido burgués, como si ella, hija de un campesino, no pudiera apreciar, con buen empirismo, lo que sus ojos ven y sus manos tocan; toda esa realidad perdía, a su vez, sentido en la medida en que no podía ordenarla dentro de un discurso vivo, un discurso que le hablara, y desgraciadamente ese discurso para ella no era otro que el del estado amoroso. Todo lo que vemos no podemos entenderlo sino es en un contexto de significado, y lamentablemente Emma sólo era capaz de hacer una lectura, su relación con el mundo era amorosa o no era nada.

—Entiendo que muchas de las señoras que me visitan, si supieran mi conducta, la juzgarían moralmente inaceptable y no faltará quien diga que no estoy en la solvencia moral de educar a mi propia hija, pensarán que me dejo llevar por las más bajas pasiones, entiendo por ello el sexo, y si bien es cierto que me someto a mis pasiones, que no estoy por encima de mí misma, que carezco de la altura ética que me permita ser dueña de mi ser, tampoco podría aceptar que busco el sexo como aliciente de la vida y que creo en el placer como única meta. Son muchos los sacrificios que en ese sentido hice, dada la naturaleza clandestina de mis relaciones con Rodolphe. No es el placer sexual lo que he buscado, es más, puedo decirle que en ese sentido Charles no cumple un mal papel, pero he aquí que para mí el sexo sin pasión es una entrega de la que no soy capaz. Es quizá por mi educación religiosa, pero he pensado siempre que el sexo sin amor es malo. Ahí está, por ejemplo, Justin, el empleado de la farmacia. Es un adolescente fogoso que hace tiempo está enamorado de mí, yo lo miro, reconozco su atractivo, reconozco incluso que me he permitido algunas fantasías y que sería muy fácil hacerlo subir a mi habitación en algún momento y disfrutar de su cuerpo joven, pero he rechazado siempre esa idea porque no lo amo, sería el placer de un momento, rápido y trivial. Entienda que soy una mujer de mi tiempo, si bien los hombres pueden permitirse el sexo por el sexo, yo he sido educada en la idea romántica de que la mujer sólo puede acceder al placer sexual por vía del amor, que como un bautismo lavaría el pecado original. Rodolphe no es mejor amante que Charles, si lo comparo en un estricto sentido sexual, pero al lado de Charles me siento una sombra, librada a mí misma para existir, y en cambio Rodolphe me producía un estado de existencia.

Claro que, para una mujer moderna, el discurso de Emma puede resultar absurdo. Me hacía pensar en su antítesis, la chica posmoderna que sale a la calle en busca de una presa, la coleccionista de penes que van siendo clasificados por sus condiciones anatómicas, que cuantos más hombres incorpora a su listado más cree que aumenta su feminidad cuando por el contrario la vacía, no porque se prostituye como creen algunos moralistas, sino porque intenta acercarse al hombre, ser ella misma hombre, en tanto cree que puede impersonar ese papel ejerciendo el rol de cazador. Es posible que la chica posmoderna sea una Madame Bovary fracasada, es decir, alguien que comenzó buscando el amor y terminó encontrando el sexo, o haciendo del sexo un verdadero fetiche que sustituya la falta, pero, en todo caso, creo que la mujer-sexo no es desde luego más libre o menos alienada sino una forma de responder al mismo problema, y que, si bien el ideal sexual de Emma pudo ser la joven lánguida que muere de amor, no es menos otro ideal de la cultura la chica libre, ducha en contraceptivos, que activa y deportivamente emprende la técnica del coito.

Lo que me preocupaba era no entender qué quería decir con «estado de existencia» y que Charles la dejaba librada a sí misma porque, sin duda, Emma no hablaba de una soledad afectiva, de una demanda de cariño o afecto, de una falta de preocupación. Difícilmente se encontraría un marido más solícito y afectuoso que Charles Bovary y Emma lo sabía; fallaba entonces en algo que debe estar muy por encima de la función marital, algo tan ingrávido y difícil de entender como aquello del «estado de existencia», que en cambio Rodolphe, un seductor bastante desaprensivo, había conseguido. No podía decirse que Charles no la tomaba en cuenta ni que ella repetía la historia trivial de la esposa que, dejada por el marido como un trasto, decide buscarse un amante para consolarse, con lo cual satisface una venganza y alivia la frustración sexual y afectiva de la que es objeto. Para nada ésa era la historia de Emma, que parecía buscar algo a pesar de sí misma, que parecía decir: mi bienestar por un reino.

La falla de Charles, para hablar en esos términos, aunque desde luego no encuentro nada imputable en su persona, era la de no ser un buen proveedor de ilusiones, apegado al terreno de una felicidad cotidiana que termina por convertirse en un entierro constante del futuro. Así como al pequeño burgués, después de haber soñado con su ascenso social, llegado a una cierta etapa de la vida en que cosecha los frutos de su trabajo y se resigna a sus frustraciones, comienza a pensar en sus hijos y a proyectar en ellos lo que no realizó, aunque satisfecho de lo logrado (índice de salud mental según es reconocido), le ocurre un vacío dentro de sí, que quizá niega o tapa porque no hay nada más terrible que un cierre, así también pienso que Emma odiaba el jardín, en tanto le parecía eterno, es decir, último, final. Proyectaba la abertura en las clases sociales altas, por el hecho de que, estando por encima, le mostraban que la suya no era el techo, y en esa medida había más a lo que aspirar. Rodolphe, en la medida en que justamente era un seductor profesional, era pura abertura, puro ofrecimiento, pura posibilidad, y le permitía seguir deseando, seguir yendo más allá de sí misma. Charles, demasiado honesto, no veía que provocándole a Emma un cierto espejismo, a través de su persona, hubiera podido quizás evitar tantas desgracias como después sucedieron, pero Emma tampoco fue capaz de aceptarlo sin engaño, demasiado alienada como estaba después de tantas lecturas, que a decir del cura párroco *son siempre más peligrosas para la moral que la música*. Y, sin embargo, la música abrió otro capítulo en su vida que a continuación relataré.

EL SEDUCIDO

Si Emma, con la desaparición de Rodolphe, había experimentado un vaciamiento de existencia, aun cuando no fuera demasiado claro qué quería decir con esa expresión, era seguro que intentaría restaurarlo. A veces la vida propone situaciones que coinciden con las búsquedas que se enfrentan. Como analista no puedo creer mucho en la casualidad y el azar porque la teoría psicoanalítica es, como toda teoría, bastante determinista, pero he visto suceder con cierta frecuencia que una determinada constelación de hechos se da a partir de ciertas condiciones subjetivas que entran en relación con circunstancias que contienen cierto grado de azar.

Así me parece que sucedió en el segundo encuentro con León.

Fue a partir de la ida de León cuando Emma vino a verme, como se recordará, pero en aquel entonces la relación entre ambos no había sobrepasado la del amor cortés. Emma había jugado su papel de dama del castillo, entretenida por la conversación del joven caballero, y León, el amor imposible que muchos jóvenes sienten por una mujer casada, algo mayor, y con la cual mantienen un diálogo de sutilezas que el marido acepta siempre y cuando lo sexual permanezca en la sombra, ejerciendo así el poder sobre la dama pero librándose de la obligación de escuchar tantas tonterías femeninas que lo cansan. A la vez, así la dama no pierde su estatus y los beneficios de su condición pero da ocupación a las extensiones de su alma, que no se satisfacen en el matrimonio, y el joven se siente capaz de enamorar a la mujer de otro sin la responsabilidad de probarse ni sostenerla. Es un juego de a tres, preventivo del divorcio.

Emma volvió a ver a León en la ópera de Rouen a la que asistió como parte del divertimiento que le era aconsejado a su fuerte depresión, y así fueron, Charles y ella, a ver interpretar *Lucía de Lamermoor*, por un célebre tenor llamado Lagardy.

Contemplando a *Lucía, Emma imaginaba el día de su boda; y se volvía a ver allá, en medio del trigo, cruzando el sendero que conducía a la iglesia. ¿Por qué ella no había resistido, suplicado como ésta? Por el contrario, estaba alegre, ignorando el abismo en el que se precipitaba. ¡Ah! si en la frescura de su belleza, antes del moho del matrimonio y la desilusión del adulterio, hubiera podido establecer su vida al lado de un amor sólido, entonces la virtud, la ternura, el placer y el deber se hubieran encontrado, y jamás ella habría descendido de tan alta felicidad. Pero esa felicidad, sin duda, era una mentira imaginada por la desesperación de todo deseo. Ahora conocía la pequeñez de las pasiones que el arte exageraba.*

No pude menos que felicitar a Emma en cuanto a esta última consideración, pues siempre me había esforzado en hacerle entender que media una distancia insalvable entre la vida y el arte. Por otro lado, reunir placer y deber en la suma de la felicidad es un mandato más moral que posible.

En esas circunstancias se produjo el encuentro con León, a quien había hacía tiempo dado por perdido, y Charles la ayudó a recomenzar el juego del amor cortés, sin saber que el joven había adquirido cierta seguridad en sí mismo, al contacto con la vida de París, y que se hallaba en la condición de amar, así como Emma de curarse de su fracaso con Rodolphe, de modo que los acontecimientos se tramaron de muy diferente manera.

En efecto, Emma me relató que se encontraron en la ópera y de allí surgió el plan según el cual se quedaría un día más en Rouen, mientras Charles regresaba al pueblo. De ese modo León le confesó tímidamente su amor. Se mostraba ávido de iniciar una relación pero, muy a diferencia de Rodolphe, no deseaba una aventura sino entregarse a una pasión y decidirse, por fin, a poseer. Me refirió también la escena del coche de caballos, que sin duda es difícil de traducir en palabras porque, llevada a su más simple expresión, podría resumirse en decir que recorrieron Rouen y sus alrededores en un *fiacre*, dando un largo paseo, mientras hacían el amor; sin embargo, algo me llamó la atención de su relato y es que en ningún momento Emma me habló de lo que sucedía en el interior. Su narración era en tercera persona y el protagonista era el mismo vehículo, en su loco recorrido que no se dirigía a ninguna parte, sólo conducido por la voz de León que de cuando en cuando impulsaba al cochero a seguir. Comprendí no sólo la discreción que siempre tuvo Emma en relatar sus escenas de amor, sino que tanto ella como León eran conducidos, que el protagonista de la acción era un *fiacre* sin ruta fija, que de esa manera Emma me mostraba cómo la pasión era quien hablaba, quien dirigía, que era ella quien se había apoderado de la situación y no los amantes, que su ruta no podía ser conocida porque no tenía un destino, sino un transcurso, un recorrer hasta agotarse, y que Emma se hallaba tomada por ese orden, del cual era sujeto y objeto al mismo tiempo; y así, por fin, había logrado penetrar en el discurso amoroso pero, al hacerlo, no podía dirigirlo, hablarlo, sino ser hablada, formando ella parte y convirtiéndose en un significante del mismo, dispuesto como las otras piezas del discurso de la forma y manera en que era necesario para que hiciera sentido. Creo que en esa escena fue cuando Emma estuvo más cerca de esa locura que la alienaba constantemente: no ser una persona sino un personaje del amor.

Y así comenzó aquella exaltación amorosa en la que *ella era la amante de todas las novelas, la heroína de todos los dramas, esa «ella» etérea de todos los poemas.*

Él se acostaba en el suelo, delante de ella y con los codos sobre las rodillas, la contemplaba sonriendo con la frente tensa.

Ella se inclinaba hacia él y murmuraba, sofocada por el delirio amoroso: ¡No te muevas! ¡No hables! ¡Mírame! ¡Hay en tus ojos algo tan suave y que me hace tanto bien!

Lo llamaba «niño». Niño, ¿me quieres?

Y no esperaba la respuesta, en la precipitación de sus labios que subían hasta la boca.

Muchos de estos fragmentos de diálogo me fueron útiles para intentar comprender qué sucedía entre ellos, precisamente en la medida en que no decían mucho. Pude así explicarle a Emma que esas largas pausas en las que se contemplaban sin hacer el amor, o, mejor dicho, sin entrar en lo que propiamente se llama una relación sexual, producían el discurso amoroso que, por paradoja, se sostiene en palabras fragmentadas y más o menos banales o infantiles ya que su esencia es algo tan etéreo como el intercambio de imágenes, juego sobre todo visual en el que se produce, como en la vida temprana del sujeto, la identificación con la madre, y de ahí su calificación de niño a León o la espera de su ternura, y la sensación de León de irse de sí mismo, de sentir que su alma se desparramaba en la de ella, en el intento imposible de que en la mirada quede captada la esencia del otro; en la mirada sólo puede quedar la imagen, e igualmente la aspiración a quedar captado en el hecho de ser mirado, pero dado que el cuerpo no puede ir más allá de sí mismo, no puede franquear los límites que lo clausuran y que hacen de cada uno un organismo aparte, son la mirada y la escucha, nuestros sentidos más distales, los que se acercan más a ese proyecto imposible que desde siempre es el amor. Así por lo menos me parecía entender lo que había leído en Lacan al respecto[52].

Y pude entender también por qué Emma, sin despreciar lo propiamente sexual, no hacía énfasis en ello, y es porque algo de lo amoroso termina cuando empieza lo sexual, ya que la unión propiamente corporal es el fin de la captación del otro y más bien la expansión pulsional en la que el cuerpo encuentra su límite; el cuerpo no puede ir más allá del placer, puesto que el placer termina, se agota, encuentra su corte.

---

52 «De la mirada como objeto a» en *Les Quatre Concepts Fondamentaux de la Psychanalyse* (1973).

Le expliqué que ese intercambio de imágenes, esa búsqueda que en el fondo nos remite a nosotros mismos, era un puro efecto de luz y sonido, de imagen y voz, y que como cualquier efecto, bastaría con que la luz que estamos reflejando sobre el objeto desaparezca para que quede definitivamente en la sombra, es decir, no tiene existencia propia, y, en suma, el objeto amado no es más que lo que queramos atribuirle, aunque esa atribución no sea un producto de nuestra voluntad o poder sino de una luz que también a nosotros nos refleja y cuyo control no está en nuestras manos ni tampoco en el objeto sobre el que se fija, exigiéndose ciertas características o sutilezas que incluso nosotros mismos desconocemos. La mirada que nos atrae o la voz que nos seduce es inexplicable para otro, lo que indica que está fuera de la palabra, posiblemente anterior a nuestra adquisición de lenguaje, y por ello no engrana en sus significantes, aun cuando sí podamos a través de ellos describir el efecto que nos produce. Emma entendía esta explicación y estaba incluso de acuerdo, pero me contestaba algo que ya me había dicho en otras ocasiones, y era que si la mirada o la escucha no estaban revestidas para ella de ese efecto, por más artificial que fuera, mirar o ver sería tanto como contemplar el vacío, un mundo de objetos tan absolutamente reales que se desvanecían y que prefería su mirada distorsionada a la ceguera, a que el mundo fuera para ella un objeto privado de atracción. Entonces me explicó cuál era la diferencia entre su relación con Rodolphe y con León.

—Yo fui seducida por Rodolphe —me decía—, fui subyugada por todo lo que me parecía que él era y la dicha de ser su objeto de pasión (así lo creía yo), me producía un estado de existencia, me hacía viva en la medida en que creí que vivía para él, me entregué en una forma total, pareciéndome que ser la pura pasividad, la pura renuncia a mi ser, era precisamente lo que me daba una existencia. Quedé bien decepcionada, como usted sabe, y sentí hacia los hombres cierta desconfianza que hasta ese momento no había experimentado, pero el rencor no ha sido mi sentimiento dominante. Después que pude salir de la terrible enfermedad que me produjo su abandono, algo se transmutó en mí. Me pareció entender que si había fracasado como deseada podría tener más suerte como deseante; a través de lo que yo amé en Rodolphe, de la fuerza que capté en él para interesarme y atraerme hacia él, intenté el papel del que desea, del que ofrece, del que cautiva. Para Rodolphe, ahora me doy cuenta, yo fui una campesinita aburrida, una pobre mujer que él quería gozar a costa de hacerme creer, y tan pronto yo pretendí alguna exigencia que afectara su vida real se esfumó. Ni siquiera cuando tomaba precauciones para que Charles no nos descubriera era sincero, no le interesaba en nada mi porvenir, sólo quería evitar molestias con el médico del pueblo, ¡él, un aristócrata, compitiendo por el amor de una provinciana! En cambio, para León, *yo soy una mujer de mundo, así me lo dijo, una mujer casada, una verdadera amante*, una mujer cultivada que le ofrece su sensibilidad, que lo hace soñar con sus extravagancias, que quiere sacarlo de su mediocridad, no mayor que la mía, que le hace exigencias imposibles pero también que llena de ilusión la habitación donde nos encontramos, que incluso llega a proponerle absurdos como que se deje una barba que lo asemeje a Luis XIII, que acepta mis ideas, mis gustos, y que, finalmente, a decir de él mismo, *es más mi mujer que yo la suya.* Yo lo he seducido a él, joven poco experimentado y ávido de amar, pero no he sido rencorosa al tomar el lugar de mi seductor, ¿sabe por qué?, porque yo también he creído en mi seducción, porque si me he colocado en la posición de deseante soy también víctima de mi propio juego. Lo he conquistado pero soy yo misma parte de la conquista, y somos los dos un juego del deseo.

Esto me daba pie para decirle que entonces ella reconocía que se trataba del mismo juego, aunque los personajes cambiaran de lugar, y que, si el amor con Rodolphe había fracasado, cómo podría asegurar que este nuevo intento no fracasaría. De hecho, estaba ya fracasando.

Cada vez más caían en hablar de cosas indiferentes a su amor; en las cartas que Emma le enviaba se trataba de las flores, los versos, la luna y las estrellas, recursos ingenuos de una pasión debilitada que intentaba reavivarse con cualquier ayuda exterior. Se prometía a sí misma, para el próximo viaje, una profunda felicidad y después se confesaba no sentir nada extraordinario. Esta decepción se borraba rápidamente bajo una nueva esperanza y Emma volvía a él más encendida y ávida...

¡No era feliz, no lo había sido nunca! ¿De dónde venía entonces esta insuficiencia de la vida, esa podredumbre instantánea de las cosas en las que se apoyaba?... ¡Qué imposibilidad! Nada valía la pena de la búsqueda; todo mentía. Cada sonrisa esconde un bostezo de tedio, cada alegría su maldición, todo placer su hastío y los mejores besos no dejan sobre la boca más que una irrealizable ansia de una mayor voluptuosidad.

Se conocían demasiado para tener esos embobamientos de la posesión que centuplican la alegría. Ella estaba tan hastiada de él como León cansado de ella. Emma reencontraba en el adulterio todo lo insípido del matrimonio.

Pero, ¿cómo desembarazarse? Podía sentirse humillada de la bajeza de tal felicidad, se mantenía en ella por costumbre o por corrupción; y cada día se encarnizaba más con ella, agotando toda felicidad al quererla mayor. Acusaba a León de sus esperanzas decepcionadas como si la hubiera traicionado; e incluso deseaba una catástrofe que produjera su separación, ya que no tenía el coraje de decidirse.

Continuaba escribiéndole cartas de amor en virtud de la idea de que una mujer debe siempre escribirle a su amante. Pero, al escribir, percibía a otro hombre, un fantasma construido de sus más ardientes deseos, de sus más bellas lecturas, de sus más poderosas ansias; y se convertía en algo finalmente tan verosímil y accesible que palpitaba maravillada, sin poder siquiera imaginarlo con precisión, tanto se perdía como un dios en la abundancia de sus atributos... Después caía de lleno, rota, porque sus afanes de amor impreciso la agotaban más que los mayores desenfrenos.

Experimentaba ahora un cansancio incesante y total. A veces, recibía citaciones, papel timbrado que apenas miraba. Hubiera querido no vivir o dormir para siempre.

Lo que no podía soportar era el descubrimiento de que ya no era soporte de su propia pasión, que ella misma agotaba su propio discurso y que comenzaba a rellenar con palabras vacías, con mentiras, la nada que aparecía detrás de todas sus búsquedas; que sus fantasmas construidos no resistían la materialización que pretendía, no soportaban ser puestos en práctica. Este era un momento crucial, si Emma podía hacerse cargo de esta nada. Dos cosas, sin embargo, me alarmaron. Una, el tema de las citaciones que recibía, que hasta este momento no había mencionado; la otra, apenas una imagen que un día relató de paso y que en aquel momento, más atento a seguir las incidencias de su relación con León, no pesé en su justa medida.

Había en el camino un pobre diablo que vagabundeaba con su bastón, en medio de las diligencias. Vestía miserablemente y su rostro se ocultaba bajo un viejo sombrero desfondado; cuando se lo quitaba, se le veía, en el lugar de los párpados, dos sanguinolentas y abiertas órbitas, con un cerco carnoso y rojizo, como deshilachado, de las que corría un humor que se coagulaba, formando una costra verdusca, hasta la base de la nariz, cuyas aletas resoplaban convulsivamente. Al hablar erguía la cabeza con una risa idiota, y entonces sus azuladas pupilas, girando sin descanso, iban a ocultarse del lado de las sienes, en el borde mismo de la sangrienta llaga. Siguiendo a los coches, cantaba una cancioncita: «A menudo el calor de un bello día hace soñar de amor a las jovencitas».

Emma, el último día que estuvo en Rouen, me dijo:

—¿Se acuerda del ciego de quien le hablé y que me daba tanto miedo? Hoy lo encontré de nuevo, sin saber por qué le di cinco francos. *Toda mi fortuna, me pareció bello perderla así.*

No volví a verla, todo lo que relataré a continuación lo supe por otros, pero a partir de ese momento me fue evidente que no me sería posible hacer nada más por ella.

EPÍLOGO

Emma me había ocultado hechos importantes. Durante mucho tiempo había contraído deudas demasiado altas para ella, lo que la había llevado a comprometer no sólo el dinero que le pedía a Charles sino la herencia que éste había recibido de su padre. Había comprado múltiples objetos, ropa, muebles, regalos para León, una fortuna para sus posibilidades, y el usurero que le prestaba fue remontando la deuda hasta un punto impagable; desesperada había recurrido a León, a Rodolphe, a los jueces, al propio usurero, y ella tan digna en el amor, se había ofrecido como prenda para pagar, pero todo fue inútil. Las citaciones, los papeles del tribunal, los rompía sin leerlos; los hechos se habían desencadenado con una fuerza propia, nada podía detener las demandas de las que era objeto; todos sus bienes, su casa, el patrimonio de Charles, serían embargados.

Todo lo que había en su cabeza, sus reminiscencias, sus ideas, se escapaba a la vez, de un solo golpe, como las mil piezas de un fuego de artificios. Vio a su padre, la oficina de Lhereux, su habitación allá, otro paisaje. La locura se apoderaba de ella, tuvo miedo y logró sobreponerse aunque de una manera confusa, es cierto, porque no se acordaba para nada de la causa de su horrible estado, es decir, el problema económico. No sufría sino por su amor y sentía que su alma la abandonaba por ese recuerdo, como los heridos cuando, agonizantes, sienten que su existencia se escapa por la llaga que sangra... Enton-

ces su situación, como un abismo, se le hizo presente. Se le rompía el pecho jadeante. Y, en un arrebato de heroísmo que la hacía casi feliz, descendió la cuesta corriendo, atravesó la pasarela, el sendero, la avenida, el mercado, y se detuvo ante la puerta de la farmacia... Entró al pasillo donde se abría la puerta del laboratorio. Colgando de la pared había una llave con una etiqueta: «Capharnaum»... Giró la llave en la cerradura y se encaminó directamente al tercer anaquel, su recuerdo la guiaba perfectamente, cogió el tarro azul, lo destapó y hundiendo en él la mano la sacó llena de un polvo blancuzco y empezó a comérselo.

No fue posible rescatarla de la muerte. Charles, el farmacéutico, un médico profesor de Rouen, se vieron todos impotentes ante la decisión de Emma que agonizó lentamente. Cuando el fin estaba próximo se oyó la voz ronca del ciego que cantaba debajo de la ventana. Emma lo reconoció y rió con una risa atroz, frenética, desesperada. Luego dejó de existir.

¿Cómo entender todo esto? Los acontecimientos se habían sucedido con una violencia que arrastraba los unos a los otros y la muerte de Emma me sorprendió tanto como a los demás. Quizá no era una verdadera sorpresa sino esa forma de negación en la cual lo que sabemos, por ser muy doloroso, pretendemos ocultarlo bajo la forma de la extrañeza o la perplejidad, como si necesitáramos un tiempo para estar seguros de que en el fondo era un hecho que esperábamos. No puedo negar un sentimiento contratransferencial de molestia cuando pienso que Emma me ocultó todo acerca de sus deudas: ella, que fue tan sincera y confió en mí sus secretos, no fue capaz de decirme los peligros en los que había incurrido al jugar con un usurero. ¿Por qué, ella que había resistido tantas tormentas interiores y que había probado ser capaz de sufrimiento, se mostraba ahora impotente para resolver un problema que, si se quiere era menor, y que probablemente Charles le hubiera perdonado? Me hice muchas preguntas. ¿Temía ella el juicio social que sobrevendría cuando todo llegara a saberse? Hubiera sido acusada de despilfarradora, de loca, pero sus adulterios podrían haber permanecido secretos. Los jueces la acusaban de deudas, no de infidelidad. En una crisis melancólica, ¿confundió las cosas?, ¿creyó que la acusaban de su conducta frente al matrimonio y no de deudas económicas?, ¿se sintió indigna de vivir? Sólo pensaba en el fracaso de su amor, olvidaba la realidad concreta del dinero. ¿Era un sentimiento de culpa hacia Charles y su hija? ¿El sentimiento de haberles quitado todo?

Estas ideas me parecían plausibles pero insuficientes y la imagen del ciego me daba vueltas, buscando en ella una explicación. ¿Por qué Emma en su último momento había reído de aquella manera y por qué el ciego había hecho su aparición como para asistir a su muerte? Me hacía pensar en los cuentos infantiles de hadas y brujas, en los que la presencia del mal es encarnada por un personaje demoníaco, que representa en su miseria y degradación, en su aspecto repulsivo, todo aquello que tememos y quisiéramos escindir de nosotros. Cada vez que leía las notas del periódico protestando la presencia de aquel mendigo en la región intuía en ellas algo más que el afán de progreso, de medicina social, que acompañaba el pedido de que fuera retirado de la vista. Hay en las plagas, en las enfermedades repulsivas, el sabor de lo siniestro, de la presencia del mal, que a pesar del racionalismo no podemos reducir simplemente al diagnóstico médico. Me parecía, a veces, que el ciego representaba para Emma el castigo divino por todos sus pecados.

Recordé de pronto cuando me refirió que le había lanzado la última moneda que le quedaba, ella que debía tanto se permitía aquella limosna, y encontraba belleza en el gesto. Siempre esa particularidad suya de ser una heroína de la estética. Pensé que todo era al revés. Sus deudas no eran el castigo por el intento de amar; eran sólo la sustitución de su fracaso. Así como había malgastado todas sus ilusiones y las había llevado al extremo de la imposibilidad, así había hecho con el dinero. Antes que darse por vencida en su intento amoroso, había preferido que la realidad se encargara de encontrarle el límite en lo que es más medible de todo. El contraer aquellas deudas había sido ligar su pasión más allá del principio del placer, arrojar a la pulsión de muerte toda su vida, la muerte como punto final de la búsqueda imposible. El ciego era su metáfora. La otra cara de la pasión cantaba canciones de amor que emergían de aquel cuerpo destruido. Emma se había lentamente entregado, con pasión, a la muerte. Así como muchas personas enferman, y de pronto un cáncer incurable, un infarto súbito las asaltan en aquello que los otros creen la cúspide del éxito; la enfermedad no hace sino cumplir con un profundo deseo; esa paradoja que siempre nos sorprende y nos parece una ironía del destino, o una envidia de los dioses, no es sino el juego de la muerte desatado. La imposibilidad que siente el sujeto de ir más allá de su vida, el cierre de horizonte que se produce cuando se consigue lo anhelado y que explica los casos que Freud (1916b) describió como «los que fracasan ante el éxito».

Así Emma, cuando por fin había realizado su proyecto, amar y ser amada, entendió que su deseo llegaba al fin, que ella no podía ir más allá de su deseo, no lograba ir más allá de sí misma, y ante la vista de un eterno jardín, otra de sus metáforas preferidas, buscó la eternidad. El lado ciego de la pasión, que no eran sus engaños con respecto a sus amantes (en el fondo ella percibía bien cómo los idealizaba y soportaba el truco del amor y de la seducción) sino la mirada ciega de la pasión cuando ya no hay nada para ver. Lo que tantas veces me había dicho: prefiero mi visión engañada a la ceguera, a la desaparición del mundo porque ya no hay nada que ver en él. Había recorrido la pasión porque quería saber qué había más allá, había llegado a su final, no había nada detrás, sólo la muerte, y así se entregó a ella.

Releo estas páginas y, a la vez, la acusación y juicio del proceso que la Sexta Cámara del Tribunal Correccional de París dictó en febrero de 1857 a Gustave Flaubert, escritor, y a León

Pichat y Auguste Pillet, editores, por la publicación de la novela *Madame Bovary, costumbres de provincia*[53], acusada de ofensa a la moral pública y a la religión, juicio del que fueron absueltos.

Muchas cosas me han dolido de la acusación del fiscal, pero sobre todo haber dicho que Emma no intentó nunca amar a Charles. Le dije que nadie logra completarse; si no me escuchó, no soy culpable.

53 «El proceso de *Madame Bovary*. Requisitoria. Texto del juicio publicado en la *Gaceta de Tribunales* contra el autor y editores de *Madame Bovary* (1857)». Apéndice de la novela.

MANUELA SÁENZ. HISTORIA DE UNA DESHEREDADA

Sólo habrá narrativas de vidas femeninas
cuando las mujeres no vivan más sus vidas aisladas
en las casas y en las historias de los hombres.

CAROLYN G. HEILBRUN, *Writing a Woman's Life.*

MANUELA SÁENZ (1797-1856) vivió fuera del aislamiento de la casa pero no fuera de la historia de los hombres. ¿Sabríamos de ella de no haber sido un episodio de la vida de Simón Bolívar? Los casos de mujeres que actuaron en la guerra de Independencia no son pocos, aunque, evidentemente, muy subvalorados (Cherpak, 1985). Muchas de ellas, bien a consecuencia de su participación personal en el conflicto bélico, bien a causa del exilio, se vieron obligadas a vivir historias totalmente diferentes a las esperadas, pero el caso de Manuela Sáenz se destaca por la importancia de su participación tanto durante la guerra de Independencia, como en el posterior conflicto de los países que conformaban la Gran Colombia. Sin embargo, es evidente que pasó a la historia bajo el signo de haber sido la amante principal del Libertador. Así lo indican algunos títulos de sus biografías: *Manuela Sáenz, el último amor de Bolívar*; *Manuelita Sáenz: la mujer providencial de Bolívar*; *La vida ardiente de Manuelita Sáenz*; *Amores de Bolívar y Manuela*; *Manuela Sáenz, la libertadora del Libertador*; *La amante inmortal.* Mas estudiarla como amante de Bolívar no tendría ningún sentido. El único sentido de la importancia de la vida de Manuela Sáenz radica en que, sin proponérselo, fue una pionera del feminismo en América Latina. La incógnita que presenta su caso es de qué medios se valió para construir un destino que subvertía los códigos del orden patriarcal, con qué recursos contó para diseñar su vida de acuerdo con otro designio distinto del previsto para una mujer de su tiempo.

Intentaremos seguir el recorrido de su construcción como sujeto fuera del orden patriarcal. En ese recorrido se presentan varios obstáculos. El primero, sus biógrafos. Además de las contradicciones de los datos, lo que finalmente pudiera deberse a investigaciones insuficientes, se opone a la comprensión del personaje la narrativa de discurso romántico con que se presenta, y al mismo tiempo oscurece su vida. El segundo obstáculo es la ausencia de suficientes testimonios autobiográficos que permitan trazar un perfil psicológico y, sobre todo, un discurso propio. De modo que el material del cual partir son aquellos actos y decisiones que podemos inferir de algunas breves circunstancias en las que parecen coincidir sus biógrafos y de su escasa correspondencia. La carencia de materiales suficientes para establecer una dinámica inconsciente con cierta validación hace imposible el ejercicio de un psicoanálisis aplicado. Lo único que puede intentarse es una aproximación a su vida desde una narrativa que se diferencie de la que con más frecuencia hemos recibido de la historiografía. Quizás estas consideraciones, más que una interpretación psicológica detallada del personaje, son una contralectura de la visión que de ella ha quedado para la historia. Para ello son útiles, sin duda, los instrumentos de la teoría psicoanalítica, pero éstos serían también insuficientes sin el recurso de la teoría feminista, que en este caso he tomado sobre todo de Carolyn G. Heilbrun. De acuerdo con esta autora, existen dos narrativas típicas para las vidas femeninas: el argumento del matrimonio convencional y el argumento erótico. Por el contrario, los hombres pueden vivir un argumento de búsqueda. Afirma Carolyn Heilbrun:

> Para las mujeres que desean vivir un argumento de búsqueda [...] algún evento debe ser inventado para transformar sus vidas, inconscientemente, aparentemente «accidentalmente», de una historia convencional a una historia excéntrica (1989: 49).

Lo interesante en el argumento de búsqueda en Manuela Sáenz es, precisamente, la utilización de los dos argumentos convencionales, el matrimonio y el amor, para transformarlos en uno de búsqueda, en este caso política y de trascendencia histórica. No partió de cero, sino de lo convenido, dándole un sentido diferente que transformó su vida en un destino absolutamente personal, más allá de las contingencias de la guerra de Independencia y del hecho de que su amante fuese el principal conductor de la empresa. Manuela transitó el camino trazado para luego revertirlo. Su revolución personal consistió en asumir el sometimiento y marginalidad de su posición, para darle la vuelta, convirtiéndose en sujeto protagonista y cambiando el contenido de los argumentos convencionales en uno de búsqueda. No giró dentro de los planes trazados por esos argumentos sino que hizo girar a los argumentos de acuerdo con su plan. No centró su vida alrededor de los hombres sino que los insertó dentro de su proyecto.

No hay duda, por el contenido de sus cartas, de que amó a Bolívar, pero es también evidente que su relación no estaba basada únicamente en los sentimientos amorosos. El encuentro con Bolívar es, a mi modo de ver, el hecho «accidental» que Manuela Sáenz «inventa» para liberarse de su destino femenino y entrar en una existencia excéntrica. Si bien, como mencionamos anteriormente, hubo muchas mujeres que participaron activamente en todo el proceso de la Independencia, ella fue un caso único en cuanto al poder político que ejerció. Hubiera sido improbable que, de no haber recibido un trato muy especial por parte de Bolívar, los altos militares aceptaran discutir sus opiniones y mantuviesen una importante correspondencia con ella, pero también es cierto que muchas fueron las amantes del Libertador y ninguna de ellas tuvo actuaciones similares. Manuela Sáenz tomó un poder vicario a partir de su argumento erótico, pero, una vez recibido, lo utilizó para posicionarse protagónicamente, y eso la diferencia.

El discurso romántico dicta que a una mujer se le perdona todo si actúa bajo la pasión. Así, en la nota preliminar, dice Alfonso Rumazo González (1979) —probablemente su más importante biógrafo, en cuyo libro *Manuela Sáenz, la Libertadora del Libertador* nos basamos para la recolección de los datos históricos— que «su pecado original ha sido lavado ya en los manantiales de la libertad que ella misma ayudó a descubrir». Lo que no queda claro es cuál es el pecado, si su condición ilegítima o su adulterio. Y si la pasión que lo lava es la que sintió por la independencia americana o por su máximo gestor, Simón Bolívar. En todo caso, no cabe duda de que el pecado de Manuela es sexual. O bien por ser producto del pecado materno, o bien por haber sido una esposa infiel.

La narrativa patriarcal, para justificar la transgresión de códigos y sobre todo la importancia histórica de esta mujer, quiere de Manuela una hembra movida por el deseo hacia su hombre, centrada por el destino de ese amor, y para ello la construye como una mujer extremadamente sexual. Es decir, la escribe como centrada falocéntricamente y la inscribe como hija del patriarcado. No sólo los biógrafos resaltan su carácter pasional, también ocurre así en la ficción. En la novela *La esposa del doctor Thorne* (1988) del novelista venezolano Denzil Romero, Manuela es presentada como protagonista de grandes desenfrenos eróticos, con hombres y mujeres, lo que por cierto le valió al autor la ira de la Sociedad Bolivariana venezolana y ecuatoriana. Al tratarse de una novela, se rige por códigos diferentes a los historiográficos, pero la visión de la mujer que actúa bajo una pasión erótica coincide con la imagen que de ella ha quedado para la historia. «El sentido heroico la tiene embargada, en la misma intensidad en que la trae poseída desde la infancia el sentido lúbrico» dice Rumazo (1979: 43), aunque al final de su vida parece haber modificado en algo su punto de vista tal como aparece en una entrevista de prensa con motivo de cumplir noventa y cinco años:

> Se ha entendido a Manuela, fundamentalmente, como la amante del Libertador en los últimos ocho años de su existencia. Pero en esta valiente y cultísima quiteña hubo desafío para defender la libertad, ambición política recia y firme, y determinación indoblegable de servir a la emancipación (11 de marzo, 1998).

La narrativa con la que Manuela Sáenz construye su vida no es, fundamentalmente, un argumento erótico. Se le conoce un amante, un marido abandonado, y un posible enamoramiento fugaz en la adolescencia. No es para tanto. Con respecto a otros episodios, se han sugerido algunos nombres así como la posibilidad de que tuviera amantes mujeres, pero nada de esto puede ser documentalmente probado, y, sobre todo, tampoco es significativo. Tuviera o no relaciones eróticas con otras personas distintas a Bolívar, lo importante es que el móvil de su vida no lo constituyó la pasión erótica; si así fuese, hubiese permanecido tranquila y rica en Lima, al lado de un marido frecuentemente ausente. Pero resulta difícil para la narrativa patriarcal aceptar que una mujer decimonónica quisiera diseñar su vida libremente, sin atribuirlo a una suerte de furor uterino que la llevara tanto a la guerra como a la lujuria.

Paradójicamente, de su vida sexual sabemos poco. Es evidente que rechazaba el encuentro con su marido, pues claramente se lo dice en su carta de despedida. Su amor con Bolívar duró ocho años pero fue muy epistolar. El tiempo de convivencia real resultó bastante corto y fragmentado, y la estadía más larga que compartieron ocurrió en Bogotá, cuando él era ya un hombre enfermo, derrotado, deprimido, y gastado por años de guerra continua. En varias oportunidades Manuela se separó de Bolívar para permanecer actuando políticamente. No se comportó como una «soldadera»[54], pero lo que, sin duda, resulta más sor-

54 Se decía así de las mujeres que acompañaban a los soldados en las campañas.

prendente fue la decisión tomada cuando Bolívar se vio obligado a salir de Bogotá y refugiarse en Santa Marta. Constantemente reclama su compañía y Manuela no se presenta. ¿Qué se lo impide? No dan los historiadores claras razones, pero el caso es que, en vez de seguir a su amante, vencido políticamente y muy deteriorado por la tuberculosis, continúa viviendo en Bogotá y conspirando contra el gobierno. Pocos días antes de su muerte, no sólo no acude a acompañarlo sino que le envía a un comisionado para pedirle que asuma la presidencia porque, en acuerdo con el general Urdaneta, fiel seguidor de Bolívar, habían llegado a la conclusión de que ésa era la mejor posibilidad para retomar el poder. No mostró la conducta de una mujer entregada al amor sino la de una figura política que traza una estrategia ante el inminente fracaso de su proyecto. Cuando las circunstancias lo exigieron, permaneció separada, y lo dejó morir solo para continuar luchando por el proyecto político del que ambos participaban[55]. Podría decirse que fue totalmente fiel al héroe de la Independencia pero no al hombre. Los cronistas reseñan que, al conocer la noticia de su muerte, tuvo un intento de suicidio, mas, a pesar de los exilios, la pobreza, el abandono familiar, la soledad y la pérdida de poder político, lo sobrevivió veinte años.

La narrativa que construye a Manuela como la mujer fiel que sigue a su héroe y que, por tanto, actúa por amor, desvirtúa

55 Finalizada la guerra, los países que conformaban la Gran Colombia entran en conflicto hasta su disolución en 1830. Bolívar, partidario de la unidad, comienza a partir de 1827 a sufrir ataques de sus enemigos que deseaban alejarlo del poder. En 1828 Manuela Sáenz lo salva de una conspiración tramada para asesinarlo. Viven juntos en Bogotá hasta que en 1830, Bolívar, ya muy enfermo, se refugia en Santa Marta, Manuela permanece en Bogotá y continúa su actividad política en defensa de la unidad de la Gran Colombia, por la que corre varias veces el riesgo de ser encarcelada. Después de la muerte de Bolívar, en diciembre de 1830, es expulsada de Colombia y se exilia en Jamaica. Intenta regresar a Ecuador pero es de nuevo expulsada y se instala en Paita, un pequeño pueblo de la costa peruana. Para sobrevivir, abre allí un modesto comercio hasta que muere en una epidemia de difteria que asoló a la población. Su cadáver y sus pertenencias, incluyendo gran parte de la correspondencia de Bolívar, fueron incinerados para evitar el contagio (*DHV*, 1988).

por completo su destino. Si fuese así, nada de particular tendría su vida en términos de subversión. Se trataría de una heroína romántica siguiendo el argumento erótico, tan caro al siglo XIX. Es por eso importante subrayar que antes de conocer a Bolívar, nuestra protagonista había intentado rebasar las dos características fundamentales del destino de la mujer, no sólo de su época sino también de la nuestra. Heilbrun (1989: 20) comenta que «Seguridad y encierro, los dos ideales del destino femenino [...] prohíben experimentar la vida directamente». La vida de Manuela desafía estas dos condiciones. Había comenzado a ser parte de la causa independentista en la infancia, al lado de su madre, y cuando encuentra a Bolívar tenía ya una participación personal por la que había recibido, junto con otros patriotas, la orden de «Caballeresa del Sol». No lucha, pues, por la Independencia porque se enamora de Bolívar sino precisamente al contrario: lo encuentra y lo admira porque ya ella ha entrado en su argumento de búsqueda y él es el héroe principal de esa historia.

El último acontecimiento significativo antes del encuentro con Bolívar fue la amistad con Rosita Campuzano, a quien conoce poco después de que los Thorne se establecen en Lima. Rosita era también ecuatoriana, una mujer soltera que se consideraba como de costumbres libres, y que al parecer fue amante del general San Martín. El encuentro con esta mujer tiene una importancia fundamental, no sólo porque también milita activamente en el lado independentista sino porque la introduce en un guión inesperado: la posibilidad de ser amante de algún héroe de la Independencia. Ésta es ya una posición diferente a la que pudiera haber observado en su propia madre o en otras mujeres de igual pensamiento. No se trata solamente de ayudar a la causa sino de pasar a protagonizarla, al lado de un hombre de extrema importancia. Por un lado, como dijimos antes, cede al guión romántico de tal empresa, pero, por otro, su héroe particular es el más importante de todos. Seguirlo —y a veces perseguirlo algo más allá de la voluntad del propio Bolívar que no siempre veía bienvenida su presencia— es definitivamente escapar al encierro y a la seguridad. No quiere decirse con esto que no surgiera en ella un genuino sentimiento amoroso, sino que Manuela, de nuevo, da la vuelta a las circunstancias, y en vez de someterse a sufrir pasivamente una pasión heroica pero imposible, utiliza el mutuo enamoramiento para su propio argumento. Seguir a Bolívar en sus campañas militares es el paso fundamental para vivir como una mujer que abandona el orden patriarcal, se representa a sí misma, responde por sus propios actos.

Otro componente del discurso patriarcal es la constante exaltación de su belleza física. Sabemos que no hay una iconografía fidedigna de Manuela (*DHV*, III: 496-497), de modo que las pruebas de su excelencia estética reposan en los comentarios de algunos testigos. Aunque pudiesen estar en lo cierto, la empalagosa insistencia en su belleza por parte de los biógrafos indica sin duda una particular manera de aproximarse al personaje. Tiene que tratarse de una mujer hermosa, irresistible, finalmente un *sex symbol* de la época, lo que justifica sus aventuras, la pasión que sembró en Bolívar y la fuerza de su carácter. Esta pasión, tanto la que inspira como la que sufre, es indispensable para la construcción patriarcal del personaje. Y, por otra parte, una suerte de legitimación. No tuvo hijos, no fue una mujer fiel, no se le conocen virtudes como ama de casa, con frecuencia se vestía de hombre; de haber sido una persona poco agraciada es de suponer que su actividad política hubiese corrido el riesgo de ser adjudicada a una decepción en su destino femenino. Sus biógrafos y cronistas están siempre dispuestos a subrayar sus encantos y su poder de seducción, no sólo como mujer atractiva, desenfadada y coqueta, sino también como iluminada por el brillo social, la altura de sus recepciones de dama notable, su cultura; incluso algunos hacen alusión a que citaba a autores latinos, tratando de acuñarla en el perfil de la cortesana culta renacentista. Exaltación poco probable. Los datos biográficos hablan de una escasísima educación. Leía y escribía a lo sumo, y los testimonios de su escritura indican poco refinamiento gramatical, si se comparan con epistolarios femeninos de la época, pongamos por caso algunas cartas de las venezolanas María Antonia Bolívar (Quintero, 2003) y Rosa Galindo (Torres y Pantin, 2003), mujeres de su mismo contexto social.

Otro argumento para explicar su inexplicable destino es la fuerza de la herencia. Dentro del estilo decimonónico de sus biografías (pues no contamos con una biografía escrita a partir de criterios contemporáneos), la teoría hereditaria como explicación psicológica era bastante común, de modo que no podemos atribuirle un significado especial en este caso, aunque sin duda es llamativo que Rumazo subraye una herencia paterna en sus rasgos psicológicos. Una filiación falocéntrica que le resulta indispensable para comprender la ambigüedad de esta mujer. Ciertamente, Manuela Sáenz es ambigua como mujer. No sólo no cumplió su destino femenino sino que encarnó uno marcado como radicalmente masculino en los códigos de género de su época y, en cierta forma, también de la nuestra: no vestía de soldado como divertido disfraz sino para pelear en la guerra y actuar en la política, seguida por dos esclavas que, además de llevar nombre masculino —Nathán y Jonathás, y una última conocida como «La Morito»— también recurrían al *cross dressing*. Por supuesto, el historiador nos advierte, quizá para disculparla, que las mujeres vestían entonces de hombre para evitar los peligros de los caminos. Lo que es más sorprendente es la seguridad con que afirma la infertilidad de ambas esclavas. La de Manuela se asienta en el enigmático comentario de un médico: «era mujer de singular conformación» (1979: 74). Con respecto a ello nada podemos saber, pero ni a su marido ni a su amante se les conoce descendencia. La posibilidad de que Manuela no haya tenido hijos, bien sea por razones atribuibles a sus compañeros sexuales, bien sea porque puso en práctica algún método anticonceptivo natural que conocieran sus esclavas, no se le ocurre al biógrafo. Sólo la fatalidad del destino la hizo infértil. Esta infertilidad es necesaria. La idea de que rechazase la maternidad resultaría excesiva. Por otra parte, la mujer infértil es parte del perfil de la amazona, de la mujer-hombre, calificativo que con frecuencia recibe. Es decir, no puede ser concebida como una mujer-mujer porque nada de su vida, a excepción de la pasión por Bolívar, confirma su feminidad.

Indudablemente, Manuela salta los códigos no sólo de vestuario sino de comportamiento. Hace cosas «de hombre» y vive las relaciones eróticas «como hombre». Su ambigüedad desconcierta, pero la idealización romántica con que es visualizada requiere de una explicación que no comprometa ni su honor (que ya sabemos ha quedado «lavado») ni su feminidad. Afirma Rumazo:

> El secreto de la vida de Manuela, para haber llegado ella a ser tan grande, trascendente, perdurable en la historia, está en que sufrió mucho, con dolor de soledad (1979: 78).

El dolor y la soledad de su vida la engrandecen, le dan trascendencia histórica. Gracias a ese dolor, se la perdona. La felicidad hubiese resultado excesiva. La fuerza de Manuela debe surgir del sufrimiento, es decir, de su condición de mujer, y por ello se exaltan constantemente los sacrificios y renuncias, así como las durezas a las que la sometía el destino. Se deja de lado que, obviamente, la participación en la guerra y en la política no eran actividades suaves, pero fueron deliberadamente escogidas por ella. Al respecto dice Heilbrun:

> El antiguo género de la autobiografía femenina tiende a encontrar belleza incluso en el dolor y a transformar la rabia en aceptación espiritual (1989: 12).

Éste es el espíritu que tiñe sus biografías, definir su sufrimiento como la causa profunda de su vida, lo que es, de alguna manera, negar la particularidad de la misma, y la capacidad de haber transformado su destino. La construcción de un destino subversivo implica no una condición pasiva de sufrimiento sino, por el contrario, un acto de recreación, una afirmación activa, el ejercicio de un poder. ¿De dónde surge el poder de Manuela Sáenz para producir estas transformaciones y traspasar las limitaciones de su condición?

En primer lugar, de la situación histórica particular de haber nacido en Quito trece años antes de que se iniciara la Independencia, una guerra larga que conmovió no sólo el vínculo político colonial sino las propias estructuras sociales. La misma circunstancia de la guerra actúa como un elemento de subversión del orden impuesto y propone circunstancias especiales. Si comparamos su caso con el de Sor Juana Inés de la Cruz, una mujer de extraordinaria capacidad intelectual y creativa, igualmente dispuesta a construir un destino diferente al esperado, y con una conciencia lúcida de las limitaciones de su condición de mujer, las posibilidades se muestran muy distintas. Nacida Sor Juana en pleno esplendor del virreinato de Nueva España, su vida transcurrió dentro de estructuras sociales inmóviles, por lo que no encontró otra salida que la de aceptar el convento como única posibilidad para producirse como escritora, y aun así tuvo que finalmente someterse a las sanciones de la Inquisición. Manuela parte de una posición histórica diferente. Su familia materna, como la mayoría de los integrantes de las clases aristocráticas de Ecuador, al igual que en Venezuela, abrazó la causa patriota, y por ello, desde niña, fue testigo directo de los inicios de la independencia y de la lucha política por esa causa. La circunstancia de formar parte de una guerra que subvertía el orden establecido no puede dejarse fuera de la subversión personal de su destino, y en lo concreto de su experiencia; el hecho de saber que su propia madre actuaba en esa subversión ha debido dejar una importante identificación en cuanto al poder revolucionario femenino.

En su biografía, los factores que podemos señalar como significativos para generar ese poder son varios, pero todos anudados a una circunstancia central, que comparte con las otras dos mujeres que fueron pioneras del feminismo latinoamericano, Sor Juana Inés de la Cruz y Flora Tristán, y es la filiación ilegítima en su contexto de clase. De esta filiación se derivan otras circunstancias que anotamos en orden cronológico y no valorativo:

- la ausencia materna (indeterminada) en el primer tiempo de su infancia;
- la presencia ocasional del padre;
- la tradición materna de autonomía;
- la soledad social;
- la amistad íntima con personas de otra casta: las esclavas Nathán y Jonathás; y
- el matrimonio con un *outsider*.

Consideramos que el hecho capital de su existencia fue la condición de su filiación. Si hubiese sido una hija natural o ilegítima perteneciente a las clases subalternas de la Colonia, nada especial pudiera haber marcado su vida, fuera de la desprotección o el desprecio. Pero he aquí que es hija de dos personas de gran importancia en Quito. Lleva el apellido de su padre, Simón Sáenz, español, casado con una mujer de la elite ecuatoriana, y vive en la casa de su madre, María Joaquina de Aispuru, perteneciente a una rica y principal familia terrateniente. Sabemos que el padre no pierde el contacto con ella, la visita, probablemente mantiene relaciones con la madre durante algunos años, y le presenta a sus hermanos legítimos (con uno de los cuales, también muy activo en la misma causa política y militar, mantuvo bastante proximidad). Manuela es, por lo tanto, una niña que vive dos mundos simultáneos: pertenece y no pertenece a la elite. Por esta ambigüedad, algunas limitaciones le son impuestas, y otras le son exoneradas. Conoce el privilegio absoluto de su clase y de su época, pero no está obligada a pagar el precio del mismo en cuanto a todos los patrones de comportamiento.

El orden patriarcal en su caso está conmovido desde el principio. A su padre le debe poco, algunas visitas, quizá la dote matrimonial. Para la Manuela adolescente este padre es, además, una figura debilitada y menospreciada a causa de su firme adhesión a la causa realista. Manuela Sáenz queda inscrita en la tradición de autonomía materna. Joaquina de Aispuru es, en primer lugar, la amante pública de un hombre casado dentro de un juego social de normas muy estrechas, lo que constituye un desafío que no puede pasar sin huella para la hija. Mujer protagonista de su clase, metida en política, colaborando activamente, incluso con sus bienes, a la causa independentista, ofrece un segundo patrón revolucionario a su hija adolescente. Es su filiación materna la condición que inscribe a esta niña en la posibilidad de transgredir órdenes constituidos. Manuela ha sido testigo desde la infancia de una mujer que, en vez de ocultar a su hija, vive con ella, e incluso continúa recibiendo visitas del hombre casado con quien la tuvo. Sin embargo, el primer hogar de Manuela fue el convento. Recién nacida, ambos padres habían pensado en entregarla a una «cierta familia» para que la cuidase, lo que era usual en estos casos, y que por razones desconocidas no pudo llevarse a cabo. Fue depositada entonces al cuidado de una monja que murió al poco tiempo, y luego a una segunda. No hay certeza de cuánto tiempo transcurrió en el convento, pero, en todo caso, vuelve después a la casa materna, y podemos establecer que en 1809, a los doce años, está con ella, aunque es probable que desde varios años antes. Ésta es, sin duda, una circunstancia excepcional porque la costumbre en los casos de nacimientos ilegítimos en familias de esta clase era desprenderse totalmente del hijo. No sabemos las razones de su madre para recuperarla, sin embargo, lo hizo. Desde el comienzo, la ambigüedad es parte de su vida. Por un lado, la madre decide vivir con ella, y desobedece así el código moral de alejarla por ser producto ilegítimo, pero, por otra, no toma la decisión desde el primer momento. En ese tiempo indeterminado en que estuvo alejada de su madre, al cuidado de las monjas, la niña tuvo que sobrevivir afectivamente, de la misma manera en que prescindirá de la presencia de su padre. Se inscribe así para ella la autonomía que después desarrollará, una suerte de libertad que le otorga el hecho de no tener que guardar fidelidades afectivas absolutas porque nadie las ha tenido con ella.

Resultado de este destino de ambigüedad social en que transcurrieron su infancia y adolescencia es una cierta soledad. En parte porque vivía con su madre en el aislamiento geográfico y social de una hacienda, y en parte, porque es fácil suponer que la condición social de Manuela no la hacía compañía grata para las niñas de la aristocracia de Quito; sus dos amigas eran las esclavas negras Nathán y Jonathás. Esta última era una muchacha algo mayor que ella, al parecer dotada de virtudes histriónicas y, desde luego, de coraje porque la acompañará después en empresas de mucho riesgo. Rumazo la menciona como su compañía más cercana desde la infancia, y ha debido ser en estos años prácticamente su única posibilidad de encuentro con alguien de edad similar. Los juegos entre los niños de la casa y los niños de los esclavos no eran infrecuentes en la Colonia, mas sin duda en el caso de Manuela la situación adquiere otros visos. Estas muchachas ocupan un lugar importante en su vida, son sus amigas, no se separó nunca de ellas y la acompañarán hasta su muerte, en todos sus destinos. Se trata de una relación de amistad, de solidaridad y de lucha política compartida, pues ambas actuaron junto a ella en muchas ocasiones. La horizontalidad de la relación con personas pertenecientes a otra casta en un régimen segregacionista como era el colonial, ha debido, sin duda, contribuir al futuro desafío de lo institucionalmente establecido.

Sabemos que durante su adolescencia permanece en la propiedad materna, dedicada a la vida en el campo, a montar a caballo, desocupada de las servidumbres sociales que, como ella misma dijo, «sólo sirven para atormentarnos». En un cierto estado de soledad, y, de nuevo, de libertad. A los diecisiete años, Manuela regresa a Quito y vuelve al convento a completar su educación. Suponemos que había tenido muy poca durante su vida en la hacienda. Algunos biógrafos consignan que durante esa estadía en el convento se fugó con un oficial francés de nombre D'Eluyart; otros niegan la existencia de este hombre, pero, en todo caso, su permanencia en el convento es breve, sale a los dieciocho años y dos años después se decide su matrimonio.

La primera obligación de una joven de ese rango y fortuna hubiese sido, evidentemente, concertar un matrimonio endogámico, o al menos con algún hombre de similar valoración social, pero esto le está negado por su ambiguo origen. Al igual que su madre, debió permanecer soltera (aunque se menciona un matrimonio tardío) por ser la amante conocida de un hombre casado. Manuela no tiene pretendiente posible dentro de sus pares. Su padre o quizás ambos conciertan un matrimonio con un hombre llamado James Thorne, inglés, mucho mayor que ella. Thorne ha sido catalogado como médico por algunos historiadores, lo que parece ser definitivamente falso; un atributo de respetabilidad con que se le ha querido adornar. Es un rico comerciante, se dice que naviero. Algunos documentos sugieren que su procedencia es enigmática y que pudo haber estado preso en Cádiz; otros, que se negó a decir su edad en el acto del matrimonio, limitándose a afirmar que tenía más de veinticinco años, aunque probablemente había cumplido los cuarenta. En todo caso, lo cierto es que este hombre no pertenece a la elite colonial, ni acredita en su país un rango social similar. Tiene todo el perfil del que no quiere hablar mucho del pasado y prefiere ser conocido por su éxito en América. Es alguien que puede aceptar a una hija ilegítima, si bien con dote, pues parece ser que su padre dio 8.000 pesos en el contrato matrimonial. En virtud de su importancia comercial, Thorne es recibido por las altas esferas de Lima, ciudad donde fija su residencia, pero no pueden dejarse de lado los rígidos códigos sociales de la Colonia en cuanto a la valoración de hidalguía basada en el origen y no en la condición económica de las personas. Si ella es una *outcast*, él es un *outsider*. Son tal para cual, ambos se mueven en la cumbre sin pertenecer del todo.

Las condiciones de ilegitimidad, lejos de pesar como una carga negativa, producen para Manuela una ambigüedad y libertad de comportamiento que la eximen de obedecer a los estrechos patrones con los que estaba diseñada la vida de una mujer de su condición y de su época. El orden patriarcal la ha colocado en una posición desventajosa, la del repudio social, y ella transforma esa desventaja en beneficio. Se inscribe bajo un significante de rebeldía, de protesta activa, que toma de la madre, y subvierte la connotación peyorativa de su filiación en la libertad de desobediencia frente al orden no sólo colonial, sino conyugal y moral.

Manuela se casa a los veinte años, probablemente porque no le queda otro remedio, y se casa sin inocencia. El argumento convencional de una joven de su época y de su condición es realizar un matrimonio endogámico, dentro de su clase, en el que pudiera o no concurrir una afortunada elección afectiva. Ignoramos las circunstancias en que se produjo este matrimonio, y los datos son dispares, pero podemos considerarlo como una negociación. Al parecer, su padre y Thorne proyectan relaciones comerciales. Nadie, ni ella ni sus padres, piensa en esta unión como una historia de amor o como un encuentro de clase. Es un arreglo posible para una joven que no podría aspirar a mucho más, con el que se daría solución a varios problemas, entre ellos, la rebeldía a permanecer en el convento, el haber llegado a una edad matrimonial, y el obtener una posición acomodada y respetable. Esta misma dificultad se había presentado en el caso de Sor Juana Inés de la Cruz, que tampoco podía aspirar a un matrimonio «de calidad» por ser hija natural, pero ella, a diferencia de Manuela, consideraba apetecible el aislamiento de la vida conventual porque su proyecto era intelectual. En cambio, Manuela es una muchacha de acción, buena jineta y amante de la vida al aire libre, con pocas disposiciones para monja. En esas condiciones, Thorne vino a ser su liberación. Se transformaba en una mujer casada, protegida, rica, y bien recibida en Lima. Manuela empieza allí a hacer su vida, le guste o no a Thorne, quien, además, ausente por largos períodos a causa de sus negocios, es un marido cómodo. La mirada patriarcal la ha situado como una víctima del «inglés», como si fuese este hombre quien la hubiese encerrado y le impidiese llevar a cabo su heroico propósito. Es una manera de proyectar en el extranjero lo que, en realidad, pertenece a lo propio. Cualquier mujer de su época, soltera o casada, se hubiese visto en las mismas condiciones de disminución de la libertad, y, muy por el contrario, Thorne muestra, como veremos más adelante, un talante mucho más liberal que el que probablemente hubiese distinguido a un marido de la elite ecuatoriana.

Con respecto a su vida matrimonial, poco sabemos de su intimidad, salvo los celos del marido, constantemente mencionados por sus biógrafos, pero cabe preguntarnos hasta dónde esos celos de Thorne no son otra cosa que la proyección de los sentimientos de quienes los consideran como una reacción indiscutible ante una mujer que hace vida propia. Los hechos traducen que Manuela, aun antes de conocer a Bolívar, se comporta con más independencia que la concedida a una mujer casada, se ausenta de su casa cuando lo decide, traspasa constantemente limitaciones, actúa en política, hasta que finalmente acompaña a Bolívar y vive públicamente con él. La historiografía patriarcal ha contribuido a dar de Thorne la imagen ridícula del «cornudo». Sin embargo, es posible pensar que se trataba de un hombre cuyo código de honor era, simplemente, diferente. Su conducta no es la de un marido convencional. A pesar del abandono de su esposa, no deja de pedirle que vuelva con él y, años después de que se ha convertido en la amante reconocida de Bolívar, todavía le insiste para que regrese. No es un hombre que sigue los códigos de clase que hubiesen exigido el inmediato repudio. Citamos a continuación parte de la respuesta final de Manuela a los pedidos de Thorne (cit. en Rumazo).

> Como hombre, usted es pesado; la vida monótona está reservada a su nación. El amor les acomoda sin placeres; la conversación sin gracia [...] Yo me río de mí misma, de usted y estas seriedades inglesas. Los ingleses me deben el concepto de tiranos con las mujeres, aunque usted no lo ha sido conmigo, pero sí más celoso que un portugués (1979: 76).
>
> Señor: usted es excelente, es inimitable; jamás diré otra cosa sino lo que es usted. Pero, mi amigo, dejar a usted por el general Bolívar es algo; dejar a otro marido sin las cualidades de usted, sería nada.
>
> ¿Y usted cree que yo, después de ser la predilecta de este general por siete años y con la seguridad de poseer su corazón, prefiera ser la mujer del Padre, del Hijo y del Espíritu Santo, o de la Santísima Trinidad? Si algo siento es que no haya sido usted mejor para haberlo dejado (1979: 200).

Esta carta, en su estilo de burla mantenido todo a lo largo del texto, con alusiones hirientes constantes a la condición de inglés, ejemplifica bien el desprecio de Manuela. Se burla del inglés porque ella es una aristócrata quiteña. Se burla de sus costumbres, de su religión, de su carácter. Es decir, de su condición de extranjero, de *outsider*. No reconoce en él ningún símbolo del respeto que se supone una mujer debe sentir por su marido, porque ese hombre no ha sido un marido sino un convenio que consideraba humillante. En esta carta, al compararlo con Bolívar, parece gritarle que, si de joven tuvo que aceptarlo por no tener mejores opciones, ahora es la amante de un hombre que pertenece a la más alta aristocracia colonial, y además a la Historia. Se burla del orden patriarcal y se burla de la religión, es decir, de las leyes que la obligaron a un matrimonio infeliz. Esta actitud de desprecio manifiesto, en la que se escapa un tonito de orgullo aristocrático, la muestra como una mujer que se ha sabido negociada, y que puede burlarse de la institución matrimonial porque esa institución se burló de ella. Las leyes conyugales la dejaron fuera, ahora ella las traspasa. Mejor dicho, no ha creído nunca en ellas.

Thorne era un *outsider* y así se comportó hasta el final, tampoco demasiado pendiente de los prejuicios sociales. A pesar de tan dura respuesta, estando ya Manuela vencida personal y políticamente, parece haber una fuerte evidencia documental de que continuó enviándole periódicas sumas de dinero cuando estaba exiliada en Paita. Es significativo el tema de las herencias; con respecto a la herencia cuantiosa que dejó su marido, y que hubiese sido una salvación para ella, pues durante su exilio se hallaba casi en la indigencia, hay distintas versiones. Según Rumazo, él testó íntegramente a su favor, y ella, haciendo gala de su dignidad, lo rechazó. Esta versión aristocratizante parece contradecir otra, según la cual Thorne, como buen comerciante, le dejó los 8.000 pesos que recibió en dote, más los intereses adquiridos, y ella intentó recuperar esa cantidad que le fue negada por el tribunal bajo el argumento de que una mujer que había abandonado a su marido no tenía derecho a heredar. No podemos escoger con certeza entre las versiones, sin duda contradictorias, sin embargo, una carta dirigida a un amigo, en 1847, parece indicar que es más cierta la versión según la cual intentó recuperar la herencia, pues dice (cit. en Von Hagen, 1957: 234):

> Ya he mandado a Lima a que bean (*sic*) lo que se pueda haser (*sic*) y tamien (*sic*) los documentos que tenia (*sic*). Mi cabeza esta (*sic*) muy fatal con este suseso (*sic*).

Thorne, de al menos setenta años de edad, murió asesinado junto a la mujer que fue después su amante y ambos cuerpos fueron mutilados. Rumazo, indudablemente, comparte el desprecio de Manuela, ya que comenta tan trágico final con obvia ironía: «¡Qué mala suerte la de este inglés!» (1979: 234). Por el contrario, el hecho de que este hombre, cercano a la muerte, haya todavía pensado en ella, resulta conmovedor, y en cierta forma apoya la idea de que no era el suyo un matrimonio convencional.

También hay evidencia documental de que intentó recuperar la herencia de su madre, disputada por la familia; por ello la idea de presentarla como una heroína romántica, que rechaza todo bienestar por su dignidad, es mistificadora. Manuela, una vez que se encuentra desterrada, empobrecida y políticamente vencida, intenta hacer valer sus derechos legales, de nuevo bajo el signo materno, y fracasados estos intentos, por oposición de la familia, finalmente recurre a establecerse en el desasistido pueblo de Paita.

Si, finalmente, tuviésemos que resumir la pasión fundamental de esta mujer, diríamos que predomina la vocación de poder. Es ésta la transformación sustancial de su vida: haber sufrido el poder patriarcal que la colocaba en una ambigua situación, como es la de tener que aceptarlo sin obtener todas las ventajas, pues ese mismo orden la despreciaba, y haber sabido utilizar, con sus recursos interiores, los resquicios que en su caso la ley del Padre dejaba abiertos, para intentar ejercerlo ella. El éxito político no la acompañó hasta el final, pero indudablemente lo obtuvo en su proyecto personal.

REFERENCIAS

Allouch, Jean (2004). *La sombra de tu perro.* Traducción del francés de Silvio Mattoni. Buenos Aires: El Cuenco de Plata.

Andreas-Salomé, Lou (1912-1936). *Correspondance avec Sigmund Freud suivie du Journal d'une année.* Traducción del alemán de Lily Jumel. Prólogo y notas de Ernest Pfeiffer. Paris: Gallimard, 1978.

Anzieu, Didier (1959). *El autoanálisis de Freud y el descubrimiento del psicoanálisis.* Traducción del francés de Ulises Guiñazú. México: Siglo xxi, 1978.

Appignanesi, Lisa y Forrester, John (1992). *Freud's Women.* New York: Other Press, 2002.

Barthes, Roland (1975). *Roland Barthes por Roland Barthes.* Traducción de Julieta Sucre. Barcelona: Cairós, 1978.

Benjamin, Jessica (2001). «The Primal Leap of Psychoanalysis, from Body to Speech: Freud, Feminism and the Vicissitudes of the Transference» en Muriel Dimen y Adrienne Harris (eds.). *Storms in her Head. Freud and the Construction of Hysteria.* New York: Other Press.

Bergmann, Martin S. (2001). «The Leap from the *Studies on Hysteria* to *The Interpretation of the Dreams*» en Muriel Dimen y Adrienne Harris (eds.). *Storms in her Head. Op. cit.*

Berlin, Doris (1998). «Tropiezos en el ejercicio de la profesión. Visión psicoanalítica y visión de género». *T[r]ópicos.* Revista de la Sociedad Psicoanalítica de Caracas. 1998, Vol. 1: 28-39.

_________ (2006). «Clínica del narcisismo. ¿Madre atrapadora... o padre lejano?». *T[r]ópicos*. Revista de la Sociedad Psicoanalítica de Caracas. 2006, Vol. 2: 119-126.

Bernheimer, Charles (1985). Introduction Part One. Charles Bernheimer y Claire Kahane (eds.). *In Dora's Case. Freud, Hysteria, Feminism*. New York: Columbia University Press.

Boose, Lynda E. (1989). «The Father's House and the Daughter in It: The Structures of Western Culture's Daugther-Father Relationship» en Lynda E. Boose y Betty S. Flowers (eds.). *Daughters and Fathers*. Baltimore-London: The Johns Hopkins University Press.

Bromberg, Phillip M. (2001). «Hysteria, Dissociation, and Cure: Emmy von N. Revisited» en Muriel Dimen y Adrienne Harris (eds.). *Storms in her Head. Op. cit.*

Cixous, Hélène y Clement, Catherine (1975). *The Newly Born Woman*. Traducción del francés de Betsy Wing. Minneapolis: University of Minnesota Press, 2001.

Chasseguet-Smirgel, Janine (1964). Introducción a *La sexualidad femenina* (comp.). Traducción del francés de Emilio Jiménez. Barcelona: Laia, 1977.

Cherpak, Evelyn (1985). «La participación de las mujeres en el movimiento de independencia de la Gran Colombia» en Asunción Lavrin (comp.). *Las mujeres latinoamericanas. Perspectivas históricas*. México: FCE.

D'Ercole, Ann y Waxenberg, Barbara (2001). «Beyond the Feminine Ideal: The Body Speaks» en Muriel Dimen y Adrienne Harris (eds.). *Storms in her Head. Op. cit.*

De Lauretis, Teresa (1992). «Freud, Sexuality and Perversion» en Donna C. Stanton (ed.). *Discourses of Sexuality. From Aristotle to Aids*. The University of Michigan Press.

De Maio, Romeo (1988). *Mujer y Renacimiento*. Traducción de Margarita Vivanco. Madrid: Mondadori.

Decker, Hannah S. (1992). *Freud, Dora, and Vienna 1900.* New York: The Free Press.

Deutsch, Felix (1957). «A Footnote to Freud's 'Fragment of an Analysis of a Case of Hysteria' en Charles Bernheimer y Claire Kahane (eds.). *In Dora's Case. Freud, Hysteria, Feminism. Op. cit.*

Deutsch, Helene (1925). *The Psychology of Women's Sexual Functions.* Vienna: Internationaler Psychoanalytischer Verlag.

__________ (1974). *La psychologie des femmes.* Vol. 1. Traducción del inglés de Hubert Benoit. Paris: PUF.

Diccionario de Historia de Venezuela (1998). Tomo III. Caracas: Fundación Polar.

Dimen, Muriel y Harris, Adrienne (2001). Introduction en *Storms in her Head. Op. cit.*

Duby, Georges (1981). *El caballero, la mujer y el cura.* Traducción del francés de Mauro Armiño. Madrid: Taurus, 1982.

Erikson, Erik H. (1962). «Reality and Actuality: An Address» en Charles Bernheimer y Claire Kahane (eds.). *In Dora's Case. Op. cit.*

Felman, Shoshana (1993). *What does a Woman want?* Baltimore-London: The Johns Hopkins University Press.

Fenichel, Otto (1945). «Perversiones y neurosis impulsivas» en *Teoría psicoanalítica de las neurosis.* Traducción del inglés de Mario Carlisky. Buenos Aires: Paidós, 1971.

Flandrin, Jean-Louis (1982). «La vida sexual matrimonial en la sociedad antigua» en Ariés, Bejin, Foucault y otros. *Sexualidades occidentales.* Traducción de Carlos García Velasco. Barcelona: Paidós Ibérica, 1987.

Flaubert, Gustave (1856). *Madame Bovary.* Paris: Gallimard, 1972.

Foucault, Michel (1980). *El nacimiento de la clínica.* México: Siglo XXI.

Freud, Anna (1927). «The Introduction to Child Psychoanalysis» en *The Writings of Anna Freud.* Vol. 1. London: The Hogarth Press, 1974.

_________ (1938). «The Ego and the Mechanisms of Defence» en *The Writings of Anna Freud.* Vol. 2. London: The Hogarth Press, 1974.

Freud, Sigmund. *The Standard Edition of the Complete Psychological Works of Sigmund Freud.* Traducción del alemán de James Strachey. London: The Hogarth Press, 1974.

_________ (1892-1893). A Case of Successful Treatment by Hypnotism. Vol. 3.

_________ (1893). On the Psychical Mechanism of Hysterical Phenomena. Vol. 3.

_________ (1893-1895). Freud, S. y Breuer, J. *Studies on Hysteria.* Vol. 2.

_________ (1894). *The Neuropsychosis of Defence.* Vol. 3.

_________ (1900). *The Interpretation of Dreams.* Vol. 4.

_________ (1901). *The Psychopatology of Everyday Life.* Vol. 6.

_________ (1905a). «Infantile Sexuality» en *Three Essays on the Theory of Sexuality.* Vol. 7.

_________ (1905b). Fragment of an Analysis of a Case of Hysteria. Vol. 7.

_________ (1908). «Civilized» Sexual Morality and Modern Nervous Illness. Vol. 9.

_________ (1909a). *Five Lectures on Psychoanalysis.* Vol. 11.

_________ (1909b). Analysis of a Phobia in a Five-Year-Old Boy. Vol. 10.

_________ (1909c). Notes upon a Case of Obsessional Neurosis. Vol. 10.

_________ (1910). A Special Type of Choice of Object made by Men. Vol. 11.

_________ (1912). On the Universal Tendency to Debasement in the Sphere of Love. Vol. 11.

_________ (1913). Totem and Taboo. Vol. 13.
_________ (1914a). On Narcissism: An Introduction. Vol. 14.
_________ (1914b). On the History of the Psychoanalytic Movement. Vol. 14.
_________ (1916a). «Some Thoughts on Development and Regression. Aetiology». *New Introductory Lectures on Psychoanalysis.* Vol. 16.
_________ (1916b). Some Character-Types met with in Psychoanalytical Work. Vol. 14.
_________ (1917a). On Transformations of Instinct as Exemplified in Anal Erotism. Vol. 17.
_________ (1917b). «The Sexual Life of Human Beings» en *Introductory Lectures on Psychoanalysis. General Theory of the Neuroses.* Vol. 16.
_________ (1917c). Mourning and Melancholia. Vol. 14.
_________ (1919). «A Child is been Beaten»: A Contribution to the Study of the Origin of Sexual Perversions. Vol. 17.
_________ (1920). The Psychogenesis of a Case of Homosexuality in a Woman. Vol. 18.
_________ (1924a). *An Autobiographical Study*. Vol. 20.
_________ (1924b). The Economic Problem of Masochism. Vol. 19.
_________ (1925). Some Psychical Consequences of the Anatomical Distinction between the Sexes. Vol. 19.
_________ (1930). *Civilization and its Discontents.* Vol. 21.
_________ (1931). Female Sexuality. Vol. 21.
_________ (1932). «Anxiety and Instinctual Life». *New Introductory Lectures on Psychoanalysis.* Vol. 22.
_________ (1933). «Femininity». *New Introductory Lectures.* Vol. 23.
_________ (1937a). Lou Andreas-Salomé. Vol. 23.
_________ (1937b). Constructions in Analysis. Vol. 23.
_________ (1938). *An Outline of Psychoanalysis.* Vol. 23.

Froula, Christine (1989). «The Daughter's Seduction: Sexual Violence and Literary History» en Boose, Lynda E. y Flowers, Betty S. (eds.). *Daughters and Fathers. Op. cit.*

Fuss, Diana (1995). *Identification Papers.* New York: Routledge.

Gallop, Jane (1982). «Keys to Dora» en Charles Bernheimer y Claire Kahane (eds.). *In Dora's Case. Op. cit.*

__________ (1989). «The Father's Seduction» en Lynda E. Boose y Betty S. Flowers (eds.). *Daughters and Fathers. Op. cit.*

Gay, Peter (1989). *Freud. A Life for our Time.* London: Papermac, Macmillan.

Glenn, Jules (1980). «Freud's Adolescent Patients: Katharina, Dora and the 'Homosexual woman' en Mark Kanzer y Jules Glenn (eds.). *Freud and his Patients.* New York: Jason Aronson.

Graves, Robert y Patai, Raphael (1963). *Los mitos hebreos.* Traducción del inglés de Luis Echávarri. Madrid: Alianza, 1986.

Green, André (2001). «The Psychotherapy of Hysteria, 1995» en Muriel Dimen y Adrienne Harris (eds.). *Storms in her Head. Op. cit.*

Heilbrun, Carolyn G. (1989). *Writing a Woman's Life.* New York: Ballantine Books.

Hite, Shire (1986). *Mujeres y amor. Nuevo informe Hite.* Traducción de Joan Batalle. Barcelona: Plaza y Janés, 1988.

Hoffman Baruch, Elaine y Serrano, Lucienne Juliette (1996). *She Speaks, He Listens. Women on the French Analyst's Couch.* New York: Routledge.

Horney, Karen (1922). «De la génesis del complejo de castración en la mujer. *Zeitschr.f.Psycoanal.* IX (1923). *International Journal of Psychoanalysis* (1924).

__________ (1926). «La huida de la feminidad: El complejo de masculinidad de la mujer visto por el hombre y por la mujer». *Intern. Zeitschr.f.Psycoanal.* XII (1926). *IJP*, VII (1926).

Irigaray, Luce (1977). *Ce sexe qui n'en est pas un*. Paris: Minuit.

Israël, Lucien (1979). *El goce de la histérica*. Barcelona: Argonauta.

Jacobus, Mary (1995). *First Things. The Maternal Imaginary in Literature, Art, and Psychoanalysis*. New York-London: Routledge.

Jones, Ernest (1953). *Vida y obra de Sigmund Freud*. Vols. II y III. Buenos Aires: Biblioteca de Psicoanálisis de la Asociación Psicoanalítica Argentina y Editorial Nova, 1964.

Kelman, Harold (1966). Prefacio a *La Psychologie de la Femme* de Karen Horney. Traducción del inglés de Georgette Rintzler. París: Payot, 1969.

Kerr, John (2001). Preface en Muriel Dimen y Adrienne Harris (eds.). *Storms in her Head. Op. cit*.

Klein, Melanie (1920). «Situaciones infantiles de angustia reflejadas en el acto creador». *Contribuciones al psicoanálisis*. Buenos Aires: Hormé, 1964.

__________ (1932). «Efectos de las situaciones tempranas de ansiedad en el desarrollo psicosexual de las niñas». *Psicoanálisis de niños*. Buenos Aires: Hormé, 1964.

Lacan, Jacques (1966). *Écrits*. Paris: Seuil.

__________ (1973). *Les Quatre Concepts Fondamentaux de la Psychanalyse. Le Seminaire. Livre IX*. Paris: Seuil.

__________ (1975). *Encore. Le Seminaire. Livre XX*. Paris: Seuil.

__________ (1981). *Les Psychoses*. Paris: Seuil.

__________ (1994). *La relación de objeto. El seminario de Jacques Lacan. Libro 4*. Traducción del francés de Enric Berenguer. Barcelona, Buenos Aires-México: Paidós.

Lakoff, Robin T., y Coyne, James C. (1993). *Father knows Best. The Use and Abuse of Power in Freud's Case of Dora*. New York: Teachers College Press.

Mahony, Patrick J. (1996). *Freud's Dora. A Psychoanalytic, Historical, and Textual Study*. New Haven-London: Yale University Press.

Mannoni, Octave (1978). *Ficciones freudianas*. Traducción del francés de Pilar Forcén. Madrid: Fundamentos, 1980.

Marcus, Steven (1975). «Freud and Dora: Story, History, Case History» en Charles Bernheimer y Claire Kahane (eds.). *In Dora's Case. Op. cit.*

Masson, Jefrey M. (1985a). *The Complete Letters of Sigmund Freud to Wilhelm Fliess. 1897-1904* (ed. y trad.). Cambridge-London: Harvard University Press.

__________ (1985b). *El asalto a la verdad. La renuncia de Freud a la teoría de la seducción*. Traducción del inglés de Jaime Zulaika. Barcelona: Seix Barral.

Miller, Jacques-Alain (1984). *Recorrido de Lacan*. Buenos Aires: Editorial Tercer Encuentro.

Moi, Toril (1981). «Representation of Patriarchy: Sexuality and Epistemology in Freud's Dora» en Charles Bernheimer y Claire Kahane (eds.). *In Dora's Case. Op. cit.*

Moliner, María (1990). *Diccionario de uso del español*. Vol. 1. Madrid: Gredos.

Quintero, Inés (2003). *La criolla principal*. Caracas: Fundación Bigott.

Ramas, Maria (1980). «Freud's Dora, Dora's Hysteria» en Bernheimer, Charles y Kahane, Claire (eds.). *In Dora's Case. Op. cit.*

Rich, Adrienne (1983). *Sobre mentiras, secretos y silencios*. Traducción del inglés de Margarita Dalton. Barcelona: Icaria.

__________ (2001). *Arts of the Possible*. New York-London: Norton.

Rieder, Ines y Voigt, Diana (2000). *Sidonie Csillag. La «joven homosexual» de Freud*. Traducción del alemán de Martina Polcuch. Prefacio de Jean Allouch y cronología de Danielle Arnoux. Buenos Aires: El Cuenco de Plata, 2004.

Riviere, Joan (1929). «La femineidad como máscara» en VV. AA. *La femineidad como máscara*. (Alicia Roig, ed.). Barcelona: Tusquets, 1979.

Roof, Judith (1991). *The Lure of Knowledge: Lesbian Sexuality and Theory*. New York: Columbia University Press.

Romero, Denzil (1988). *La esposa del doctor Thorne*. Barcelona: Tusquets.

Rose, Jacqueline (1996). *Sexuality in the Field of Vision*. London: Verso.

Rumazo González, Alfonso (1979). *Manuela Sáenz, la Libertadora del Libertador*. Madrid: Edime.

__________ Entrevista en el diario *El Nacional*. C/12. Caracas, 11 de marzo 1998.

Russotto, Márgara (1993). *Tópicos de retórica femenina*. Caracas: Monte Ávila Editores.

Sadoff, Diane F. (1989). «The Clergyman's Daughters: Anna Brontë, Elizabeth Gaskell, and George Eliot» en Lynda E. Boose y Betty S. Flowers (eds.). *Daughters and Fathers. Op. cit.*

__________ (1998). *Sciences of the Flesh. Representing Body and Subject in Psychoanalysis*. Stanford University Press.

Sayers, Janet (1992). *Mothering Pyichoanalysis. Helene Deutsch, Karen Horney, Anna Freud and Melanie Klein*. London: Penguin.

Schafer, Roy (1994). «On Gendered Discourse and Discourse of Gender» en *Psychoanalysis, Feminism, and the Future of Gender*. Joseph Smith H. y Afaf M. Mahfouz (eds.). Baltimore-London: The Johns Hopkins University Press.

__________ (1997). «Conversations with Elisabeth von R» en Muriel Dimen y Adrienne Harris (eds.). *Storms in her Head. Op. cit.*

Segal, Hanna (1979). *Melanie Klein*. Traducción del inglés de Mónica Quijada. Madrid: Alianza, 1985.

Silva Beauregard, Paulette (2000). *De médicos, idilios y otras historias. Relatos sentimentales y diagnósticos de fin de siglo (1810-1910)*. Medellín: Convenio Andrés Bello y Editorial Universidad de Antioquia.

Sprengnether, Madelon (1985). «Enforcing Oedipus: Freud and Dora» en Bernheimer, Charles y Kahane, Claire (eds.). *In Dora's Case. Op. cit.*

Swales, Peter J. (1986). «Freud, his Teacher, and the Birth of Psychoanalysis» en Paul E. Stepansky (ed.). *Freud: Appraisals and Reappraisals. Contributions to Freud Studies.* Vol. I. New Jersey: The Analytic Press.

Torres, Ana Teresa (1992). «Cultura de la mujer y estructura de la perversión» en VV.AA. *Las perversiones en la práctica analítica.* Caracas: Editorial Psicoanalítica y Vadell Hnos.

_________ (1993a). «Mujer y sexualidad. La inserción de la mujer en el orden social» en VV.AA. *Dioses, musas y mujeres.* Caracas: Monte Ávila Editores.

_________ (1993b). *El amor como síntoma.* Caracas: Editorial Psicoanalítica.

_________ (1998a). *Territorios eróticos.* Caracas: Editorial Psicoanalítica.

_________ (1998b). «La construcción del sujeto femenino». *T[r]ópicos.* Revista de la Sociedad Psicoanalítica de Caracas. 1998, Vol. 1: 82-99.

_________ y Pantin, Yolanda (2003). *El hilo de la voz. Antología crítica de escritoras venezolanas del siglo* XX. Caracas: Fundación Polar.

Vattimo, Gianni (1985). *The End of Modernity.* Baltimore: Johns Hopkins University.

Von Hagen, Víctor (1957). *Las cuatro estaciones de Manuela.* Buenos Aires-México: Hermes.

Weir, Allison (1996). *Sacrificial Logics: Feminist Theory and the Critique of Identity.* New York: Routledge.

Willbern, David (1989). «*Filia Oedipi*: Father and Daughter in Freudian Theory» en Lynda E. Boose y Betty S. Flowers (eds.). *Daughters and Fathers. Op. cit.*

Made in the USA
Las Vegas, NV
23 March 2022

46183667R00203